Steffen Meltzer, Rainer Wendt, Roland Tichy, Axel Hemmerling,
Prof. Dr. Dieter Müller, Dr. Susanne-Maria Sauer, Katharina Kulisz,
Rebecca Sommer, Bernd Haß, Hans-Helmut Münchberg

SCHLUSSAKKORD DEUTSCHLAND

Warum unsere Demokratie gefährdet ist
und der Staat seine Bürger und die
Polizei im Stich lässt.

»*Im Übrigen gilt ja hier derjenige, der auf den Schmutz hinweist, für viel gefährlicher als der, der den Schmutz macht.*«

Kurt Tucholsky, deutscher Journalist und Schriftsteller
(09.01.1890 bis 21.12.1935)

Bibliografische Information der Deutschen Nationalbibliothek

Die Deutsche Nationalbibliothek verzeichnet diese Publikation in der Deutschen Nationalbibliografie; detaillierte bibliografische Daten sind im Internet über http://dnb.dnb.de abrufbar.

ISBN: 978-3-9819559-3-4
Ehrenverlag, Deutschland 2018

Sämtliche Daten, Ausführungen und Empfehlungen im vorliegenden Buch wurden mit größter Sorgfalt recherchiert und zusammengestellt. Dennoch haften die Autoren nicht für die Richtigkeit der in diesem Buch gemachten Angaben. Das Werk, einschließlich seiner Teile, ist urheberrechtlich geschützt. Jede Verwertung außerhalb der engen Grenzen des Urheberrechtsgesetzes ist ohne Zustimmung des jeweiligen Autors unzulässig und strafbar. Das gilt insbesondere für Vervielfältigungen, Übersetzungen, Mikroverfilmungen sowie die Einspeicherung und Verarbeitung in elektronische Systeme.

Inhaltsverzeichnis

Autorenverzeichnis.. 8

Vorwort (Rainer Wendt).. 10

I. Kriminalität, Polizei, Politik, Asylbewerber und Medien in der Gegenwart 13

Verfassungsauftrag: Der Staat hat die Pflicht zur Stärke!
(Rainer Wendt)... 14

Kündigt der Staat sein Versprechen auf Sicherheit?
(Roland Tichy) 21

Heuchler (Hans-Helmut Münchberg) 26

Toter Winkel im Demokratie-Mobil (Steffen Meltzer ff.) 30

Mathematik und Massenschlägerei 40

Das Märchen von der verbesserten Sicherheitslage 44

Berlin: Ideologie statt Vernunft, weniger Polizei
und Justiz, mehr Psychologen und Sozialarbeiter 48

Zwischen Gefahr und Gefallen:
Politik und Willkommenskultur in Deutschland............................... 57

Nach dem Mord in Kandel – von der Tat ablenken 62

Gefährliche Ratschläge
zur Kriminalitätsabwehr von »Experten« 70

Erlebnisbericht: Frauenmarsch in Berlin
(Dr. Susanne-Maria Sauer).. 76

Haltet den Dieb! Empörung über die Essener Tafel........................... 81

Cottbus: Eine Stadt im Aufruhr.. 85

Wenn Du entdeckst, dass Du ein totes Pferd reitest, steige ab! 92

Frontberichterstattung aus dem Schützengraben 97

Feind mit Fahne gesichtet 104

So schaffen wir das nicht! (Rebecca Sommer) 106

Die mediale Erzeugung von
»Schuldgefühlen« und »Mitleid« (Steffen Meltzer ff.) 114

Sexueller Missbrauch einer Vierjährigen, Täter kommt davon ... 117

Im Sumpf der Gutachter 120

Kleiner Ausflug in die Psychologie der Gutachten
(Katharina Kulisz) 126

II. Subjektives Unsicherheitsempfinden berechtigt 131

Das subjektive Sicherheitsgefühl
(Steffen Meltzer ff.) 132

Konjunktur für Wahrsager und Hellseher
bei Staatsanwaltschaft und Polizei 135

Reichsbürger – das lange unterschätzte Phänomen 140

Die Lage in Deutschland 145

Kein Kampf gegen die Mafia:
Mafiaparadies Deutschland (Axel Hemmerling) 149

Straftaten im Hellfeld (Steffen Meltzer) 169

Deutschland – deine Einbruchsstatistik:
statt 15,5 Prozent – nur 2,6 Prozent Aufklärung 171

Eine erhellende Dunkelfeldstudie 174

Der perfekte Mord und andere Todesfälle
außerhalb der statistischen Wahrnehmung 178

Wenn Frauen Serien- und Massenmörder lieben 181

Deutschland – deine Talkshows:
»Frauen gute Mörderinnen, Männer böse Mörder?« 185

Tierquälerei und Gewalttaten gegenüber Menschen 192

Untaugliche Ursachenerklärungen für Amokläufe 195

III. Schwierige Lage für Polizeibeamte 199

Polizeiliches Denken (Dieter Müller) 200

Viele schwere Verletzungen, fragwürdige Bezahlung
(Bernd Haß) 204

Drei Todesfälle, viele Gutachter und kein Knast
(Steffen Meltzer ff.) 207

Alt wie Methusalem und mit Schusswaffe 214

Das Kreuz mit den Kurvenkreuzen 219

Polizei-Konflikte: Eine Innenansicht 222

Links darf alles. Polizei: Wie Linksradikale
und Teile der Medien den Rechtsstaat bekämpfen 226

Politik gegen Polizei: Demonstrationsrecht ausgehöhlt 229

Polizei – Müllmänner der Gesellschaft? 234

Nachwort 238

Autorenverzeichnis

Steffen Meltzer, Polizeibeamter im Land Brandenburg, zertifizierter Einsatztrainer mit langjähriger Erfahrung in der Erwachsenenfortbildung ausgebildeter Polizisten. Viele Veranstaltungen in der Gewaltprävention von Kindern bis Senioren. Sachbuchautor: »Ratgeber Gefahrenabwehr: Wie Sie Gewalt- und Alltagskriminalität in der Gesellschaft begegnen« und »So schützen Sie Ihr Kind! Polizeitrainer vermittelt Verhaltensrichtlinien zur Gewaltabwehr«

Rainer Wendt, Polizeibeamter, Vorsitzender der Deutschen Polizeigewerkschaft (DPolG), Buchautor von: »Deutschland in Gefahr: Wie ein schwacher Staat unsere Sicherheit aufs Spiel setzt«. Ebenso bekannt ist Wendt durch viele Auftritte in den öffentlichen Medien.

Roland Tichy, Diplom-Volkswirt, Journalist und Publizist. Er war Chefredakteur der Magazine »Impulse« und »Euro« sowie der »Wirtschaftswoche«. Seit 2014 ist er Vorsitzender der »Ludwig-Erhard-Stiftung« und seit 2016 Herausgeber des Print-und Online-Medienmagazins »Tichys Einblick«. Autor mehrerer Sachbücher.

Axel Hemmerling, arbeitet seit 1999 für den Mitteldeutschen Rundfunk (MDR) in Erfurt. Schwerpunkt seiner journalistischen Tätigkeit ist die Innere Sicherheit – hier vor allem die Polizei, der Verfassungsschutz und die (vor allem italienische sowie russisch-eurasische) organisierte Kriminalität. Hemmerling ist ein langjähriger Beobachter der rechtsextremen Szene in Thüringen und Sachsen. Dafür wurde er 2012 mit dem Thüringer Journalistenpreis für seine investigativen Recherchen zum »Nationalsozialistischen Untergrund« (NSU) ausgezeichnet. Der 43-Jährige ist Gründungsmitglied der MDR-Expertenrunde »Extremismus«. Er ist vertretendes Mitglied in der ARD-Taskforce »Terrorismus«.

Prof. Dr. Dieter Müller, nach dem Abitur Polizeibeamter in Niedersachen, Studium der Theologie und der Rechtswissenschaften in Göttingen und Hannover, Dozent für Straßenverkehrsrecht an der Hochschule der Sächsischen Polizei (FH), Dozent für Recht im Sozialwesen an der Hochschule Zittau/Görlitz, Promotion zum Dr. jur. 1999 an der Universität

Hannover (Note: summa cum laude), Berufung zum Professor für Recht an der Hochschule Zittau/Görlitz 1999, Prof. für Straßenverkehrsrecht an der Hochschule der Sächsischen Polizei (FH) seit 2000. Autor mehrerer Sachbücher.

Dr. med. Susanne-Maria Sauer hat Medizin und Ethnologie studiert. Sie ist als Fachärztin tätig und außerdem Mutter dreier Kinder.

Katharina Kulisz, Diplompsychologin, ihre Schwerpunkte liegen in der psychologischen Beratung von Eltern in Langzeitarbeitslosigkeit sowie jungen Erwachsenen mit psychischen Problemen, pädagogischen Einheiten im Bereich Gesundheitsmanagement, Coaching mit Schwerpunkt Lebensplanung, Resilienz, Zeitmanagement, Optimierung von Arbeitsprozessen.

Rebecca Sommer ist eine seit 2012 in Berlin sesshafte deutsche Künstlerin, Journalistin, Fotografin, und vielfach preisgekrönte Filmemacherin. Sie ist eine bekannte Menschenrechtsaktivistin und Vorsitzende der Arbeitsgruppe FLUCHT + MENSCHENRECHTE in Berlin. Bis zu ihrer Rückkehr nach Deutschland 2012 engagierte sie sich bei den Vereinten Nationen (ECOSOC) im UN-Hauptquartier als auch in Genf für Menschenrechte, mit speziellem Fokus auf Indigene Völker und auf Völkerrechte.

Bernd Haß ist ein sehr erfahrener Zivilfahnder bei der Hamburger Polizei. Bei einer Personalversammlung vor mehreren tausend Polizisten hielt er 2017 eine deutschlandweit aufsehenerregende Rede zu den zahlreich erlebten schweren Verbrechen, den damit verbundenen erheblichen Risiken für das eigene Leben und das der anderen Polizeibeamten.

Hans-Helmut Münchberg, Ingenieur für Hochbau, deutscher Kommunalpolitiker, seit 1990 ununterbrochen der Landrat des Kreises Weimarer Land in Thüringen.

Vorwort

Manche Perspektive lässt die Lebenswirklichkeit vollkommen leicht, fast beschwingt, hoffnungsfroh und der Zukunft zugewandt, erscheinen. Vom Rücksitz eines Dienstwagens oder aus dem morgendlichen »Lagevortrag« heraus oder in der realitätsgeschützten Wohligkeit mancher universitären Diskussionsrunde ist alles eben ziemlich leicht auszuhalten. Allein auf dem dunklen Nachhauseweg, den man zu Fuß bewältigen muss oder in der U-Bahn, gemeinsam mit unangenehmen, betrunkenen, bekifften oder gewalttätigen Zeitgenossen ist es dann schon ungemütlicher. Da schaut man naturgemäß anders auf das Leben in unserem Land.

Und genauso bewerten viele Menschen die Realität eben unterschiedlich. Manche beanspruchen »ihre Wirklichkeit« als die richtige: Ist doch alles super, in unserem Land, in dem wir gut und gerne leben; okay, ein paar Leute stören oder sind sogar kriminell, aber dafür gibt es jede Menge Begründungen. Und man kann ja auch die Polizei rufen, die regelt das schon. Sonst ist doch alles schön vielfältig, wir sind mildtätig und solidarisch, ein schönes und friedliches Deutschland, endlich vorbildlich in der Welt.

Wer eine andere Wahrnehmung hat, klar und deutlich auf dramatische Fehlentwicklungen hinweist oder schlicht Angst vor der Gegenwart und erst recht vor der Zukunft hat, ist bestenfalls falsch informiert. Vermutlich ist er aber doch eher populistisch, irgendwie rechts oder gleich Nazi. Dabei ist es wichtig, schon in der Erwähnung dieser Menschen darauf hinzuweisen, dass sie »umstritten«, »populistisch« oder zumindest »lautstark« sind, um von vornherein in den Köpfen der Betrachter die entsprechenden ablehnenden Bilder zu erzeugen.

Hinzu kommen viele Menschen, die gar nichts mehr sagen. Die sich ihre Freiheit selbst beschränken, aus Angst davor, ausgegrenzt und stigmatisiert zu werden. Die es auch leid sind, immer und immer wieder dieselben Argumente auszutauschen und immer wieder auf eine Wand zu stoßen, die undurchdringlich scheint. Wie viele das sind, weiß niemand. Dabei wäre es dieser gigantische kollektive Verlust an Freiheit allemal wert, gründlich erforscht zu werden.

Gebetsmühlenartig erfahren sie, warum es Quatsch ist, Angst zu haben. Institute, Ministerien, Universitäten und Organisationen werden nicht müde, uns zu erklären, dass alles gut ist – oder zumindest irgendwann mal wird. Terroranschlag? Kommt so gut wie nie vor. Sexualstraftaten durch Zuwanderer? Machen Deutsche auch (ist also weniger schlimm). Körperverletzungen? In den letzten Jahrzehnten statistisch zurückgegangen. Zunahme von Messerattacken? Wir schicken Sozialarbeiter! Chaos an unseren Schulen? Security engagieren, dann läuft das schon! Und so weiter, alles halb so schlimm, Ihr schafft das schon!

Diese Art von Politik und der gesellschaftliche Diskurs darüber haben nicht nur unser Land tief gespalten. Der ganze europäische Kontinent verändert sich, Deutschland ist mittendrin und ziemlich allein auf weiter Flur. Manche Länder ziehen die Notbremse, andere kapseln sich ab oder steigen aus, die osteuropäischen Länder werden wohl einen eigenen gemeinsamen Weg suchen, ohne Deutschland und den Westen. Man kann halt doch nicht alles mit Milliarden Euro kaufen, schon gar nicht, wenn der Preis dafür die Stabilität und der innere Zusammenhalt der eigenen Gesellschaft ist.

Werfen wir also einen Blick auf Deutschland im Jahr 2018, nach jahrzehntelanger politischer Realitätsverweigerung, die unsere Strukturen schwach, teilweise wehrlos gemacht hat. Nach dem Rückzug des Staates auf vielen Gebieten der Daseinsfürsorge, dem Irrglauben an die Allmacht der Märkte und Ewigkeitsgarantie unserer demokratischen Prinzipien, nach Verunsicherung der Bevölkerung und dramatischem Verfall staatlicher Autorität und Vertrauens.

Schauen wir uns die Versuche an, den Menschen den Glauben daran zurückzugeben, dass dieser Staat seinen Schutzauftrag ernst nimmt, strategisch plant und die richtigen Werkzeuge und Taktiken einzusetzen bereit ist. Schauen wir uns auch die vielen lächerlich wirkenden Rezepte an, die manchmal so freundlich daherkommen, in Wahrheit naiv und wirkungslos sein müssen, inmitten von knallharter Kriminalität, Gewalt und Terror. Und schauen wir auf eine der großen Lebenslügen deutscher Gegenwart. Denn nichts anderes ist die Erwartung, dass wir nur genügend Geld, guten Willen, Leidensfähigkeit, Geduld und Hoffnung aufbringen müssen, um hunderttausende Menschen in unsere Gesellschaft zu integrieren, deren kulturelle Identität genau das verhindert.

Wer sich abschotten will, wer unsere Gesellschaft in Wahrheit ablehnt, unsere Regeln nicht respektiert und unsere Werte verachtet, wem seine alte Heimat immer näher sein wird, als seine neue, und wer Integration nicht nur ablehnt, sondern auch für entbehrlich hält, an dem müssen alle unsere Bemühungen scheitern. Und die meisten sind schon gescheitert. Viele Menschen sehen diese Entwicklung mit Sorge, ja mit Angst. Andere sehen sie überhaupt nicht.

»Ihr schafft das schon.«

Und mittendrin die Polizei. Mutige Frauen und Männer, die sich immer wieder der Gewalt entgegenstellen, ihre eigene Gesundheit und ihr Leben aufs Spiel setzen, weil sie sich diesem Rechtsstaat und seinen Prinzipien verpflichtet fühlen. Und die oft genug den Eindruck haben, dass sie die letzten Menschen sind, die diese Pflicht spüren. Halten sie sich zurück, haben sie versagt, sind sie »Weicheier«, kuschen vor dem Mob. Greifen sie durch, sind sie die Prügelpolizei, Rassisten und auf jeden Fall unfähig. Linke und grüne Politiker sind verlässlich nicht auf der Seite der Polizei, sondern auf der anderen. Daran haben wir uns längst gewöhnt. Andere machen sich gern öffentlich zum Anwalt der Polizei – und kürzen dennoch bei jeder Gelegenheit gerne die Einkommen ihrer Beschäftigten. Es verwundert nicht, dass sich in manchen Teilen der Polizei Verzweiflung, Wut, Frustration und innere Kündigung breitmachen. Allein gelassen von großen Teilen der Politik und Justiz, verspottet und attackiert von vielen Medien und verachtet von denen, für die der Staat einzig und allein die Funktion hat, staatliche Transferleistungen pünktlich zu überweisen, die aber ansonsten mit unserer Gesellschaft nichts zu tun haben wollen. Die Rufe nach dem »starken Staat«, die jetzt überall zu hören sind, sind meistens unglaubwürdig, kommen sie doch von denen, die für den Raubbau am öffentlichen Dienst in Deutschland verantwortlich sind. Manche fabulieren von der »Digitalen Revolution in der Polizei«, statt erst einmal dafür zu sorgen, dass die Toilettenspülung oder die Heizung in den Dienststellen funktionieren, Schimmel und Ratten verschwinden, der Putz nicht von den Wänden fällt und keine Decken einstürzen. Das sind nämlich vielfach die Bedingungen. Das ist vielfach die Lebenswirklichkeit, von der manche Entscheidungsträger weit entfernt leben.

Es ist eben eine Frage der Perspektive. Rainer Wendt

I.

Kriminalität, Polizei, Politik, Asylbewerber und Medien in der Gegenwart

Verfassungsauftrag:
Der Staat hat die Pflicht zur Stärke!

Autor: Rainer Wendt

Innere Sicherheit ist mehr, als die Abwesenheit von Straftaten. Was sich so banal anhört, ist es gar nicht. Wenn Menschen ihr Verhalten ändern, beispielsweise Frauen davon Abstand nehmen, aus Angst davor, belästigt, begrabscht oder ausgeraubt und verprügelt zu werden, an Großveranstaltungen teilzunehmen, werden sie nicht Opfer dieser Delikte. Und wenn alte Menschen nach Einbruch der Dunkelheit nicht mehr vor die Türe gehen, weil sie befürchten, überfallen zu werden, wird ihnen das nicht passieren. Die Nutzung des Taxis zur späten Abendstunde, statt der U-Bahn wird vermutlich dazu führen, dass man sicher nach Hause kommt.

Alle diese Verhaltensänderungen bewirken, dass viele Straftaten nicht stattfinden. Sie sind aber auch und vor allem ein kollektiver Verlust an Freiheit, den wir nie akzeptieren dürfen. Aber dieser Freiheitsverlust findet statt. Manchmal unmerklich, nie statistisch erfassbar, manchmal übertrieben ängstlich und doch schreitet er fort. In Berlin gab es die »Womens Safety Area«, an die sich verängstigte Frauen in der Silvesternacht wenden konnten. Das sind die Botschaften, die eher Angst erzeugen, als positiv zum Sicherheitsempfinden der Menschen beizutragen.

Deutschland ist ein freies Land. Das war nicht immer so. Umso wichtiger ist es, diese Errungenschaft unserer Zeit immer wieder zu betonen und hervorzuheben. Denn man muss gar nicht weit reisen, um erleben zu können, dass dies auch ganz anders geht. Wir können uns versammeln, protestieren, organisieren, uns frei informieren und austauschen, und vermutlich glauben die meisten von uns, dies alles sei normal und selbstverständlich. Ist es leider nicht. Ein Grund mehr, dieses hohe Gut unserer Gegenwart gelegentlich in Erinnerung zu bringen.

Heutzutage muss niemand befürchten, von einer Geheimpolizei abgeholt und in einen Kerker geworfen zu werden, weil man öffentlich seine Meinung gesagt hat. Klar, das Strafgesetzbuch setzt Grenzen, aber auch das ist gut so. Denn die Freiheit der Meinung endet stets da, wo die Persönlichkeitsrechte der Mitmenschen anfangen. Und es ist auch richtig, dass das Internet da keine Unterschiede macht.

Da gibt es sogar Juristen, die allen Ernstes glauben, sich in der scheinbaren Anonymität des Internets mit üblen persönlichen Beleidigungen austoben zu können. Glücklicherweise gibt es eben auch Staatsanwaltschaften, die dem einen Riegel vorschieben. Allerdings dürfte die Zahl angezeigter Straftaten, die wir »Kriminalitätsentwicklung« nennen, sprunghaft steigen, wenn wirklich alle diejenigen Anzeigen erstatten würden, die im Netz bedroht, beleidigt, sexuell belästigt oder gestalkt werden.

Es ist eine Staatsaufgabe ersten Ranges, für Sicherheit zu sorgen. Ohne Sicherheit wird rasch die Freiheit verloren gehen. Deshalb ist es Aufgabe aller staatlichen Gewalt, die Würde des Menschen zu schützen, einschließlich aller daraus resultierenden Freiheitsrechte. So will es unser Grundgesetz.

Der Staat hat also gar kein Recht auf Schwäche, er hat die Pflicht zur Stärke.

Das ist der Grund, warum staatliche Strukturen in Bund, Ländern und Kommunen endlich wieder gestärkt und geachtet werden müssen. Wo Beschäftigte nicht nur lästige Kostenfaktoren sind, sondern ihre wertvolle Arbeit für unser Gemeinwesen auch Anerkennung findet. Und das ist auch der Grund, warum die politisch Verantwortlichen mehr als bisher den Schutz der Bevölkerung vor Gefahren jeglicher Art in den Vordergrund ihrer Bemühungen stellen müssen.

Natürlich ist es schön, Weltoffenheit, Toleranz und Humanität zu zeigen. Es hebt moralisch in die Höhe, hinterlässt ein gutes Gefühl und wird auch vielfach beklatscht. Aber wer Freiheit und Sicherheit aus dem Blick verliert, versündigt sich an unserer Gesellschaft und riskiert den Verlust von beidem. Viele Anzeichen sind erkennbar. Die Gewaltkriminalität steigt, die Zuwachsraten sind beachtlich, nach langen Jahren des Rückgangs. Gruppen und Gangs gehen schwer bewaffnet aufeinander los, häufig ist ein für unsere kulturelle Prägung eher lächerlicher Ehrbegriff der Anlass.

Opfer von Gewalt durch zugewanderte Menschen fühlen sich gleich zweimal als Opfer, nämlich durch die Tat selbst und durch anschließende Beschwichtigungen, Relativierungen und Verschweigen der Zusammenhänge. Die Vorstellung, dass die Tat hätte verhindert werden können, wenn man Gefahren erkannt, Einreisen kontrolliert und gefährliche Menschen frühzeitig aus dem Verkehr gezogen hätte, bringt viele Menschen in Wut und Verzweiflung. Sie fühlen sich im Stich gelassen, von einer Politik, die ihr eigenes Gutsein in den Vordergrund rückt und die Opfer weitgehend ignoriert.

Die Zahlen sind dramatisch. Messerattacken haben allein in Hessen zwischen 2014 und 2016 um satte 20 Prozent zugenommen, auch in anderen Bundesländern dürften ähnliche Entwicklungen zu verzeichnen sein. Dabei waren die Zahlen davor sogar rückläufig gewesen. Natürlich sind es nicht nur Flüchtlinge, die in derartige Auseinandersetzungen verwickelt sind – aber sie sind weit überrepräsentiert. Das hat seinen Grund, denn Messer sind rasch verfügbar, gesetzliche Vorschriften sind entweder unbekannt oder werden ignoriert. Und aus der Heimat hat man die Vorstellung mitgebracht, bewaffnet sein zu müssen, um sich jederzeit »wehren« zu können.

Etwa 43 Prozent der Verdächtigen hatten die deutsche Staatsbürgerschaft, die übrigen 57 Prozent verteilen sich auf rund 60 verschiedene Nationalitäten, Afghanen, Syrer, Türken und Somalier sind die meist genannten. Das hessische Innenministerium will seine Einsatzkräfte mit besonderen Schutzwesten und »Schnittschutzschals« schützen, auch in anderen Ländern sind solche Schritte in Vorbereitung.

Nach jahrelangem Sinken der Gewaltkriminalität musste Bundesinnenminister Thomas de Maizière im April 2017 erstmals wieder einen deutlichen Anstieg der Gewaltkriminalität in Deutschland bekanntgeben. Und er machte keinen Hehl aus der Ursache: Die Flüchtlingskrise. »Ohne die Zunahme von tatverdächtigen Zuwanderern wäre die Gewaltkriminalität 2016 entweder weiter gesunken oder zumindest nicht gestiegen«, so der Ressortchef in aller Klarheit. Natürlich bedeuten mehr Menschen zusätzliche Kriminalität, aber es sind eben insbesondere Gewaltdelikte, die der Bevölkerung zu schaffen machen und Ängste befördern.

Um mehr als 14 Prozent stiegen Mord und Totschlag, sexuelle Nötigung und Vergewaltigung um 12,8 Prozent, nahezu 10 Prozent gingen Körperverletzungsdelikte nach oben. Auch in 2017 dürfte sich dieser Trend fortsetzen.

Da nutzt es nichts, darauf hinzuweisen, dass häufig Zuwanderer selbst von Straftaten als Opfer betroffen sind; von Opfern wird dieser Versuch der Relativierung zu recht eher als zynisch empfunden.

Der Umgang mit Daten aus der so genannten Kriminalitätsstatistik ist nicht einfach. Immerhin handelt es sich um eine reine Arbeitsstatistik, also um die Zahl der angezeigten oder entdeckten Straftaten, die von Polizei und Staatsanwaltschaften bearbeitet wurden. Über die tatsächliche Kriminalität sagen sie wenig aus; dies könnte konsequente Dunkelfeldforschung erhellen.

Nie fehlt der Hinweis darauf, dass mehr Menschen sozusagen naturgemäß mehr Kriminalität bedeuteten und dass, wie ein Landesinnenminister immer wieder betont, das »Kriminalitätsverhalten« von Zuwanderern nicht anders sei, als das Verhalten von Deutschen auch. Den Opfern nutzt das wenig. Es sei denn, man mag es für tröstend halten, einer vergewaltigten Frau zu erklären, dass die Tat auch von einem Deutschen hätte begangen werden können, sogar mit höherer Wahrscheinlichkeit. Auch das: Zynismus pur.

In manchen Innenstädten versetzen so genannte unbegleitete minderjährige Flüchtlinge die Menschen in Angst und Schrecken. Meistens sind es gar nicht viele dieser Täter, aber sie richten gewaltigen Schaden an. Schon ein Dutzend junger Männer können die Bevölkerung in Aufruhr versetzen, die Sicherheitsbehörden an ihre Grenzen führen und den Protest der Bevölkerung steigen lassen. Der Rechtsstaat lässt sich vielfach vorführen, er präsentiert sich als schwach, inkonsequent und für die Täter eher einladend als abschreckend.

Dass vermutlich etwa die Hälfte aller dieser angeblich Jugendlichen in Wahrheit schon als Erwachsene in unser Land gekommen ist, stört niemanden. Am allerwenigsten diejenigen Unternehmen, die an der »Betreuung« prächtig verdienen und doch nie zur Stelle sind, wenn die »lieben Kleinen« mal wieder betrunken und bewaffnet um die Häuser ziehen und unschuldige Menschen quälen. Wer Jugendschutz in Anspruch nehmen will, sollte nachweisen müssen oder daran aktiv mitwirken, festzustellen, dass er tatsächlich Jugendlicher ist. Wer Mutterschutz in Anspruch nehmen will, wird in keinem Fall daran vorbeikommen, den

Nachweis der Schwangerschaft vorzulegen, das leuchtet ein. Für Jugendschutz gilt das nicht.

Und die Signale sind unverkennbar, der Elefant steht mitten im Zimmer. In den wenigen Ländern, wo Überprüfungen stattfinden, wird schnell klar, dass diese angeblichen Jugendlichen teilweise erheblich älter sind und vorsätzlich, wenn auch aus nachvollziehbaren Gründen, gelogen haben. Aber flächendeckend scheint in Deutschland nur noch das Erheben von Steuern und Abgaben zu funktionieren.

»Wir haben jetzt alles im Griff.«, lautet die Botschaft, die immer wieder ertönt, wenn über die terroristische Bedrohung gesprochen wird, die dramatisch gewachsen ist. Wenn das organisatorische Chaos, das die Politik der gegenseitigen Abgrenzung, der provinziellen Arroganz und föderalen Selbstüberschätzung geschaffen hat, mal wieder deutlich wird, ist die Verantwortung rasch abgeschoben.

»Behördenversagen« teilen uns mit wichtiger Miene diejenigen mit, die für diese Zustände maßgeblich verantwortlich sind – und berufen dann Untersuchungsausschüsse ein, um zu untersuchen, was sie eigentlich längst wissen: Die Polizei ist schuld. Kaum noch jemand hat wirklich einen Überblick darüber, wie viele Ausschüsse, Behörden oder Einzelpersonen am Fall Amri arbeiten. Im Ergebnis werden sie alle zu der Feststellung gelangen, dass jedenfalls die Politik nichts damit zu tun hat, was in Berlin angerichtet wurde.

Dabei ist es nicht so schwierig, herauszufinden, woran es liegt. Behörden sprechen nicht miteinander, tauschen viel zu selten Informationen aus, können online ohnehin viel zu oft nicht miteinander kommunizieren und sind in ihren Zuständigkeiten, Befugnissen und ihrer Ausrüstung hoffnungslos zersplittert. Datenschutzbeauftragte an jeder Büroecke und ganze Bibliotheken an Dienstvorschriften verhindern überdies, dass sachdienliche Informationen und Daten rasch, unbürokratisch und effektiv zusammenfließen und sich zu einem Lagebild verdichten, das konsequentes Handeln möglich macht.
Das ist die Lage im föderalen Deutschland, jeder baut seinen Sandkasten und ist stolz darauf, dass der andere nicht hineinschauen kann. Die Föderalismusreform, eines der schlechtesten Gesetze deutscher Nach-

kriegsgeschichte, hat die Überbetonung landesspezifischer Kompetenzen perfekt gemacht.

Wie die Realität ist, zeigt auch im Jahre 2018 der Fall Fathi Ben M. in Berlin. Mit 18 Alias-Namen ist der seit Jahren ausreisepflichtige Tunesier in Deutschland unterwegs. Fathi Ben M. narrt Deutschland seit 2014 und Deutschland ist hilflos. Mit falschen Angaben reist er ein, stellt den ersten Asylantrag. Viele Monate später Ablehnung, er soll abgeschoben werden. Aber potz Blitz, er war nicht mehr da! Na sowas aber auch.

Alles von vorn. Neuer Name, neues Spiel, neues Glück, neuer Asylantrag. Gibt ja sonst nichts zu tun in Deutschland. Erneut Ablehnung, erneut Androhung der Abschiebung. Sie wissen schon, liebe Leserinnen und Leser, was jetzt kommt: Richtig, er war wieder weg. Jetzt erfährt das Bundesamt für Migration und Flüchtlinge seine wahre Identität, Tunesien schickt Ersatzpapiere. Drei Abschiebeversuche scheitern, er ist mal wieder unterwegs.

Übrigens: Zwischendurch immer wieder Straftaten, mehrere Ermittlungsverfahren werden eingeleitet; eine Art Perpetuum Mobile deutscher Strafrechtspflege. Dann endlich, Dezember 2017, er wird beim Drogen dealen erwischt. Na ja, einsperren? Wo, in Berlin? In Abschiebehaft? Von wegen, Haftplätze gibt es in der Millionenstadt nicht für solche Fälle. Der Senat ist jetzt auch anderweitig beschäftigt, öffentliche Unisex-Toiletten, bemalte Fahrradwege und Laptops für Straftäter in Haft sind erstmal wichtiger.

Aber er ist doch ein islamistischer Gefährder oder etwa nicht? Die einen sagen so, die anderen so. Nicht einmal in Berlin, also innerhalb eines Landes, sind sich das Gericht und die Polizei darüber einig, ob Fathi Ben M. nun ein islamistischer Gefährder ist oder nicht. Die Polizei sagt, ein normaler Drogenkrimineller, wie sie zu Tausenden in der Hauptstadt unterwegs sind. Da kommt man natürlich nicht auf den Gedanken, ausgerechnet diesen einen nun mal einzusperren. Machen wir ja sonst auch nicht.

Ausreisepflichtig? Sind Hunderttausende in Deutschland, wen interessiert das schon. Außerdem kann in Deutschland jeder Amtsrichter festlegen, wer ein islamistischer Gefährder ist. Wer hier nichts zu sagen hat, ist selber schuld, alles Terrorexperten in deutschen Richterzimmern. Was das Bundeskriminalamt zur Identifizierung islamistischer Gefährder entwickelt hat, kann man getrost ignorieren, im Jahre 2018, etwas mehr als ein Jahr nach Amri.

Mit anderen Worten: Der Kontrollverlust dauert an. Menschen reisen mit falschen Identitäten ein und im Land umher, die Behörden streiten, Informationen sind nicht vernetzt, Bewertungen macht jeder, wie er will – auch dazu ist er nicht verpflichtet, Haftplätze sind sowieso nicht da, Drogenhandeln auf offener Szene gehört ja irgendwie zur Hauptstadt dazu und vermutlich dürfen wir auf den nächsten Asylantrag von Fathi Ben M. schon warten und überrascht sein, mit welcher Identität er uns dann überrascht. Und wenn er sich dann zu einem Terroranschlag entschließt, ist die Polizei schuld.

Dann werden sich diejenigen, die für diese Art von Strukturen verantwortlich sind, die die Zuständigkeiten gesetzlich festgelegt und die mangelhaften Kommunikationsfähigkeiten zu verantworten haben, die die völlig unkontrollierte Einreise Hunderttausender gebilligt haben und dies weiterhin tun, wieder an den Händen fassen und uns dazu auffordern, keine Angst zu haben, unser Leben einfach weiter zu leben und uns keinesfalls dazu hinreißen zu lassen, unsere Lebensgewohnheiten zu ändern. Und sie werden natürlich übereinstimmend feststellen, dass die Polizei schuld ist.

Dabei haben wir sie längst geändert, unsere Lebensgewohnheiten. Für viele Menschen ist die Angst vor Terror und Gewalt dafür bestimmend, wo sie hingehen, an welchen Veranstaltungen sie teilnehmen, wann sie auf die Straße treten. Deutschland ist nicht nur weniger sicher geworden; wir haben schon jetzt jede Menge Freiheit verloren. Und es gibt keine Anzeichen dafür, dass es besser wird.

Kündigt der Staat sein Versprechen auf Sicherheit?

Autor: Roland Tichy

Ludwig Stiegler war lange einer der bekanntesten »Linken« in der SPD und hat in ihr so gut wie alle wichtigen Ämter ausgeübt; sein roter Pulli war Markenzeichen und Signalfarbe der Gesinnung. Am Flughafen konnte man ihn regelmäßig beobachten, wie er die Sicherheitsleute mit einer Verordnung und dem Bundesgesetzblatt traktierte: Es ist nämlich erlaubt, kleine Messer mitzunehmen, auch wenn es keiner glaubt. Stiegler hatte immer ein Messer dabei, das ihm abgenommen werden sollte und für das er mit dem Gesetzestext und Millimetermaß kämpfte. Bei jedem Flug. Jedes Mal aufs Neue.

Aber: »Ein Mann geht nicht ohne Messer aus dem Haus.«, sagte der traditionsbewusste Oberpfälzer. Und wenn die Klinge nur so kurz ist, dass sie nicht mal im Flieger als Bedrohung gilt. Es geht um das Prinzip; Wehrhaftigkeit hat man es früher genannt.

Der Mann und sein Messer – eine lange Geschichte

Mein später angeheirateter Onkel Gilbert aus Reims in Frankreich benutzte nie das bei Tisch aufgelegte Besteck. Er hatte sein eigenes Messer dabei, immer. »Ein Mann gibt sein Messer nicht her, genauso wenig wie seine Frau.« Wahrscheinlich war es dieser Spruch, warum sich Tante Mizzy in München 1943 in den französischen Zwangsarbeiter und Kriegsgefangenen Gilbert verliebte und ihn bei sich versteckt hielt. Auch wenn sie wusste, dass Dachau darauf stand, und Dachau war kein Vorort, sondern ein KZ, das KZ für Frauen mit falschen Männern. Jedenfalls hat Gilbert 1946 seine deutsche Braut auch mit dem Messer gegen die verteidigt, die meinten, eine Frau aus Deutschland gehöre nicht nach Frankreich, und er hat weder seine Mizzy noch sein Messer jemals hergegeben, bis es ihm zuletzt aus der Hand genommen wurde.

Der Mann und das Messer, das ist ein lange Geschichte von Normalität wie Brutalität, Gewalt und wie Gesellschaften damit umgehen. Es ist ein langsamer Lernprozess.

Ludwig Thoma hat beschrieben, wie am Königlich Bayerischen Amtsgericht am Montag die sonntäglichen Wirtshausschlägereien verhandelt wurden. Ortsübliche Folklore waren solche Auseinandersetzungen, wenn die geprügelten Knechte und geknechteten Bauern die Knechte und Bauern der Nachbargemeinde verprügelten. Für auf dem Kopf zerschlagene Maßkrüge gab es kaum Strafe oder auch Strafnotwendigkeit; schließlich müssen die Bauernschädel hart sein wie ihr Leben, und die Klugheit der Steingut-Hersteller hat die Sollbruchstelle der Krüge so berechnet, dass sie schneller bersten als ein bayrischer Dickschädel. Aber beim Messer hörte der Spaß auf; mit Einstichtiefe in Zentimeter mal 3 ergibt Monate Gefängnis, so oder so ähnlich soll das Strafmaß ermittelt worden sein.

Innere Sicherheit legitimiert den Staat

Immer schon haben Gesellschaften Gewalttätigkeit im Inneren verfolgt und nach außen instrumentalisiert. Ian Morris hat dazu ein gewaltiges Werk vorgelegt mit dem Titel »Krieg: Wozu er gut ist«. In ermüdenden Tabellen weist er nach, dass in primitiven Gesellschaften die Todesart durch Gewalt am höchsten ist; ein Märchen, wer an die lieben Wilden glaubt und an ihre treuherzigen Blicke. Sie schlachteten sich gegenseitig ab und schlugen sich die Schädel ein. Jene Gruppen setzten sich durch, die untereinander besser zusammenhielten und schlauer waren; so entstanden größere Stämme, schließlich Städte mit Mauern und Freiheit nach innen, und immer größere Staaten mit Grenzen und Frieden im Inneren. Kriege wurden geführt, aber es wurde trotz der immer größeren Kriege und immer größeren Armeen immer weniger durch Gewalt gestorben, denn nach Innen sorgten die Staaten für Sicherheit, übernahmen das Gewaltmonopol und die Sicherheit. Der Krieg war der brutale wie wirksame Mechanismus, der zu größeren Einheiten, mit Gewalt zu weniger Gewalt führte. Und wenn, wie in Deutschland, der große Staat fehlte, dann gehörten Kriege unter den kleinen Fürsten oder die Raubzüge der größeren Nachbarn zum bitteren Alltag, und so wurde gemordet und gemetzelt bis zu 30 verheerende Jahre lang, weil die starke Zentralmacht fehlte im zerfallenden Reich.

Aber wie beherrscht man die latente Gewalttätigkeit, die in uns lauernde Brutalität, die latente Bereitschaft zum Mord? Religion, Gesetze, Polizei,

Strafen, Kultur – mit allen geistigen Gewürzen der Gesellschaften geht man dagegen vor. Es ist ein komplizierter Gesellschaftsvertrag, in dem die Bürger ihre Messer abgeben bis auf eine kurze Stiegler-Klinge und dafür Sicherheit vom Staat erhalten.

Abkehr von der Gewalt nach der Gewaltkatastrophe

Erziehung und Veränderung gehört dazu. Im 19. Jahrhundert trug man lange Gehstöcke bei sich, aber nicht zum Abstützen: Stockfechten war eine Kunst der Selbstverteidigung gegen ortsübliche Straßenräuber und Strauchdiebe, und dabei halfen entweder massive Griffe als Schlagwaffe oder lange Klingen, die im Stock verborgen waren; Stockdegen – heute natürlich verboten. Die Straßen und Städte wurden sicherer, die Gewaltbereitschaft nahm ab und wieder zu.

Die 50er-Jahre waren nicht so spießig, wie heute oft behauptet wird. Die Männer hatten alle denkbaren Grausamkeiten Anderen angetan und selbst erlitten; die Frauen die Bombennächte überlebt und millionenfache Vergewaltigungen. Die 50er waren so strikt und so starr, weil die Ordnung wiederhergestellt, die eingeübte Grausamkeit der Grausamkeitsgewohnten verhindert, weil die Traumatisierten gebändigt werden mussten ohne Psychotherapie und Konfliktberater oder Sozialarbeiter. Alle waren bereit dazu, sich wieder einzupassen, weil sie wussten, was geschah, nachdem diese Grenzen gefallen waren und die Hölle ihr Tor geöffnet hatte, hinter dem alles erlaubt ist. Die 50er waren die Einhegung der Gewalttäter und Gewalterfahrenen durch striktes Recht und Gesetz. Sie waren nicht spießig, diese Jahre, sondern weise im Umgang mit heimgekehrten Gewalttätern, die ungewollt diese Gewalt weitergaben. »Er hat nie darüber geredet. Das Trauma des Krieges und die Folgen für die Familie«, so der programmatische Titel von Wolfgang Schmidbauer darüber, wie sich Gewalt verselbständigt und geradezu vererbt. Es zeigt auch, wie schwer es ist, eingeübte Gewalttätigkeit zu beenden. Es ist eine Frage von Generationen, nicht Jahren oder ein paar »Integrationskursen«.

Und daher kam es zu Gewaltausbrüchen und lange war die Gewalttoleranz hoch, sehr hoch: Mit langen Stecken auf die hinzuhaltende Hand haben noch in den 60ern Lehrer ihre Schüler bestraft; die Ärmel wurden hochgekrempelt und eine Ohrfeige, die den Kopf wegschnellen ließ, gehörte zum sadistischen Alltag. »Ja wenn die Fahrtenmesser blitzen und die Kommunisten flitzen...«, das Liedgut der HJ hielt sich lange in den braunen Winkeln, denn in »Flandern reitet der Tod« und »Argonnerwald, bist ein stiller Friedhof bald«; die Wildgänse ziehen mit lautem Schrei nach Norden, denn die Welt ist voller Morden: Dass ein Lied von der Bündischen Jugend gesungen wurde, der Hitlerischen und der Sozialistischen Jugend, von der Fremdenlegion mit der 1. Strophe auf Deutsch wie von den Marschkolonnen der jungen Bundeswehr zeigt, wie verbreitet über Staaten und Ideologien diese tiefsitzende Gewalterfahrung ist. Nur langsam und schrittweise entfernte sich dieses Land von der blutgrellen Alltagsgewalt und der düsteren Verherrlichung des Sterbens, ganz weg ist sie nie, aber das Entsetzen über die Gewaltexzesse der Eltern hat eine Generation geprägt, die Gewalt abzulehnen lernte.

Augen zu vor der Gewalt der anderen

Und jetzt ist sie wieder da, die Gewalt, und die Messer blitzen wieder. Klar, andere Gesellschaften haben ihre eigene Geschichte und vor allem Gegenwart aus Hass und Gewalt. Wer geschlagen wird, der schlägt zurück, wenn sich die Gelegenheit bietet und wo kein Recht ist, nimmt man es selbst in die Hand. Also zurück zu den Messern? Den Maßkrügen?

Das kann es nicht sein. Aber das erschütternde ist: Regierung und Rechtssystem schauen gerne weg. Wenn »Frauenschutzzonen« eingerichtet werden, dann heißt es zweierlei: Außerhalb dieses engen Raums hat der Staat sein Sicherungsversprechen aufgegeben; und wer diese Zone verlässt, ist selber schuld. Da wird Verantwortung unangemessen zurückverlagert, werden Frauen wieder ausgegrenzt. Und wo bleibt ihr Schutz? Gewalt hat es immer gegeben, aber die zunehmende neue wie alte Form der Gewalt wird verleugnet und verharmlost. Das ist kein einseitiger Vorwurf, aber Häufung und Muster dürfen nicht verharmlost werden. Sonst wird der Zusammenhalt einer Gesellschaft zerstört. Der Schutz nach innen vor Gewalt ist die Logik seines Entstehens, nicht soziale Wohltaten, auch wenn diese bequemer erscheinen als die Herstellung von polizeilichem Schutz. Wenn wir aber wieder unsere Messer bräuchten, nicht nur zum Bratenzerteilen, dann hätte der Staat sein Recht verloren, denn das besteht nicht nur im Recht auf Steuern, sondern auch in der Pflicht zum Schutz seiner Bürger. Im Artikel 37 Grundgesetz ist geregelt, wie der Bund einspringt, wenn ein Land seine Aufgaben nicht erfüllt. Was aber, wenn weder Bund noch Land ihre Aufgaben noch zu erfüllen bereit sind? Denn in der Lage wären sie, Rekordeinnahmen und ein Haushaltsüberschuss von 14 Milliarden Euro zeigen, dass es nicht die materielle Not ist, sondern Unvermögen. Oder Unwillen?

Und genau vor dieser Frage stehen wir: Erfüllt dieser Staat noch seine Kernaufgaben?

Heuchler

Autor: Hans-Helmut Münchberg

Heuchler beherrschen derzeit die öffentliche Meinung: Da soll das »Behördenversagen« untersucht werden, dass zu dem grausamen Attentat auf dem Weihnachtsmarkt in Berlin geführt hat. Es wird der Eindruck erweckt, unsere Welt sei in Ordnung und nur die Behörden hätten »versagt«.

Unserer Polizei und Geheimdiensten wird seit Jahren beständig Sand ins Getriebe gestreut, ihre Funktionsfähigkeit eingeschränkt und ihre Mitarbeiter werden demotiviert. Unseren Polizisten wird die Rolle der zahnlosen Tiger, zugeschoben.

Die, die daran schuld sind, faseln jetzt, man hätte den Attentäter Amri längst hinter Gitter bringen können.

Ich weiß aus eigener Erfahrung, wie viel Mühe es kostet, in Thüringen, das rot-rot-grün regiert wird, einen vielfachen Straftäter aus dem Migrantenmilieu hinter Gitter zu bringen, leider nur zeitweise. Er ist wieder frei und immer noch in Deutschland.

Nach der Silvesternacht 2016 in Köln mit den Vergewaltigungen faselten die Heuchler, die Polizei »habe versagt«. Hätte der Polizeichef von Köln von seinem Innenminister eine angeforderte Verstärkung bekommen, um mit aller Härte des Gesetzes eingreifen zu können? In einem Bundesland in dem von der Ministerpräsidentin »Willkommenskultur« propagiert wird? Und die Ministerpräsidentin (SPD) will erst vier Tage nach diesem brisanten Vorfall etwas erfahren haben? In einer Zeit, da ein Kurierfahrzeug der Polizei mit Blaulicht ihr die Nachricht in vier Stunden auch an den Urlaubsort(!) gebracht hätte, wusste sie von nichts?

Nicht die Polizei hatte versagt sondern die Politik. Heuchler.

Niemand in NRW wollte Neujahr 2017 die Wirklichkeit wissen. Die rote Landesmutter Hannelore Kraft hatte »Willkommenskultur« verordnet. Da passen kantenscharfes Vorgehen der Polizei und Massenvergewaltigungen auf der Domplatte nicht.

Der Berliner Attentäter hatte freie Fahrt, weil die politischen Verantwortlichen im rot-rot-grünen Berlin und im rot-grünen Nordrhein-Westfalen sich wegduckten, wenn islamistische Straftäter und Hassprediger auftraten. Mit Worthülsen über Religionsfreiheit, Redefreiheit, Würde des Menschen, kulturelle Unterschiede und Ähnlichem werden Probleme niedergekuschelt.

An kriminalitätsbelasteten Orten (KbO) sollen keine anlasslosen Kontrollen stattfinden dürfen. Grüne, Linke und Piraten sind dagegen.
Für Vorratsdatenspeicherung gibt es bei der SPD keine Mehrheit. Die Integrationsbeauftragte Aydan Özoguz beklagt, Polizeirazzien hinterließen Spuren bei muslimischen Jugendlichen.
Straftäter, bei deren Namen unterschiedliche Schreibweisen möglich sind, können sich in Europa ungehindert bewegen. Die EU hatte zwar die Krümmung der Salatgurke geregelt, war aber bisher nicht in der Lage, Personen, Identitäten und Erkenntnisse in Europa schnell und sicher zusammenzuführen.
DNA-Analysen, mit denen Haarfarbe, Augenfarbe, Herkunft, Alter bestimmt werden können, verstoßen angeblich gegen Persönlichkeitsrechte, obwohl eine konkrete Person noch gar nicht ermittelt ist. In den Niederlanden ist bereits seit 2003 erlaubt, mit genetischen Tests Herkunft, Augen- und Hautfarbe zu ermitteln.
Bodycams an Polizisten bringen angeblich nach Meinung Linker nichts. Auch könnten sie die Persönlichkeitsrechte von Tätern verletzen. Ostdeutsche Innenminister verabredeten die Schaffung eines gemeinsamen Abhörzentrums. Thüringen war nicht dabei. Die Liste solcher Fakten ließe sich nahezu unendlich fortsetzen.
Die Geheimdienste dieses Landes werden systematisch kleingeredet und demontiert. Dabei weiß jeder vernünftig Denkende, dass mit den unkontrollierten Flüchtlingsfluten auch Schläfer des IS bei uns eingeschleust worden sind:
Der IS rekrutiert sich im Wesentlichen aus den bürokratischen Strukturen von Saddams ehemaliger Armee und Saddams Geheimdienst. Der war keine Folkloretruppe, sondern straff organisiert.

Saddams Geheimdienstler wurden vom sowjetischen KGB ausgebildet, weil der Irak zeitweise das Etikett »sozialistisch« trug. Spezialität des KGB wie auch des Geheimdienstes der DDR, war die Einschleusung von

Schläfern in die politischen und wirtschaftlichen Strukturen des Gegners. Gegner war in deren Sicht die freie Welt. Der Kanzleramtsspion Guillaume ist nur das bekannteste Beispiel.

Verantwortlich dafür, dass unsere Polizei und unsere Dienste schaumgebremst ermitteln und handeln müssen, ist eine Bande von Heuchlern, die letztendlich verhindert, dass unsere Sicherheitsbehörden schlagkräftig sind, bestausgerüstet sind und alle denkbaren technischen Möglichkeiten zur vorsorglichen Aufklärung erhalten.

Nach den Ausschreitungen und Plünderungen des G20-Gipfels in Hamburg wird gleichermaßen heuchlerisch gefragt, wie es dazu kommen konnte. Verantwortlich waren eine Politik und ein Zeitgeist, die linke Gewalt kleinreden und beschönigen.

Dazu gehört in Thüringens politischer Landschaft im Übrigen auch ein Pfarrer, der mit seinem Lautsprecherwagen »Lauti« angeblich zur Deeskalation zu Demonstrationen fährt und natürlich keinesfalls einen Polizisten mit seinem Fahrzeug angefahren hat. Niemals! Pfarrer sind friedliche Leute.

All das sind Schlaglichter auf ein bescheuertes Land, dessen öffentliche Meinung zum Teil von Lebenslügen lebt und nicht in der Lage ist, Vorgänge bis zum Ende zu denken. Denn das wäre dringend nötig, alle diese Ereignisse bis zum Ende zu denken: Wo führt das hin? Auch hier – wie bei allem – gilt: Wehret den Anfängen!

Wir sollten uns schon ein paar Sorgen um unsere Sicherheit machen.

Es sind Traumtänzer, die davon faseln und sich wundern, wie sich junge Männer hier in Deutschland radikalisieren könnten, Gutmenschen, die verdrängen, dass hunderttausende junge Männer nach Deutschland gekommen sind, um schnell Geld zu verdienen und viel Geld nach Hause zu schicken. Junge Männer für die derzeit kein Arbeitsplatz da ist, weil sie die Qualifikation nicht haben und die Sprache nicht beherrschen. Junge Männer, die randvoll sind mit Testosteron und Motivation, Tatendrang und Hoffnungen und die eines Tages aufwachen und feststellen werden, dass Deutschland ihnen ihre Träume nicht erfüllen kann oder nicht erfüllen will. Dazu kommt noch, dass jeder, der diese Probleme anspricht, sofort das Etikett »Rechts« oder »Nazi« verpasst bekommt.

Ein bescheuertes Land.

Es traut sich kaum jemand noch im Staat, die Gesetze konsequent anzuwenden oder deren Anwendung einzufordern. Abschiebungen? – sind gegen die Menschenwürde. Altersbestimmungen von angeblich minderjährigen Flüchtlingen? Da wird die Behörde bombardiert mit dem Hinweis, das Alter sei »im vertrauensvollen Gespräch mit dem ‚Minderjährigen' festzustellen«, da ergehen »Handreichungen«, nach denen jede Röntgenuntersuchung »Körperverletzung« und »ein Eingriff in die körperliche Unversehrtheit« sei (unsereins ist froh, wenn man zeitnah einen MRT-Termin bekommt!).

Mitarbeiter, wenn sie nicht von besonderer Hartnäckigkeit sind – und wer ist das schon?, werden eingeschüchtert und verunsichert und zu der Erkenntnis gebracht: »Es hat doch alles keinen Zweck.«
Doch es hat Zweck. Unsere Polizei braucht keine Belehrungen vom Rande des Spielfeldes, sondern Ermutigungen und unser Vertrauen. Gleiches gilt für die Dienste des Landes.

Es ist Zeit, sich gegen die Heuchler, gegen den öffentlichen Irrsinn sich entgegenzustellen.

Toter Winkel im Demokratie-Mobil
Autor: Steffen Meltzer ff.

Während in Deutschland unter Allahu-Akbar-Rufen Davidsterne verbrannt werden und die Politik darauf lediglich mit ein paar empörten Verbalnoten reagiert, ist der »Kampf gegen rechts« den hiesigen Verantwortungsträgern immerhin auch die eine oder andere konkrete Investition wert. In Brandenburg gibt es beispielsweise das »Demokratie-Mobil[1]«, um bei »Volksfesten, Sportveranstaltungen, Jugendtreffen, am Rande von Demonstrationen die Bürger über Maßnahmen gegen Rechtsextremismus und Fremdenfeindlichkeit zu informieren«. Das ist ein Fahrzeug, mit dem auch Ministerpräsident Woidke (SPD) gern posiert. »Demokratie-Mobil« hört sich natürlich gut an, aber es scheint in einem Lande zu verkehren, in dem die Demokratie ausschließlich »von rechts« bedroht wird.

Dagegen wird im Lande viel getan, nicht nur mobil. Die Schulen in Brandenburg scheinen beispielsweise den Rassismus[2] besiegt zu haben. Mindestens 70 Prozent aller Schulangehörigen (Lehrer, Erzieher, Schüler) müssen sich im Kampf gegen Rassismus engagieren, damit eine Schule diesen Ehrentitel erhalten kann. Landtagspräsidentin Stark weist stolz vor Schülern darauf hin, dieses sei ein »Ausdruck einer demokratischen Schulkultur und des sozialen Engagements für Vielfalt«. Wer also nicht »für Vielfalt« ist, scheint demnach ein antidemokratischer Rassist zu sein. Der »Kampf gegen rechts« wird so verbunden mit zentralen rotgrünen Ideologiebausteinen, die zwar kaum einen konkreten Aussagewert haben, aber als Subtext die Alternativlosigkeit unkontrollierter Massenzuwanderung und das Verbot grundsätzlicher Islamkritik enthalten.

So verwunderte es auch nicht, dass der Bundesjustizminister Heiko Maas (SPD) am Potsdamer Berta von Suttner-Gymnasium[3] eine Sitzblockade gegen eine sogenannte Pogida-Demonstration (Potsdamer Ableger von Pegida) als »cool« explizit lobte.

---

1 http://www.focus.de/regional/potsdam/gesellschaft-demokratie-mobil-fuer-beratung-gegen-rechtsextremismus_id_7838462.html
2 http://www.maz-online.de/Brandenburg/Brandenburg-hat-71-Schulen-ohne-Rassismus
3 http://www.pnn.de/brandenburg-berlin/1053860/

Demonstrationen in Reichweite führen zur Eskalation

Besonders unverständlich erschien mir im erwähnten Fall die Tatsache, dass man in Potsdam *eine* Pogidademonstration und Gegendemonstrationen in unmittelbarer Reichweite genehmigte. Das Ergebnis trat erwartungsgemäß ein, – es kam zu gewalttätigen Auseinandersetzungen, die Polizei mittendrin. Immer wieder konnte ich die Versuche von »Linksaktivisten« beobachten, die genehmigten Demos gewaltsam zu sprengen. Ich war selbst Zeuge, als sich der Brandenburger Polizeipräsident auch im Innenausschuss des Landtages über die gewaltbereiten linken Gegendemonstranten[4] beklagte.

Zumindest in Dresden beobachtete ich mit polizeilichem Interesse, dass man Pegida-Demos und Gegendemos räumlich weit voneinander trennt. Das Ergebnis ist ein deutlich geringerer Personalaufwand bei der Polizei und ein weitestgehend reibungsloser Verlauf. Linke »Aktivisten«, die nicht verstehen wollen, dass das Demonstrationsrecht in einem freien Land nicht nur von ihresgleichen in Anspruch genommen werden darf, können auch nicht begreifen, dass es die Aufgabe der Polizei ist, die Durchführung einer angemeldeten Demonstration zu gewährleisten, solange von dort keine Straftaten ausgehen oder anderweitig gegen das Versammlungsrecht verstoßen wird. Wer die Polizei deshalb in die rechtsradikale Ecke zu stellen versucht, arbeitet daran, dieses verfassungsmäßig garantierte Recht systematisch zu unterminieren.

Wenn es gegen vermeintliche oder tatsächliche Rechte geht, ist – so glauben viele – doch jedes Mittel recht. Dass auch Rechte Rechte haben, gerät schnell in Vergessenheit. Und wenn unliebsame Fakten den Rechten vielleicht auch noch Recht geben könnten, muss unbedingt etwas gegen die Fakten unternommen werden.

---

4 http://www.maz-online.de/Lokales/Potsdam/Streit-um-Polizeieinsatz-in-Potsdamer-Kneipe

Extremisten oder Aktivisten?

So beklagte jüngst der Brandenburger Generalstaatsanwalt Rautenberg, dass ihn Personalräte des Bundesamtes für Migration und Flüchtlinge (BAMF) darauf hingewiesen hatten, dass es keine richtige Identitätsprüfung für Flüchtlinge gäbe, aber man darüber nicht reden solle, um den »Rechten« nicht in die Hände zu spielen[5].
Tatsachen auszublenden ist sowieso ein falscher Ansatz. Sie verschweigen zu wollen, wenn sie sich doch ohnehin herumsprechen, ist zudem dumm. Bleibt die Frage, wen die BAMF-Mitarbeiter beziehungsweise der Generalstaatsanwalt mit der Bezeichnung »die Rechten« eigentlich meinten. Fielen auch »christlich-konservative«, »rechtskonservative« und »rechtsliberale« Ansichten darunter oder beschränkte sich die Vorstellung dieser Beamten auf »rechtsradikales«, »rechtsextremes« bzw. nationalsozialistisches Gedankengut?

So sehr sich Politik und Medien auch im »Kampf gegen rechts« engagieren, durch eigene Gewalttaten drängen sich die Linksextremisten spätestens seit dem G20-Gipfel wieder als Gefahr ins kollektive Bewusstsein. Die Zahlen sprechen eine deutliche Sprache. Der Verfassungsschutzbericht für das Jahr 2016 zählt 28.500 Linksextremisten[6], ein Plus gegenüber 2015 von 1.100 Personen. Dem stehen 23.100 Rechtsextremisten, mit einem Minus von 750 gegenüber. Linksextreme verursachten 2016 über 1.200 Gewalttaten, darunter sechs versuchte Tötungsdelikte, Tendenz fallend. Rechtsextreme verursachten 1.600 Gewalttaten, darunter ein Plus von 18 versuchten Tötungsdelikten.

Linke Gewalt nennt sich gern Zivilcourage

Ich gehe 2017 von einer deutlichen Steigerung linksextremistischer Straftaten aufgrund der Ereignisse von Hamburg aus. Ein eindeutiges Zuviel an Intensität, um diese medial regelmäßig als »Aktivisten« zu beschönigen. Wolfgang Bosbach bezeichnete einmal einen Bankräuber

---

5 http://www.tagesspiegel.de/weltspiegel/sonntag/nazijaeger-erardo-rautenberg-im-interview-es-bringt-nichts-den-nationalismus-nur-abzulehnen/20660010.html
6 https://www.berliner-zeitung.de/politik/analyse-was-ist-schlimmer---islamismus--linksextremismus-oder-rechtsextremismus--27985360

ironischerweise auch als »Aktivisten«, da er ja »aktiv« etwas tun müsse, um eine Bank auszurauben. Besser kann man es kaum noch kommentieren. Besonders ausgeprägt ist die Gewaltbereitschaft autonomer Linker gegenüber der Polizei als Feindbild Nummer eins. »Bullenhass« ist ein primärer Bestandteil dieser »Subkultur«. Linke Gewalt erscheint somit oftmals im öffentlichen Diskurs als »gute Gewalt«. Diese dürfe legitim als »Notwehr« einer »Zivilgesellschaft« im Kampf gegen rechts« Anwendung finden. Ein Trugschluss, denn das Gewaltmonopol liegt ausschließlich beim Staat. Auch linke Gewalttaten sind Straftaten und keine »Zivilcourage«.

Der »Kampf gegen rechts« wird mit immensen Mitteln aus Steuergeldern finanziert und veranlasst.

Nachdem die Politik – entgegen der Warnungen von Fachleuten – bei Polizei und Justiz einen Stellenabbau vollzogen hatte, steigen die Anforderungen dramatisch. So beklagt der Chef des Brandenburger Verfassungsschutzes[7], dass seine Behörde kaum noch handlungsfähig sei, aber die Anzahl der islamistischen Gefährder ansteige. Inzwischen ist aktuell von einer »Islamistenhochburg[8]« die Rede. So ist die Anzahl der Salafisten bundesweit auf ein Allzeithoch von 10.800 gestiegen. Allein 5.000 Tschetschenen sind nach Brandenburg gezogen. Erprobte IS-Kämpfer als »Schutzsuchende« im Rückzugsgebiet, mit sehr hohem Gefährdungspotenzial. Gegenwärtig, so berichtet die Bundesanwaltschaft, gibt es 1.119 Ermittlungsverfahren im terroristischen Bereich, davon über 85 Prozent mit islamistischem Hintergrund.

Wo bleibt da der Aufschrei der Personen, die Tag und Nacht »rechts« bekämpfen? Die Monotonie im »Kampf gegen rechts« geht an den gesellschaftlichen Gegebenheiten völlig vorbei. Notwendig sind vielmehr die Entwicklungen ausgewogener Konzepte, um Gewalt und Extremismus aller politischen Schattierungen, sowohl präventiv als auch repressiv, zu bekämpfen. Ideologische Vermischungen oder politischer Missbrauch sind dabei in jedem Fall kontraproduktiv.

---

7 http://www.pnn.de/brandenburg-berlin/1135081/
8 http://www.moz.de/artikel-ansicht/dg/0/1/1624251

Auf einer Konferenz der Gewerkschaft der Polizei in Brandenburg warnte am 24.02.2018 der dortige Ministerpräsident Dietmar Woidke vor »gefährlichen Brandstiftern[9]«.

Schauen wir uns doch einmal etwas näher an, wer im provinziellen Brandenburg etwas fördert und finanziert. Zum Beispiel das Kulturzentrum »freiLand« in Potsdam. Dort ist jeder willkommen, »insofern sie nicht andere Menschen durch rassistisches, gewalttätiges, homophobes, sexistisches oder anderweitig diskriminierendes Verhalten einschränken[10]«. Freilich nicht einfach heutzutage, man gilt schneller als Diskriminierer als man denkt. Da reicht schon aus nicht »links« zu sein. Steht dem nichts im Wege, darf man in der »antifaschistischen Bibliothek[11]« die Werke von Karl Marx studieren. Ob sich darunter auch die gesammelten »Klassiker-Werke« des russischen Berufsrevolutionärs Wladimir Iljitsch Lenin befinden, entzieht sich meiner Kenntnis. Werbung für die Rosa-Luxemburg-Stiftung mit einer Veranstaltungsreihe: »Kapitalismus verstehen – Seminarreihe zu Grundlagen der Kapitalismusanalyse«[12], Vortrag, Diskussion, Seminar natürlich mit Chips und gekühlten Getränken. Mit freundlicher Unterstützung und Sponsoring durch die Stadt Potsdam, mit jährlich 190.000 € und kostenloser Nutzung des Geländes. Dies alles ermöglicht durch die Stadtwerke Potsdam und damit durch jeden Bewohner. Ein ganz besonderes Leckerli absolvierte die Sozialistische Jugend »Die Falken[13]«, die nach ihrer Eigenbeschreibung eine »politische Kinder- und Jugendorganisation ist, die der Tradition der Arbeiterbewegung entstammt«. Diese nutzte fleißig das Gelände für ein »Demotraining als Schulung zum Verhalten bei Auseinandersetzungen mit der Polizei[14] und im sogenannten symbolischen Widerstand bei Versammlungen«.

Der Falkensprecher berichtet gegenüber der BZ stolz:

Weggehen? »Nein, hingehen und beobachten, was passiert, wenn es zu ungerechtfertigten Polizei-Aktionen kommt«, rät Wolke, »kein Tränengas einatmen, Aufnahmen machen!« Geschult wird auch »symbolischer Widerstand wie Sitzblockaden«.

---

9   http://www.maz-online.de/Brandenburg/Woidke-warnt-vor-politischen-Brandstiftern
10 https://twitter.com/freilandpotsdam?lang=de
11 https://www.freiland-potsdam.de/pages/freiland/projekte/projekt.php?ID=185#content
12 https://www.freiland-potsdam.de/pages/freiland/news/news.php?ID=163
13 https://www.freiland-potsdam.de/projekte/projekt.php?ID=366#content
14 https://www.bz-berlin.de/berlin/umland/polizei-schockiert-g20-blockade-training-mit-steuergeld

Auch der Sprecher vom »freiLand« ist nicht verlegen und antwortet: »*Ich vertraue den Falken. Der Polizei nicht*«. Diese Trainingsmaßnahme fand süffisanterweise im Vorfeld des Hamburgers G20-Gipfels statt.

Irgendwie schien auch der sozialdemokratische Brandenburgische Minister für Bildung, Jugend und Sport[15] mehr diesem linksalternativen Projekt, als der Polizei zu vertrauen. Er fand das alles gar nicht schlimm, ganz im Gegenteil. Auf die kleine Anfrage eines Landtagsabgeordneten antworte dieser u.a.:

»Ich würde mir sehr viel mehr junge Menschen wünschen, die sich kritisch mit gesellschaftlichen Themen auseinandersetzen, diese Kritik auch öffentlich äußern und an Demonstrationen teilnehmen.«

Andere fanden diesen Fakt nicht ganz so »pädagogisch wertvoll«, zum Beispiel der Vorsitzende der Gewerkschaft der Polizei (GdP):

»Eine Sauerei, mit Steuergeld zu finanzieren, wie man polizeiliche Maßnahmen unterläuft! Das ist eine Aushöhlung des Versammlungsrechts!«
Dem kann ich mich nur anschließen. Ein absoluter Treppenwitz, dass Potsdamer Polizisten durch ihre Kommunalabgaben an die Stadt ihre eigenen Demonstrationsgegner finanzieren. Ob es das nur in Potsdam gibt? Ich befürchte, keineswegs!

Aber Linksextremismus wird sowieso überschätzt. Seit der Familienministerin Manuela Schwesig wissen wir, »Linksextremismus ist ein aufgebauschtes Problem«[16]. Um die hoffnungsvollen Nachwuchstalente für Blockaden, Polizeibeobachtungen etc. fit zu machen, wurde sicherheitshalber auch noch die Extremismusklausel der Vorgängerin Christina Schröder (CDU) in der bisherigen Form abgeschafft. Seitdem steht lediglich ein Formsatz im finanziellen *Zuwendungs*bescheid. Da aber niemand verpflichtet ist, sich selbst zu beschuldigen oder zu belasten, für mich eher eine leere Klausel.

---

15 https://www.parldok.brandenburg.de/starweb/LBB/ELVIS/parladoku/w6/plpr/48-043.pdf
16 https://www.welt.de/politik/deutschland/article129635099/Linksextremismus-ist-ein-aufgebauschtes-Problem.html

Machen wir mit der Brandenburger GdP-Konferenz vom 24.02.2018 weiter. MP Woidke warnt vor Brandstiftern:

»(...) diese kriminalisierten nicht nur ganze Gruppen, sondern sie skizzierten auch eine Gefährdungslage, die nicht der Realität entspreche.« Meinte er vielleicht die Kriminalität von »Zugewanderten«? »Nach MAZ-Informationen[17] gingen von Januar bis November 2017 rund 1.550 Körperverletzungsdelikte auf das Konto von Zugewanderten – 150 mehr als im gleichen Vorjahreszeitraum. Gegenüber dem Jahr 2014 hat sich die Gewaltkriminalität mit Tätern aus Migrantenkreisen verfünffacht (2014: 257). Wie Sicherheitskreise weiter bestätigten, begingen Zuwanderer 2017 20 Prozent mehr allgemeine Straftaten als im Jahr zuvor.

In Sachsen ist die Politik ehrlicher. Hier machte gleich der Innenminister »Stimmung gegen Gruppen von Zuwanderern«. Jedenfalls nach dem »politisch korrekten« Linkssprech. Er monierte, *»Jeder dritte libysche Zuwanderer tatverdächtig[18]!«* Wie man hört, soll es nicht besser geworden sein. Ist der inzwischen geschasste Staatsminister a.D. ein Brandstifter? Wohl kaum. Wer die Wahrheit sagt ist kein Brandstifter.

Nach meinem Eindruck kriminalisiert man in der öffentlichen Wahrnehmung eher Menschen, die nicht zu Unrecht gegen die von dieser Politik verursachte Zustände demonstrieren. Diese nehmen das im Grundgesetz garantierte hohe Rechtsgut wahr, ihren Protest ungeschönt auf die Straße zu bringen.

Zum Beispiel in Cottbus. Hier traf sich der Bundespräsident, um mit zehn ganz besonders ausgewählten Bürgern zu sprechen. Welch ein Zufall, kein einziger der protestierenden Cottbusser Bürger war zu der »vertraulichen« Veranstaltung eingeladen. Statt miteinander zu reden, wird ausgegrenzt[19]. Menschen haben ein Recht auf Ängste und Sorgen, auf eine andere Meinung innerhalb eines demokratischen Spektrums. Sie haben auch das Recht, abzulehnen, dass Menschen mit einer völlig anderen Lebensweise und kulturellen Prägung angesiedelt werden, zumal sie hierzu keine Chance einer annähernden Mitbestimmung hatten.

---

17 http://www.maz-online.de/Brandenburg/Mehr-Gewalt-durch-Zuwanderer-in-Brandenburg
18 https://www.focus.de/regional/dresden/kriminalitaet-ulbig-jeder-dritte-libysche-zuwanderer-tatverdaechtig_id_7472137.html
19 https://www.morgenpost.de/berlin/article213495191/Steinmeier-spricht-mit-Buergern-aus-Cottbus-ueber-Gewalt.html

Ich kann mich hierzu auch an keine Debatte oder Beschluss des Bundestages erinnern, denn immerhin handelte es sich um einen ganz wesentlichen Einschnitt für unser Land.

Kleiner Exkurs zur Grenzöffnung 2015

Auch die EU-weit gültigen Dublin III-Verträge von 2013 wurden nicht eingehalten und erst 2017 durch eine umstrittene »Quotenregelung« abgelöst. Der Europäische Gerichtshof[20] hat derartig hohe Hürden für eine Abschiebung in das Erstankunftsland der EU aufgestellt, dass die Dublin-Verträge dadurch praktisch ausgehebelt wurden. Eine kleine Elite bestimmt damit über die Einwohner der 28 EU-Staaten, deren Bewohneranzahl 511 Millionen beträgt. Vor allem in Deutschland wird dadurch eine Rückführung der Asylbewerber faktisch unmöglich. Innerhalb der ersten zwei Monate müsste ein umständliches Verfahren zur Rücküberstellung beispielsweise nach Italien eingeleitet werden. Bei den ungeordneten Zuständen in der BAMF unmöglich und offensichtlich nicht gewollt. Zur Erinnerung: Frau Merkel hat 2015 die Grenzen geöffnet.

Wie war es dazu gekommen? Einen kleinen Einblick erhalten wir im Buch von Robin Alexander: »Die Getriebenen«[21]. Dabei stellt sich heraus, dass man durchaus die Absicht hatte, die Grenzen zu schließen, der Einsatzbefehl der Bundespolizei war bereits geschrieben. Die Spitzenpolitiker in der damaligen GroKo aus CDU, CSU und SPD hatten sich darauf verständigt, die Flüchtlinge an der Grenze zurück zu weisen. Jedoch wollte dafür niemand die Verantwortung übernehmen. Man soll demnach schlichtweg die weltweiten Bilder der Flüchtlinge an der geschlossenen Grenze gescheut haben.

Kann man Menschen verübeln, dass sie mit diesen vollendeten Tatsachen nicht einverstanden sind? Der »Kampf gegen rechts« ist adäquat desto dringender geworden. Er dient auch der Kompensation und Ablenkung von fragwürdigen Entscheidungen, nicht nur bundes-, sondern auch landesweit.

---

20 https://www.welt.de/politik/deutschland/article172896892/Zuwanderung-Europaeischer-Gerichtshof-erschwert-Abschiebung-zurueckgekehrter-Migranten.html?
21 Robin Alexander, »Die Getriebenen: Merkel und die Flüchtlingspolitik: Report aus dem Innern der Macht«, Siedler Verlag; vom 13. März 2017

Den letztgenannten Punkt wollen wir am Beispiel des Bundeslandes Brandenburg noch einmal etwas näher beleuchten. Was früher als »konservativ« galt, wird jetzt in die »rechte Ecke« verortet. Falsche Verdächtigungen machen sich breit, Unterstellungen sind an der Tagesordnung. Wer möchte schon als »Rassist« oder »Nazi« gelten?

Der Zusammenhang zwischen politischen Versagen und Kampf gegen rechts

Eine entscheidende Frage steht für mich: Gibt es einen Zusammenhang zwischen den Landtagswahlen 2019 und dem immer heftigeren politischen Agierens im »Kampf gegen rechts«?
Schauen wir uns doch einmal die »Erfolge« der SPD in Brandenburg an, die seit 2014 gemeinsam koalieren. Hier einige herausragende Beispiele:

- Eine sogenannte Polizeistrukturreform, die nichts weiter als ein Stellenabbau- und damit Einsparungsprogramm war.
- Eine Forstreform, die nicht nur bei den Förstern keine Akzeptanz fand, auch hier mit einem erheblichen Stellenabbau, enormen Krankenstand und gefährdeten Waldumbau einhergehend. Die Handlungsfähigkeit der Forstbetriebe ist gefährdet[22].
- Die inzwischen zurückgenommene Kreisreform, die im Land einen Sturm der Entrüstung ausgelöst hat, selbst in Teilen der SPD. Die Folgen wären auch eine Schwächung des Standortes Cottbus gewesen. Der dortige Oberbürgermeister beklagte sich über eine Konzeptionslosigkeit[23]. Profitiert von der »Reform« hätte vor allem die AfD, mutmaßlich wurde deshalb schnell die Handbremse gezogen.
- Plötzlich wird eine alte Forderung erfüllt, keine Elternbeiträge für das letzte Kita-Jahr vor der Einschulung. Die Maßnahme soll ab dem 01.08.2018 in Kraft treten, nur Monate vor den Landtagswahlen. Fällt auch gar nicht auf. Hier wird mit dem Geld der Steuerzahler Wahlkampfhilfe betrieben.

---

22 https://www.forstpraxis.de/brandenburg-landesforstbetrieb-kuenftig-nicht-mehr-handlungsfaehig/
23 https://www.cottbus.de/mitteilungen/2017-04/kreisgebietsreform_landesregierung_aendert_willkuerlich_kreiszuschnitte_und_widerspricht_eigenem_leitbild.html

Schlussfolgerung

Je größer die Erfolgslosigkeit in einer Legislaturperiode, desto größer der politische »Kampf gegen rechts«. Er dient der Ablenkung. Dazu kommt, dass dieser »ständige Kampf« den tatsächlichen Rechtsextremismus durch eine unkorrekte Gleichsetzung mit Andersdenken systematisch verharmlost. Bürger sind kein »Pack« und dürfen nicht entmenschlicht werden. Da wir uns in Brandenburg im Vorfeld des Wahlkampfes befinden, erwarte ich zukünftig, dass die Zügel im »wichtigen Kampf gegen rechts« noch weiter angezogen werden, auch und vor allem mit Hilfe der treuen regionalen Medien. Bei den letzten Umfragen im Februar 2018 lag die CDU ganz vorn. Die SPD kam auf 21,8 Prozent, die Linke auf 20 Prozent. Selbst mit Hilfe der Grünen ist fraglich, ob die SPD wieder den Ministerpräsidenten stellen kann. Die AfD ist den etablierten Parteien dicht auf den Fersen und rückt folgerichtig immer mehr auf. Man hat sich ja auch jede Menge Mühe gegeben, dass diese immer weiter erstarken. Solange kein Politikwechsel erfolgt, wird sich dieser Trend bestärken, ob mit oder ohne Unterstellungen.

Wo auf der einen Seite gern übertrieben wird, übt man sich gern im Understatement, wenn es um die Kriminalitätsformen Zugewanderter geht. Nicht repräsentative »Studien« werden der Öffentlichkeit aufgetischt, Fachleute und Experten unterstützen dabei gern mit diskussionswürdigen Stellungnahmen.

Mathematik und Massenschlägerei

Die neue deutsche Mathematik weist nach: 1 + 1 = 1. Oder: Wie uns ein Wissenschaftler weismachen will, dass die Zahl der ethnisch bedingten Massenschlägereien zwar steigt, die Gesamtzahl dieser Gewalttaten in Deutschland jedoch keineswegs zunehme.

Diplom-Psychologe Thomas Bliesener[24], Direktor des »Kriminologischen Forschungsinstituts Niedersachsen e.V.« (KFN), gibt seinen Gefühlen in einem »Focus«-Interview[25] freien Lauf. Selbstverständlich habe sich die Zahl der Massenschlägereien in Deutschland nicht erhöht. Einen Beweis für diese steile These hat er nicht und räumt freimütig ein, keine Erhebungen und Statistiken für diese Behauptung zu kennen. Im feinen Konjunktiv (»dürfte«) gibt er sein subjektives Sicherheitsempfinden wieder.

Es ist genau dieser ganz persönliche Eindruck, den »Experten« und manche Politiker der Bevölkerung als »realitätsfern« in einer Dauerschleife vorhalten. Nun beteiligt sich auch der KFN-Leiter an Vermutungen, wie sich die Zeiten ändern. Einst hatte ich dieses Institut sehr geschätzt und selbst eine ganze Reihe an Studienergebnissen in meinen Arbeiten und dem Sachbuch »Ratgeber Gefahrenabwehr« verwendet.

Gut kann ich mich noch daran erinnern, wie 2015 vehement bestritten wurde, dass die Kriminalität als Folge der sogenannten Flüchtlingskrise zunehmen wird. Es ist das Einmaleins der Kriminalistik für »arme Leute«, dass keine Altersgruppe weltweit mehr Straftaten begeht als junge Männer. Als die polizeilichen Kriminalstatistiken zwei Jahre später genau diese Tatsache belegten, wurde diese Binsenweisheit plötzlich das mediale Argument Nr.1. zu den dann doch »objektiv« wahrgenommenen gesellschaftlichen Veränderungen. Als Trigger erwiesen sich dabei die Massenstraftaten zugereister Männer in der Silvesternacht auf der Kölner Domplatte. Ebenso wie junge Deutsche verstoßen auch gleichaltrige Flüchtlinge und Zuwanderer überdurchschnittlich oft gegen Strafgesetze.

---

24 http://kfn.de/kfn/institut/wissenschaftlerinnen/prof-dr-thomas-bliesener-direktor/
25 http://www.focus.de/politik/deutschland/deutschland-kriminologe-bestaetigt-zahl-ethnisch-bedingter-massenschlaegereien-steigt_id_7475393.html

Prof. Bliesener bleibt keine andere Wahl, als zu berichten, dass die Massenschlägereien der verschiedenen ethnischen Gruppen zugenommen haben. Bei hunderttausenden »jungen Männern« nach dem Gesetz der Serie sowieso unbestreitbar. Aber wenn dieser Anteil zunimmt, wieso steigt dann nicht der Gesamtanteil dieser Straftaten? Falsch. Sind wir wieder bei 2015 angekommen? Nein, eins plus eins ist nicht eins, sondern zwei. Es ist die gleiche Logik wie wenn behauptet wird, an den Ausschreitungen während des G20-Treffens seien keine linken Straftäter beteiligt gewesen und überhaupt sei die Polizei an allem »schuld«.

Ein alter Leitsatz beim Militär lautet:
»Wer befiehlt, muss sicherstellen!«

Der Experte kann als unschlagbares Argument die »kasernierte« Unterbringung der Migranten anführen. Kein Wunder also, wenn die sich auch mal prügeln. Ein alter Leitsatz beim Militär lautet: »Wer befiehlt, muss sicherstellen!« Wer Menschen ins Land holt, muss auch die Voraussetzungen dazu schaffen. Jetzt unsere Versäumnisse ursächlich für Massenschlägereien anzuführen, riecht mir zu sehr nach der Ausrede: »Die armen Burschen können gar nicht anders« und »wir Deutschen sind deshalb an den Schlägereien schuld«.

Das war aber noch nicht genug; Der Psychologe sieht auch keine »grundlegenden« Unterschiede bei der Reizschwelle im Konfliktfall. Nur die Traumatisierung könne dazu führen, dass diese »gelegentlich« tiefer liege. Real gesehen sind vor allem auch Flüchtlingskinder »traumatisiert«, durch gewalttätige Erfahrungen in archaisch geprägten Familienstrukturen. (Später werde ich darauf im Buch noch näher eingehen.) Hier werden gekonnt die kulturellen Besonderheiten der Herkunftsländer unter den Tisch gekehrt. Menschen aus Krisenregionen, wie zum Beispiel Afghanistan, können eine gänzlich andere Auffassung zur Beilegung von Streitigkeiten in sich tragen.

Sicherheitskräfte, die diesen Fakt im Auslandseinsatz nicht beachten, laufen zusätzlich Gefahr, getötet zu werden. Bewohner anderer Länder können beispielsweise eine grundlegend andere Schießschwelle[26] besit-

---

26 Lockere oder disziplinierte Zeigefingerdisziplin am Abzug einer Schusswaffe.

zen. Polizisten und Soldaten mit einer »Sozialromantik«, die vorwiegend vom »Guten im Menschen« ausgeht und die Grundlagen der Eigensicherung außer Acht lässt, wären völlig ungeeignet und potentiell leichte Opfer[27]. Deshalb gibt es in der Bundeswehr weniger Sozialromantiker, die wollen überleben!

Da wir bei weitem nicht immer wissen, welche Personen nach Deutschland kamen, sind gegenwärtige Pauschalurteile wie sie Prof. Bliesener vornimmt, meines Erachtens völlig fehl am Platz. Richtig ist, dass ein Teil der Flüchtlinge traumatisiert[28] ist; Richtig ist auch, dass diese Menschen aus einem für Außenstehende unerklärlichen »Nichts« hochgradig aggressiv reagieren können. Das trifft im Übrigen auf traumatisierte Deutsche ebenso zu. Ca. 60 Prozent aller männlichen Bewohner der westlichen Hemisphäre haben in ihrem Leben mindestens ein traumatisches Erlebnis. Das können zum Beispiel Auslandseinsätze mit der Bundeswehr, Polizisten oder Feuerwehrangehörige nach dramatischen Einsätzen, Verkehrsunfälle mit lebensgefährlichen Verletzungen, Opfer von Überfällen, falsche Anschuldigungen in Strafverfahren etc. sein. An einer PTBS (Posttraumatischen Belastungsstörung[29]) erkranken jedoch nur wenige und falls doch, sind Therapieplätze rar und mit langen Wartezeiten belegt.

Was der Professor nicht anführt: Nicht jeder, der an einer PTBS erkrankt, begeht Straftaten, und längst nicht jeder, der aus Krisen- und Kriegsregionen stammt, leidet zwangsläufig unter dieser Erkrankung/ Störung.

Stark verniedlichend ist es auch, die neuen Massenschlägereien mit den »Keilereien auf einem Dorffest« zu vergleichen. Das entschuldigt erst einmal gar nichts, es wäre mir auch neu, immer wieder von Messerstechereien auf einer Kirmes Kenntnis erhalten zu haben. Da auch der dreißigjährige Krieg schon ein paar Monate zurückliegt, habe ich auch noch nicht gehört, in Deutschland sei es üblich, dass sich evangelische Christen immer wieder mit Katholiken prügeln.

---

27 https://www.steffen-meltzer.de/posttraumatische-belastungsstoerung-nach-schusswaffengebrauch/
28 http://caritas.erzbistum-koeln.de/export/sites/caritas/dicv-koeln/.content/.galleries/downloads/zuflucht-finden/unbegleitete-minderjaehrige-und-fluechtlingsfamilien/trauma-und-flucht/PPP_Traumatisierungen_bei_Fluechtlingen.pdf
29 https://www.neurologen-und-psychiater-im-netz.org/psychiatrie-psychosomatik-psychotherapie/erkrankungen/posttraumatische-belastungsstoerung-ptbs/was-ist-eine-posttraumatische-belastungsstoerung-ptbs/

Den krönenden Abschluss des Interviews bilden die »Handlungsempfehlungen« an die Polizei zur Verhinderung von Massenschlägereien ethnischer Gruppen. Demnach wäre es von Vorteil, wenn die Beamten die »Anführer« kennen würden, mit ihnen reden und diese überzeugen könnten, die Zusammenstöße zu vermeiden. Humor soll ebenfalls hilfreich sein. Der Experte verwechselt hier sicherlich die Absprachen und Hinweise der Polizei vor brisanten Fußballspielen mit den Fans oder bei Demonstrationen und Gegenkundgebungen. Wenn mehrere Funkstreifenwagen bei Schlägereien eingesetzt werden, ist nicht selten bereits eine konkrete Gefahr eingetreten. Für eine umfangreiche Konversation und »Humor« verbleibt dann oft keine Zeit. Die unmittelbare Gefahrenabwehr hat Vorrang. »Lasst wohlbeleibte Männer um mich sein, mit glatten Köpfen, und die nachts gut schlafen[30]« geht dann fehl, sondern lasst »entschlossene Beamte um mich sein«, die lageangepasst professionell einschreiten – ist besser. Das betrifft auch die Einsatzkommunikation als unterste Stufe, diese gefährlichen Straftaten zu unterbinden bzw. zu beenden. »Deeskalation« ist es eben nicht, auf dieser Stufe stehen zu bleiben, wenn die polizeilichen Maßnahmen nicht anders durchgesetzt werden können. Das wird oft verwechselt.

PS: Der ehemalige KFN-Direktor, Prof. Christian Pfeiffer[31] war von 2000 bis 2003 für die SPD niedersächsischer Justizminister.

---

30 William Shakespeare, Julius Cäsar I, 2. (Cäsar)
31 http://kfn.de/kfn/institut/ehemalige-direktoren/prof-dr-christian-pfeiffer/

Das Märchen von der verbesserten Sicherheitslage

Was waren das für Zeiten, als Helmut Markwort noch Chefredakteur und Mitherausgeber des »Focus« war. Damals verstand sich das Nachrichtenmagazin nach meiner Erinnerung als konservativer Gegenentwurf zu »Spiegel« und »Stern«. Inzwischen gehört es zu den beliebigen Gazetten, die auf der Welle der linksgrünen Einheitsmeinungen mitschwimmen.

Ein Beispiel ist der Artikel »Überfälle auf Joggerinnen[32]. Nach einer Angriffsserie auf Frauen gibt die Polizei wichtige Tipps«, mit welchen man die Geschichte der Kriminalität in diesem Land umschreiben will. Es wird berichtet, in Deutschland habe sich die Gefährdungslage für Frauen verbessert – und, man staune, die Redaktion bemüht dazu eine statistische Angabe: 2016 soll es weniger Raubüberfälle mit weiblichen Opfern gegeben haben als im Jahr 2000.

Es ist Grundwissen für »Statistikfreunde«, dass es gar nicht auf die Zahlen ankommt, sondern in welches Verhältnis man diese zu anderen Daten setzt. So wird aus einem »halbleeren Glas« schnell ein »halbvolles«, wenn man nur will. Und der »Focus« will uns ernsthaft eintrichtern, die Gefährdungslage sei besser geworden. Es ist und bleibt trotzdem falsch. Schlau wie man meint zu sein, vergleicht man die Zahlen der Gegenwart mit denen aus dem Jahr 2000 und führt siegessicher den angeblichen Rückgang an. Jedoch ist das Märchen aus Tausendundeiner Nacht bei näherer Betrachtungsweise schnell entlarvt. Denn insgesamt sind die Zahlen in Wirklichkeit gestiegen. Gab es 2000 noch 187.103 Fälle von Gewaltkriminalität[33], so sind es 2016 schon 193.542. Schauen wir uns nun die Fallzahlen[34] der »Opfer von Vergewaltigung und sexueller Nötigung« in Deutschland an: Auch hier ist im Jahresvergleich die Zahl der Straftaten gestiegen, nämlich von 7.571 im Jahr 2000 auf 8.102 Fälle in 2016. Opfer waren demnach bevorzugt Mädchen und Frauen, aber auch (sekundär) Jungen und Männer.

---

32 http://www.focus.de/politik/deutschland/ueberfaelle-auf-joggerinnen-nach-angriffs-serie-auf-frauen-gibt-polizei-wichtige-tipps_id_7770079.html
33 Quelle: https://de.statista.com/statistik/daten/studie/153880/umfrage/faelle-von-gewaltkriminalitaet/
34 Quelle: http://de.statista.com/statistik/daten/studie/37486/umfrage/opfer-von-vergewaltigung-und-sexueller-noetigung-in-deutschland-von-1999-bis-2008/

Es ist davon auszugehen, dass für die Zahlen der polizeilichen Kriminalstatistik ein weiterer erheblicher Anstieg von Gewaltstraftaten, einschließlich der Sexualdelikte erfolgen wird. Darauf deuten die ersten veröffentlichten Zahlen, zum Beispiel in Bayern, hin. Dort sind im ersten Halbjahr 2017 die Sexualstraftaten um 48 Prozent gestiegen[35]. Die von Zuwanderern begangene Anzahl, sei sogar um 90 Prozent gestiegen, berichtet Landesinnenminister Joachim Herrmann (CSU).

Die Taschenspieler-Tricks der Relativierer

Berufsrelativierer führen die Zunahme auf das verschärfte Sexualstrafrecht zurück. Statistiken geben aber gar kein Bild der Lebensrealität ab, das behauptet die Polizei übrigens auch gar nicht. Denn die meisten Straftaten geschehen im Verborgenen, vor allem bei Sexualstraftaten ist das ganz besonders manifestiert.

Eine Dunkelfeldstudie (siehe Kapitel »Eine erhellende Dunkelfeldstudie«) des LKA Niedersachsen kam auf eine Anzeigenquote von lediglich vier Prozent. Diese Studie wird praktisch nirgends mehr zitiert, sie passt offensichtlich nicht in die Landschaft mit dem polemisierenden Lieblingssatz vieler Politiker: »Es gibt keine hundertprozentige Sicherheit!«. In Niedersachsen wurden von hochgerechnet 31.600 Fällen nur 1.262 zur Anzeige gebracht. Natürlich gibt es eine sehr große Zahl, die sich im unmittelbaren Freundes- und Bekanntenkreis abspielt, beziehungsweise in der der Ehepartner eine unrühmliche Rolle spielt. Und was sich in den Flüchtlingsheimen abspielt, können wir bestenfalls erahnen.

»Subjektives Sicherheitsempfinden« mit objektiven Gründen

Neuerdings liest man viel von Gruppenvergewaltigungen innerhalb und außerhalb von Volksfesten und weiteren problematischen Vorkommnissen. Der mediale Eindruck täuscht nicht: Die Fälle nehmen zu und die Gefährdungslage hat sich offenbar verschlechtert. Das »subjektive Sicherheitsempfinden« kann auch ganz objektive Gründe haben. Liest man jedoch weiter nur den »Focus«, dann wird garantiert alles besser. Leben in einer Blase.

---

35 http://www.faz.net/aktuell/politik/inland/anstieg-von-sexualstraftaten-herrmann-zur-aktuellen-kriminalstatistik-15206375.html

Was die Zeitschrift freilich verschweigt, ist der Anteil von Ausländern an Gewalttaten, einschließlich Sexualstraftaten. Deutlich mitteilsamer wird die Berichterstattung, wenn der Täter ein Deutscher ist. So berichtet das Magazin über die Messerattacke von München[36]: »Gefasster Verdächtiger ist Deutscher und polizeibekannt.« Unerwähnt blieb, ob er auch »blonde Haare« und »blaue Augen« hatte und »germanische« 1,90 Meter misst, um dem Anschein vorzubeugen, es könnte sich vielleicht doch um einen »Deutschen« mit Migrationshintergrund handeln.

Als zertifizierter Polizeitrainer weiß ich, dass Halbwissen in der Eigensicherung ein gefährliches Unwissen darstellt. Deshalb noch einige Anmerkungen zu den Sicherheitstipps der »Focus«-Seite[37]:
Wenden Sie im Notfall nur einfache Dinge an, die Sie sicher beherrschen. Sie müssen nicht zwangsweise eine Zweikampfschule besucht haben. Nur die Wenigsten sind in der Lage, komplizierte Techniken im Überlebenskampf erfolgreich anzuwenden, wenn diese nicht durch ein nachhaltiges Training im Unterbewusstsein fest verankert sind. Wer es kann – wunderbar. Dann auch anwenden. Für eine Zweikampfausbildung spricht außerdem, dass es das Selbstbewusstsein verbessert, und das strahlt auf Täter aus! Sexstrolche suchen sich dann lieber ein wehrloseres Opfer, wenig tröstlich für den, den es dann trifft.

Distanz, Distanz und nochmals Distanz: Gehen beziehungsweise laufen Sie nicht gedankenversunken mit einem aufgesetzten Tunnelblick. Blick vom Handy nehmen und Ohrhörer ab! Gehen Sie – sofern möglich – potentiellen neu entdeckten Gefahren weiträumig aus dem Weg. Das geht jedoch nur mit einem aufmerksamen peripheren Blick. Das hat nichts mit Verfolgungswahn zu tun. Gewöhnen Sie sich ein »gelassenes Gefahrenbewusstsein« an, das Thema wird Sie nicht gefangen nehmen.
Geraten Sie jedoch jemals in eine schwierige Situation, sind Sie gut vorbereitet. Gelingt das nicht, gilt es, die Schockphase schnell zu überwinden, um die eigene Handlungsfähigkeit wieder herzustellen. Das geht schneller, wenn man trainiert ist. Es funktioniert auch bei Ungeübten,

---

36 http://www.focus.de/panorama/welt/messer-angriff-in-muenchen-gefasster-verdaechtiger-ist-deutscher-und-polizeibekannt_id_7746819.html
37 http://www.focus.de/politik/deutschland/ueberfaelle-auf-joggerinnen-nach-angriffs-serie-auf-frauen-gibt-polizei-wichtige-tipps_id_7770079.html

die sich für den Fall der Fälle mental vorbereitet und sich einen Plan A und B zurechtgelegt haben.

Nun heißt es, sich in der Krisensituation daran zu erinnern und so einen Überraschungsmoment für den Täter zu schaffen, um aus der Gefahrenzone fliehen zu können. Ich rate deshalb nicht zu aufwendigen Kampftechniken, sondern zum einfachen intuitiven Verhalten, das genetisch in uns angelegt ist. Stimme einsetzen, um sich schlagen (zum Beispiel strampeln, schlagen, boxen, beißen, kratzen, spucken, losreißen), wegrennen und dabei schreiend auf sich aufmerksam machen.

Sprechen Sie Menschen gezielt auf Hilfe an. In unserer Zeit ist das leider nötig, siehe die überall anzutreffende Verantwortungsdiffusion[38]. Übernehmen Sie die Initiative und zeigen Sie, dass Sie wehrhaft sind. Erfahrungsgemäß lassen die meisten Täter sofort vom Opfer ab. In einer »Kosten-Nutzen-Analyse« suchen Täter vor allem leichte Opfer und keine Gegner. Wenn Sie von einem Täter ein Messer an den Hals gehalten bekommen, wehren Sie sich nicht. Gleiches gilt beim Blick in einen Pistolenlauf. Widerstand sofort einstellen, wenn man wenigstens überleben will! Später hat man vielleicht eine Chance zur Flucht.

---

38 Wenn viele Menschen eine andere Person in einer Notsituation beobachten, fühlt sich keiner für die Hilfe zuständig. Die eigene Verantwortung wird dann intuitiv auf andere abgeschoben. Entweder Zeugen gezielt ansprechen: »Sie in der roten Jacke...« oder jemand muss vor Ort die Führung sich reißen, um Hilfsmaßnahmen einzuleiten und zu koordinieren. Das beinhaltet nicht nur selbst dem Opfer zu helfen, sondern auch weitere Helfer systematisch einzuspannen.

Berlin: Ideologie statt Vernunft, weniger Polizei und Justiz, mehr Psychologen und Sozialarbeiter

Berlin feiert große Erfolge: So vermeldet die Stadt, die Zahl der Intensivtäter wäre in den letzten 10 Jahren stark rückläufig gewesen. Was mich auch nicht verwundert:
Denn eine kriminologische Binsenweisheit besagt, viel Polizei – viele Strafanzeigen, wenig Polizei – wenig Strafanzeigen. Wenn der Schutzmann um die Ecke gelaufen kommt, wird er gern vom Bürger angesprochen. Ergebnis der Konversation ist oftmals eine Strafanzeige im Sinne des Bürgers, denn Polizeibeamte sind von Amts wegen verpflichtet, beim Verdacht von Straftaten tätig zu werden.

Fehlt der Schutzmann vor Ort, gibt es deutlich weniger Straftaten in der Statistik, nicht etwa weil diese nicht stattfinden würden, sondern weil Menschen keine Ansprechpartner vorfinden.

Die effektivste Form der Polizeiarbeit ist und bleibt die Fußstreife. Daran ändern auch die sogenannten Internetwachen nichts. Spitze Zungen empfehlen deshalb die Abschaffung der Polizei, dann gäbe es gar keine Straftaten mehr. Oh Schreck, die Zahl der Gewohnheitstäter nahm in Berlin im Jahr 2016 um 2,4 Prozent wieder zu. Was für eine Überraschung.
Von den 6.931 Tatverdächtigen waren 2.464 Nichtdeutsche, 323 »unklarer Herkunft«, 1.638 Deutsche mit Migrationshintergrund und 2.505 Deutsche. Mehr als verdoppelt habe sich darunter die Anzahl der Personen mit »unsicherem Aufenthaltsstatus«.

Wenn du nicht mehr weiter weißt, bilde einen Arbeitskreis

Innenstaatssekretär Christian Gaebler (SPD) ist besorgt[39] und vermutet als Ursache bei jungen Flüchtlingen und Zuwanderern »archaische Vorstellungen von Ehre« und die »hohe Akzeptanz von Gewalt in der Gesellschaft«. Als weitere Ursachen werden angeführt: Eine »misslungene Integ-

---

39 http://www.focus.de/politik/deutschland/aktuelle-studie-zur-jugendkriminalitaet-zahl-jugendlicher-straftaeter-steigt-wieder-jetzt-greift-berlins-justiz-ein_id_7889021.html

ration« durch »Sprache, Bildung, unzeitgemäße Rollenbilder, mangelnder beruflicher Teilhabe, Akzeptanz unserer Werte und Normen sowie an der teilweise wahrzunehmenden Herausbildung von religiösen Fanatismen«. Sozialarbeiter sollen es im Verbund mit der Justiz und der Polizei richten. Das erinnert mich an die Brandenburger Polizei. Dort erteilt ein Psychologe der Polizei »Einsatzhinweise« für Gefährderlagen[40]. Meine Sorge als zertifizierter Trainer: Hoffentlich setzt sie niemand ausschließlich um.[41] Brotlose Hochglanz- und Vorzeigeprojekte in der Theorie und Öffentlichkeitsarbeit, wie ich sie zur Genüge kenne.

Demgegenüber stehen Berliner Schrottschulen[42], Unterrichtsausfall, heruntergekommene Turnhallen und Toiletten, Mobbing und Kriminalität. Mangelnde Integration durch mangelnde personelle und finanzielle Mittel, in Verantwortung des rot-rot-grünen Senats. Damit es keiner merkt, gibt es für Schulleiter und Lehrer einen Maulkorberlass[43]. Schulsenatorin Sandra Scheeres (SPD) vergisst nicht hinzuzufügen, »*... dass es manchmal schon zum Selbstschutz der Schule angezeigt ist, Drehtermine und Presseanfragen an die Pressestelle der Senatsverwaltung zu melden*«.

Nun, diesen Satz könnte man auch als Drohung verstehen.

Nun sollen es also einige Sozialarbeiter richten. Die Liebesmüh wird, von einzelnen Erfolgen abgesehen, zwar kostenintensiv, aber umsonst sein. Folgerichtig meldeten die Medien am 01.03.2018, dass an einer Berliner Grundschule ab sofort ein Wachdienst engagiert wurde. Schüler würden Lehrer angreifen, Eltern die Mitschüler. Nun geht die Angst um. 99 Prozent der Schüler haben Migrationshintergrund und 93 Prozent würden Transferleistungen empfangen. Die Schulleiterin beklagt: »*Die Aggressivität hat stark zugenommen, da müssen wir gegensteuern*«. Gebietsleiterin Masieh Jahn berichtet: »*Es ist schockierend, wie gewaltbereit sogar schon Grundschüler sind.*«.

Eine Politik des Ignorierens und Beschönigens macht es möglich.

---

40 https://polizei.brandenburg.de/fm/32/info110-komprimiert.pdf, ab Seite 104 rechts unten
41 http://www.maz-online.de/Lokales/Polizei/Reichsbuerger-rastet-aus-und-verletzt-Polizisten
42 https://www.morgenpost.de/berlin/article212543687/Lehrer-demonstrieren-gegen-Schrottimmobilie.html
43 http://www.focus.de/politik/deutschland/duerfen-nicht-ueber-marode-schulen-sprechen-maulkorberlass-fuer-schulleiter-ich-finde-das-von-der-senatorin-eine-unverschaemtheit_id_7815861.html

Synapsen, die die Nervenzellen verbinden, bilden sich grundlegend bereits in den ersten beiden Lebensjahren heraus. Bis zum sechsten Lebensjahr sind wir Menschen geprägt. Kinder, die keine empathische Zuwendung und sichere Elternbindungen erfahren, archaische Familien, in denen die Prügelstrafe vorherrscht, können keine Spiegelneuronen[44] entwickeln, die ein sozialisiertes Miteinander ermöglichen.

Eine Kultur, in der die Frau kein gleichwertiger Mensch ist, wird Kindern nicht ermöglichen, weibliche Lehrkräfte, Polizistinnen oder Frauen auf der Straße zu akzeptieren. Abhanden gekommener Anpassungsdruck verhindert eine Integration in die Gesellschaft, denn schon jetzt ist man selbst in vielen Schulklassen »unter sich«, erst recht, was die eigene Clique auf der Straße betrifft. Bandenbildung in Großstädten, natürlich sind auch Deutsche dabei. Wenn »unbegleitete minderjährige Flüchtlinge« ihre syrischen Großfamilien nachholen und die Traditionen der Kinderehe, Gebärzwang und Frauenapartheid[45] weiterleben, werden weitere unlösbare Probleme auf uns zukommen. Warum Migranten mit subsidiärem Schutz ihre Familien nachholen müssen, entspringt für mich einer linksgrünen Phantasie und Ideologie, aber keinen sachlichen Gründen. Es steht die Frage im Raum, ob es nicht aus mehreren Gründen besser wäre, die Familien in ihrer Heimat zu belassen, vor allem, wenn dort kein Krieg mehr stattfindet.

Seitz (1983, 50) weist darauf hin, »dass sich Straffälligkeit zu einem hohen Ausmaß als Folge einer frühen Sozialisation, speziell durch die elterliche Erziehung, erworbenen Persönlichkeitsstruktur einstellt«. Je älter die Probanden, desto geringer ist die Wahrscheinlichkeit der Resozialisierung. Eine letzte Chance wird die Pubertät bei den Jugendlichen sein. Hier werden die in der Kindheit angelegten Nervenverbindungen noch einmal »gestrafft« und ausgelesen. Straftaten, die aufgrund mangelnden Verfolgungsdrucks unentdeckt bleiben, da Polizeistellen »fleißig« abgebaut wurden, stärken die antisoziale Persönlichkeit. Ungesühnte Diebstähle, Gewalt und Rücksichtslosigkeit werden als Belohnungssystem im Gehirn determiniert und sind nur noch schwer zu reparieren. Das Gleiche gilt auch, wenn durch mangelndes Justizpersonal Anklagen erst

---

44 http://www.planet-wissen.de/natur/forschung/spiegelneuronen/index.html
45 http://www.buerstaedter-zeitung.de/vermischtes/vermischtes/gastkommentar-von-necla-kelek-zum-familiennachzug-die-kehrseite_18344582.htm

nach einem Jahr und noch später stattfinden. Dann können Jugendliche emotional nicht mehr nachvollziehen, was bei ihnen schief gelaufen ist. Die Wirkung einer Verurteilung verpufft dann ins Nirwana.

Richterin Kirsten Heisig hatte in Berlin vor vielen Jahren gezeigt, wie es gut funktionieren kann. Wie man nachlesen darf, wurde sie gemobbt[46], was mich allerdings nicht wundert. Mit der Integration von kreativen Beamten, die neue Wege gehen wollen, sieht es manchmal sehr schlecht aus. Das ist in Brandenburg auch nicht anders.[47] Die drei zugegebenen Mobbingfälle sind nur die Spitze des Eisberges.

Berlin ist etwas anders

Berlin ist immer eine Geschichte wert. In der Metropole sind große gesellschaftliche Fortschritte zu verzeichnen. Wurden noch vor einiger Zeit für die Polizei 1.139 alte und ausgemusterte Dienstpistolen[48], das Stück ein Euro, aus Schleswig-Holstein geordert, so wurde inzwischen einmal richtig eingekauft. Ab Juli 2018, so ein Bericht, gibt es für die Bediensteten die neue Pistole SFP 9 von Heckler & Koch. Leider sollen dafür keine geeigneten Holster[49] vorhanden sein, berichtet die Berliner Zeitung[50]. Der Journalist fragt sich, ob sich Polizeibeamte die Waffentasche häkeln sollen? Warum eigentlich nicht. Eine Ausstechform für Plätzchen[51] hatte es ja als Weihnachtsgeschenk vom Polizeipräsidenten und seiner Stellvertreterin schon gegeben. Da hätte man auch noch zwei Häkelnadeln beilegen können. Für die Häkelwolle reicht das Geld ja sowieso nicht.

Berlin: Die neue Generalstaatsanwältin Margarete Koppers[52] ermittelt ab dem 1. März 2018 gegen sich selbst. Sie war die stellvertretende Polizeipräsidentin und steht damit auch in der Verantwortung für eine Welle von Plei-

---

46 http://www.zeit.de/2010/47/Richterin-Heisig
47 http://www.maz-online.de/Brandenburg/Hoher-Krankenstand-bei-der-Polizei-Brandenburg
48 http://www.tagesspiegel.de/berlin/polizei-justiz/dienstwaffen-fuer-einen-euro-berliner-polizei-beschafft-veraltete-pistolen/14556602.html
49 https://holsterwelt.com/H-K
50 https://www.bz-berlin.de/berlin/kolumne/berliner-polizei-kauft-neue-pistolen-aber-keine-passenden-holster-dazu
51 https://www.bz-berlin.de/berlin/dieses-weihnachtsgeschenk-geht-berlins-polizisten-auf-den-keks
52 https://www.berliner-zeitung.de/berlin/polizei/margarete-koppers-wird-chefanklaegerin--jetzt-muss-sie-gegen-sich-selbst-ermitteln-29588048

ten, Pech und Pannen[53] bei der Berliner Polizei. Jeder kleine Beamte wäre bei einem laufenden Ermittlungsverfahren raus aus der Beförderung für ein höheres Amt. Polizeibeamte hatten Frau Koppers strafrechtlich angezeigt.

Aber das kennen wir ja, ab einer bestimmten Ebene werden keine Fehler mehr gemacht. Glaubt man zumindest von sich selbst. Wäre ja auch das Neueste, wenn es für bestimmte Ämter nach fachlicher Eignung geht. Egal, die angebliche Freude in der Berliner Polizei über ihren Abgang, soll durchaus nicht kleinlich sein.

Seit einigen Jahren plagt sich Berlin mit einem Schießstand-Skandal herum. Durch defekte bzw. mangelhafte Lüftungsanlagen waren die Schützen und Einsatztrainer giftigem Pulverdampf ausgesetzt. »Viele der Beamten sind erkrankt[54], haben Gift (Blei, Arsen und Antimon) im Blut, leiden unter Atem- und Lungenbeschwerden. Sogar Krebserkrankungen wurden diagnostiziert.« Der Polizeiarzt hatte jedenfalls gegenüber dem Gesamtpersonalrat (GPR) ein Sprech- und Auskunftsverbot[55] erhalten. Demnach wollte der damalige Polizeipräsident Kandt persönlich mit dem GPR die Angelegenheit besprechen. Nach einer auch gegen ihn gestellten Strafanzeige darf er das aber nicht mehr. Grund: Befangenheit durch das Strafverfahren. Der Innensenator Geisel (SPD) möchte die geschädigten Polizisten finanziell entschädigen, so seine *Ankündigung*. Hoffentlich bleibt es nicht beim Wunsch, man darf skeptisch sein.

Am 1. Oktober 2015 war vom Gelände des Berliner Landesamtes für Gesundheit und Soziales[56] (LAGeSo), das vierjährige Flüchtlingskind Mohammed entführt worden. Täter war ein 32-jähriger Brandenburger, der sich das Behörden- und Flüchtlingschaos vor Ort zunutze machen konnte. Das Kind wurde ebenso wie der sechsjährige Potsdamer Elias sexuell missbraucht und anschließend getötet. Silvio S. wurde in Potsdam zu 15 Jahren Haft ohne Sicherungsverwahrung verurteilt. Der BGH wies das Urteil zurück, die Verwahrung muss neu verhandelt werden.

---

53 https://www.focus.de/politik/deutschland/zustaende-in-berliner-polizei-akademie-die-lange-liste-der-vorwuerfe-gegen-die-berliner-polizei-vizepraesidentin_id_7800960.html
54 https://www.bz-berlin.de/berlin/erkrankte-beamte-kritisieren-ermittlungen-gegen-klaus-kandt
55 https://www.bz-berlin.de/berlin/berliner-polizeichef-verordnet-dem-betriebsarzt-offiziell-sprechverbot
56 http://www.zeit.de/gesellschaft/zeitgeschehen/2015-10/mohamed-elias-berlin-lageso-festnahme

Jahrelange sexuelle Missbräuche[57] an einem schutzbefohlenen Kind, mit einem sich anschließenden Strafverfahren konnten nicht verhindern, dass der Täter im Hort einer Grundschule tätig war. Dort konnte der Pädophile noch drei weitere Jahre andere Kinder betreuen. Erst als das Amtsgericht Tiergarten den Mann zu zwei Jahren Haft auf Bewährung verurteilte, erfuhr der Arbeitgeber von dessen Straftaten. Eine weitere Panne im Behördendschungel.

Es gibt aber auch erhebliche Fortschritte zu vermelden. Die Diskriminierung wird abgeschafft, Stehpissoirs, auch für Frauen und das »dritte Geschlecht«, sorgen für Geschlechtergerechtigkeit an der Toilettenfront. Das neue Porzellanbecken sei perfekt auf die anatomische Form der Frau zugeschnitten[58], sie könne sich darüber hocken, ohne es zu berühren. Für eine Machbarkeitsstudie[59] wurde durch Berlins grünen Justizsenator Behrend[60] zehn Objekte bei Feuerwehr-, Amtsgerichts- und Polizeibehörden ausgewählt. Nach welchen Kriterien die konkrete Auswahl vor Ort erfolgte und ob man vorher den Anteil der inter- und transsexuellen Beschäftigten ermittelte, blieb für mich im Dunkeln. Die Höhe dürfte eher im Promillebereich gelegen haben. Geld muss dafür genügend vorhanden sein. Jedenfalls scheinen die diesbezüglichen Mittel reichhaltiger zu sprießen, als für die materielle und personelle Sicherheitsausstattung seiner Justizvollzugsanstalten. Immer wieder waren von dort entwichene Häftlinge[61] zu beklagen. Neben der Flucht durch Lüftungsschächte und Zäune[62] sei es auch üblich, dass Drogen über den Zaun geworfen und Handys in die JVA geschmuggelt werden. Eine JVA-Angestellte[63] bringt die Handys für Rocker gleich selbst in den Knast.

Nicht ganz so anstrengen musste sich ein 18-jähriger Intensivtäter[64] in der Jugendvollzugsanstalt, verurteilt u.a. wegen mehrerer Delikte,

---

57 https://www.welt.de/vermischtes/article172664650/Skandal-in-Berlin-Waehrend-die-Missbrauchsanklage-lief-arbeitete-er-in-einer-Schule.html
58 https://web.de/magazine/gesundheit/pissoirs-frauen-berlin-oeffentliche-toiletten-umruesten-32467032
59 https://www.morgenpost.de/berlin/article209160889/Justizsenator-plant-Unisex-Toiletten-bei-Berliner-Behoerden.html
60 https://web.de/magazine/gesundheit/pissoirs-frauen-berlin-oeffentliche-toiletten-umruesten-32467032
61 https://www.berliner-zeitung.de/panorama/zwei-berliner-jva-sieben-entflohene-haeftlinge-zurueck---tegel-vermisst-gefangenen-29443612
62 https://www.rbb24.de/panorama/beitrag/2017/12/ausbruch-gefangene-jva-ploetzensee-fahndung.html
63 https://www.bz-berlin.de/berlin/mitte/angestellte-schmuggelte-handys-in-berliner-jva
64 http://www.tagesspiegel.de/berlin/polizei-justiz/berlin-ploetzensee-jugendlicher-intensivtaeter-kehrt-nach-freigang-nicht-zurueck/20860092.html

etwa wegen schweren Raubes und gefährlicher Körperverletzung. Der junge Mann kehrte erst gar nicht in den offenen(!) Strafvollzug zurück. Vielleicht hätte er auch zur Vorbereitung seines Abgangs verstärkt die sozialen Netzwerke einsetzen sollen. Dem konnte in der JVA Tegel ein islamistischer Gefährder nachkommen[65]. Nach einer Einschätzung der Staatsschutzabteilung des LKA Berlin wäre davon auszugehen, dass er »jede Gelegenheit für einen Anschlag/Angriff auf Ungläubige nutzen will«. Grüße aus dem Knast gab es deshalb von ihm serienweise auf Facebook. Dort berichtete er über die neuesten Schlachten der IS-Terrormiliz, konnte Schriften über die »Etablierung des islamischen Staates« verbreiten, über Osama Bin Laden sinnieren und den Anschlag auf dem Berliner Breitscheidplatz umdichten. Wiederholte Durchsuchungen seiner Gefängniszelle verhalfen nicht zum gesuchten Handy.

Stichwort Berliner Staatsschutzabteilung. Jetzt kommt etwas Licht ins Dunkel, ein kleines Streichholz wurde angezündet. Der Terrorattentäter Anis Amri war in Berlin nur noch telefonisch überwacht worden, lediglich am Tag und am Wochenende gar nicht[66]. 2016 hatte man bereits seine Observation eingestellt. Das Ergebnis ist bekannt. Nun heißt es: »Rette sich wer kann!« Die Chefin des Berliner Staatsschutzes schiebt am 26.01.2018 vor dem Untersuchungsausschuss des Abgeordnetenhauses, die personelle Verantwortung auf den Leiter des Berliner LKAs. Immerhin räumt sie ein, zum Fall Amri eine »falsche Entscheidung« getroffen zu haben, da man dessen Gefährlichkeit als »nicht besonders hoch[67]« eingeschätzt habe. Wurde der Gefährder, Passfälscher und Drogendealer mit den 14 Identitäten behandelt wie ein Taschendieb? Das sieht der Leiter des Staatsschutzes aus NRW völlig anders, dem »ist keine Person erinnerlich, die er derart kritisch gesehen hätte[68]«.

Leider soll der Dezernatsleiter am Berliner LKA wenig Zeit gehabt haben, Medien berichten von ausgiebigen Nebenjobs des Experten[69], das LKA aus

---

65 https://www.morgenpost.de/berlin/article212569485/Islamistische-Gruesse-aus-der-Gefaengniszelle.html
66 https://www.waz.de/politik/terror-in-berlin-die-zehn-schwersten-fehler-im-fall-amri-id212884037.html
67 http://www.maz-online.de/Brandenburg/Berliner-Polizei-war-vor-Terroranschlag-am-Breitscheidplatz-stark-ueberlastet
68 https://www.berliner-zeitung.de/berlin/staatsschutz-leiterin-jutta-porzucek--amri-spielte-fuer-uns-keine-besondere-rolle--29564130
69 Angeblich überlastet Berliner Amri-Chefermittler hatte Zeit für Nebenjob – Quelle: https://www.berliner-zeitung.de/29737286 ©2018

NRW soll oftmals keine Ansprechpartner gehabt haben. Der Chef-Amri-Ermittler wurde später befördert. Sicherlich wegen »guter Leistungen«, denn eine andere Möglichkeit lässt das Beamtengesetz nicht zu. Ob als Folge der Leiter des Berliner LKA den damaligen Polizeipräsidenten für den schon lange bekannten Personalmangel verantwortlich macht, dieser wiederum seine Stellvertreterin oder den Innensenator, vielleicht auch den Papst, wird sich (vielleicht) noch aufklären. Präventiv sprach Klaus Kandt schon am 11.11.2017 als »vorweggenommene Gegenargumentation« von einer »runtergesparten Behörde[70]«.

Es hat nichts genützt. Am 27.02.2018 zog der Innensenator Geisel die Notbremse: Polizeipräsident Kandt wurde in den einstweiligen Ruhestand versetzt. Dieser zeige sich überrascht[71]. Für mich ein typisches Bauernopfer der Politik. Klaus Kandt war mir in Brandenburg ein tadelloser Polizist und als eine tadellose Führungskraft bekannt. Er wirkte sogar menschlich-sympathisch, was man wahrlich nicht von jeder Führungskraft in dieser Behördenspitze behaupten kann. Ich habe mich oft darüber gewundert, was in Berlin abläuft. Manchmal aber auch darüber, wie er auf gewisse Dinge öffentlich reagiert hat. Mutmaßlich verändert »das Amt« wesentlich den Menschen und nicht umgekehrt. Er hatte inzwischen auch noch das »falsche« Parteibuch (CDU). Sein Innensenator ist in der SPD, Berlin rot-rot-grün regiert. Jeder weiß, dass Spitzenbeamte das »richtige« Parteibuch tragen sollten und welchen sekundären Stellenwert dabei die fachliche Eignung hat.

Klaus Kandt ist das Opfer dieser Umstände geworden, währenddessen aber seine Stellvertreterin Koppers, die schon vor ihm im Amt (seit 2010, Kandt seit 2012) war, nach oben fällt. Ihr sagt man eine Nähe zu den Grünen nach.

Der Erfolg hat immer viele Väter, der Misserfolg keinen, es sei denn, man findet noch jemanden, der sich nicht wehren kann. Ähnlich den Vorkommnissen auf der Kölner Domplatte zu Silvester. Dort wollte man ernsthaft einem kleinen Dienstgruppenleiter alle Schuld in die Schuhe schieben[72].

---

70 http://www.tagesspiegel.de/berlin/polizeipraesident-ueber-affaeren-kandt-berliner-polizei-wurde-runtergespart/20571302.html
71 https://www.welt.de/politik/deutschland/article173952585/Berliner-Polizeipraesident-Klaus-Kandt-ueberrascht-von-Abloesung.html
72 https://www.derwesten.de/politik/verschwieg-die-polizei-herkunft-der-verdaechtigen-in-koeln-id11443017.html

Egal, 60 Milliarden Euro Schulden in einer Stadt, in der wir gerne leben. So könnten das die 25 Staatssekretäre empfinden. Bei den Verbindlichkeiten ist Berlin spitze, bei der Anzahl der Staatssekretäre[73] einsamer Spitzenreiter. Drei Regierungsparteien haben auch viele »verdiente Parteifunktionäre« unterzubringen. Die berühmteste in der Runde der Staatssekretäre ist dabei Frau Sawsan Chebli. Ihre »kommunikativen Künste« bewies sie schon eindrucksvoll als stellvertretende Pressesprecherin[74] des Auswärtigen Amtes.

Einen weiteren gewissen Bekanntheitsgrad erhielt sie u. a. wegen eines auf Facebook selbst inszenierten »Sexismus-Skandals«. Ein Botschafter a. D. hatte sie bei einer Veranstaltung unklugerweise als »jung und schön[75]« bezeichnet. Deshalb musste »die Gescholtene« alle Opferregister medial wirksam ziehen, um den bösen alten weißen Mann in die Schranken zu weisen. Den Experten für Körpersprache, Stefan Verra[76] erinnert das Äußere Cheblis eher an ein Modefoto[77], er vermisst an ihrem Auftreten außerdem eine Begeisterungsfähigkeit. »Anerkennung« kommt auch ein wenig davon, sich selbst zu erkennen. So gesehen ist Berlin auch nur ein Dorf.

---

73 https://www.morgenpost.de/berlin/article210986903/Berlin-goennt-sich-25-Staatssekretaere-Rechnungshof-empoert.html
74 https://www.youtube.com/watch?v=iLHonxlwHH8
75 https://www.morgenpost.de/meinung/article212267655/Sexismus-oder-Kompliment-Debatte-um-Chebli-Beitrag.html
76 http://www.stefanverra.com/
77 https://www.youtube.com/watch?v=7bgNVY3DYrk

Zwischen Gefahr und Gefallen: Politik und Willkommenskultur in Deutschland

Wenn ich als Trainer im öffentlichen Dienst mit Kindern und Jugendlichen ein Eigensicherungstraining durchführe[78], stelle ich nicht selten fest, dass es an den Grundlagen für tatsächlich selbstsicheres Verhalten fehlt. So fällt es zum Beispiel einigen jungen Leuten schwer, bei einer Gefahr schreiend die Flucht zu ergreifen. Nicht wenige haben selbst das laute Sprechen verlernt, geschweige, dass sie in der Lage wären, ein deutliches »Nein, das will ich nicht!« zu artikulieren.

Die in unseren Genen zur erfolgreichen Gefahrenerkennung und -abwehr angelegten Verhaltensweisen wurden durch Erziehung weitestgehend wegkonditioniert. Jungs müssen sich »wie Mädchen« verhalten, brav im Unterricht sitzen und dürfen nicht zappeln. Gendergerechte Pädagogik hat es geschafft, körperliches Konkurrenzverhalten, also den in uns angelegten Drang, sich zu vergleichen, zu verpönen. Mädchen werden besonders behütet, einige sind dadurch zur Auffassung gelangt, dass es in der Realität zu keinen echten Bedrohungen für Leben und die Gesundheit kommen könnte. Sie denken, das gäbe es nur in Hochglanzmagazinen, Spielfilmen oder Videogames. So wie viele Stadtkinder durch die Milka-Werbung einst daran glaubten, dass alle Kühe lila aussehen müssten.
Mein Hauptaugenmerk gilt dann den verborgenen Fähigkeiten, die uns Menschen über hunderttausende Jahre bei Krisenszenarien erfolgreich gemacht haben. Diese Stärken müssen nun wieder auf emotionalem Wege ans Tageslicht befördert werden. Warum dieser Umstand immer wichtiger wird, sollen die folgenden Fakten aufzeigen:

War das nicht wunderschön, Deutschland, das geheiligte Land der Willkommenskultur, ein fröhlich-freudiger Event wie im legendären Fußballsommer 2006? Der massenhaften Ankunft »junger Männer« folgten massenhafte Auftritte vieler junger Frauen, von den Medien weltweit werbewirksam in Szene gesetzt. Euphorisch begrüßten sie an den Bahnhöfen die neuen Mitbürger, schwenkten Plakate, überreichten Blumen

---

78 https://www.steffen-meltzer.de/produkt/so-schuetzen-sie-ihr-kind-buch/

und engagierten sich in der Flüchtlingshilfe. Der Spruch: »Am deutschen Wesen mag die Welt genesen[79]!« feierte eine ungeahnte Auferstehung. Diesmal ging es um die moralische Vorbildrolle für den »Rest« der Welt.

Warnende Stimmen wurden bestenfalls in den Wind geschlagen. Andere als Rassisten oder gleich als Nazis abgestempelt. Eine Welle der Empörung ergoss sich über »besorgte Bürger«, die erkannten, dass es schon immer junge Männer waren, die für einen Großteil der Kriminalität verantwortlich zeichnen.

Da nicht sein kann, was nicht sein darf, gab es bereits 2015 die ersten politisch korrekten Opfer. Dazu gehörte der Schulleiter des Wolkenberg Gymnasiums im brandenburgischen Michendorf[80], der es gewagt hatte, seinen Schülerinnen Verhaltenstipps zum Umgang mit den »jungen Männern« aus anderen Kulturkreisen mit auf den Weg zu geben. In der angrenzenden schulischen Turnhalle wurden 100 Flüchtlinge untergebracht, darunter 30 alleinreisende »junge Männer« aus Kamerun, Pakistan, Bosnien, Serbien und Tschetschenien. »Die Schüler wurden darüber informiert, dass Mimik und Gestik sowie Kleiderordnung von Menschen aus anderen Kulturkreisen falsch verstanden werden könnten«. Auch solle man keine Getränke und Zigaretten annehmen, um einer Infektionsgefahr aus dem Wege zu gehen. Zur Sicherung des Schulbetriebs wurde ein Bauzaun aufgestellt. Das Ergebnis für diesen verantwortungsbewussten Rektor, der seinen Obhutspflichten gegenüber seinen Schülern nachkam, war eine Medienkampagne. Aber nicht die neuen Gefahren standen dabei im Fokus, nein, der Pädagoge selbst geriet in die Schussbahn.

Die Empörung schlug Wellen, der zuständige Landrat von der SPD dozierte emsig in die Notizblöcke der eifrigen Journalisten:
»Es müsse um eine Willkommenskultur gegenüber Flüchtlingen gehen. Aber der Schulleiter erweckt bei den Schülern den Eindruck, die Asylbewerber seien blutrünstige Straftäter[81], die schlimme Krankheiten verbreiten. Er stößt damit ins selbe Horn wie jene Leute, die Angst vor Flüchtlingen schüren.«

---

79 Schlagwort zugerechnet Emanuel Geibels Gedicht »Deutschlands Beruf von 1861«
80 https://www.berliner-zeitung.de/berlin/fragwuerdige-schueler-tipps-in-brandenburg-maedchen-sollen-fluechtlinge-nicht-ansehen-und-keine-kurzen-roecke-tragen-22546930
81 https://www.tz.de/welt/nach-pocking-schulleiter-potsdam-warnt-schueler-fluechtlingen-zr-5196463.html

Wer möchte schon gern als »fremdenfeindlich« gelten? Also lenkte der Schulleiter ein: »Er bedauere, dass seine »Äußerungen missverständlich aufgenommen wurden. Sie waren keinesfalls in einem negativen Sinn gegenüber den Asylbewerbern gemeint«.

Auch im sächsisch-anhaltinischen wurde 2015 »gehetzt[82]«. Hier sorgte sich gar der Lehrerverband in seiner Mitgliederzeitung »um sexuelle Abenteuer zwischen Schülerinnen und attraktiven muslimischen Männern«. Der Philologenverband warnte vor möglichen sexuellen Belästigungen durch Asylbewerber:
Es sei nicht zu übersehen, dass »viele junge, kräftige, meist muslimische Männer« ins Land kämen. Und zwar »nicht immer mit den ehrlichsten Absichten«. Die oft auch ungebildeten Männer hätten ein Bedürfnis nach Sexualität. Und schon jetzt höre man aus vielen Orten in Gesprächen mit Bekannten, dass es zu sexuellen Belästigungen komme – »vor allem in öffentlichen Verkehrsmitteln und Supermärkten«
Trotzig weist der Chef des Verbandes »rassistische Ressentiments« gegenüber der Mitteldeutschen Zeitung zurück. »*Ich habe mir vor 1989 nicht den Mund verbieten lassen und tue das jetzt auch nicht*«.
Wie aus der Pistole geschossen meldeten sich Bildungspolitiker »erbost« zu Wort. Der Kultusminister Stephan Dorgerloh (SPD) springt mit folgendem Zitat in die Bresche: »*Gerüchte verstärken, Halbwahrheiten verbreiten und unsere Werte als Keule benutzen*«. Der Fraktionschef der Grünen legt noch einen drauf: »*Das ist inhaltlich auf einem unterirdischen Niveau, das bedient Vorurteile und den rechten Rand*«. Auch die Linken sind empört: »*Das grenzt an Hetze*«.

Selbst wer die kriminologische Binsenweisheit für Anfänger benannte, dass viele »junge Männer« viel Kriminalität erzeugen, wurde abgestraft. Inzwischen ein Fakt, der – trotz des angeknackten Schweigekartells aus Medien und Politik – nicht mehr ernsthaft bestritten werden kann. Auch manche der damaligen Mitteilungen von polizeilichen Pressestellen fand ich ein wenig wunderlich.

Junge zugereiste Männer sind nach einer neuen »Studie« Prof. Pfeiffers bei Gewalttaten wie Raub, Körperverletzungen, Vergewaltigung, ande-

---

82 http://www.zeit.de/gesellschaft/zeitgeschehen/2015-11/sachsen-anhalt-sexualitaet-muslime-maenner-maedchen

ren Sexual- und Tötungsdelikten deutlich überrepräsentiert. Die Studie Pfeiffers enthält einige gewagte Interpretationen. So würden zum Beispiel Deutsche einen Ausländer eher anzeigen. In einem anderen Kapitel werde ich darauf noch einmal eingehen. Vor allem zeigen nach meiner Erfahrung Asylbewerber andere Asylbewerber weniger an. Eine Frau, die einen männlichen Asylbewerber in einer Massenunterkunft anzeigt, lebt unter Umständen noch gefährlicher. Wenn bei »Vorkommnissen« die Polizei gerufen wird, macht manchen Ortes als erstes der Dolmetscher klar, man »kläre das schon unter sich«. In vielen Flüchtlingsunterkünften haben sich längst Parallelgesellschaften herausgebildet, die viele Straftaten unter der Decke halten. Aber auch das ist im Elfenbeinturm mancher Kriminologen scheinbar noch nicht angekommen.

Eine weitere »unbekannte Größe«: Wie viele ausländische Täter der 1.205 Strafanzeigen zu Silvester 2015/2016 in Köln wurden verurteilt? Ein Jahr später waren es ganze sechs[83]! Demzufolge wurden auch wenige Migranten ermittelt. Das Verhältnis zwischen Hell- und Dunkelfeld bleibt unaufgeklärt. Der Abschreckungseffekt verpufft ins Nirwana. Jede ungesühnte Straftat stärkt die Täter. Eine erfolgreiche Lerngeschichte. Die Täter werden damit noch ermutigt, in immer kürzeren Abständen immer schwerere Straftaten zu begehen. Daran ändert auch der Nachzug von »einheimischen Frauen« oder Familienangehörigen wenig. Spitze Zungen hegen den bösen Verdacht, man wolle die erlernte Gewalttätigkeit der Männer auf ihre eigenen Frauen kanalisieren. Gerade Jugendliche aus archaischen Kulturkreisen sind oft selbst Opfer familiärer Gewalt durch den Vater. Eine Gewalterfahrung und damit verbundene Traumatisierung, die zu brutalen Konflikten untereinander und gegenüber Einheimischen führt.

Zusammenfassend lässt sich feststellen, dass eine gendergerechte Erziehung sowie einseitiger und blinder Aktionismus und Interpretationsstil zur sogenannten Willkommenskultur, fatale Auswirkungen auf ein natürliches und gelassenes Gefahrenbewusstsein haben. Vielen Kriminalitätsopfern wäre vielleicht bei einer anderen Herangehens- und Sichtweise im politischen Überbau ihre Leidenserfahrung erspart geblieben. Nur

---

83 http://www.faz.net/aktuell/politik/inland/bisher-wurden-nur-sechs-taeter-der-koelner-silvesternacht-verurteilt-14545141.html

die klare Benennung und Anerkennung der Fakten führt zu gesellschaftlichen und individuellen Konsequenzen. Zur Kernaufgabe eines Staates gehört, die Sicherheit für die eigenen Bürger zu garantieren. Natürlich gibt es keine einhundertprozentige Sicherheit, jeder ist darüber hinaus auch für sich verantwortlich. Aber wenn Politiker mit diesem Satz »argumentieren« und gleichzeitig persönlich dafür sorgen, dass der Staat durch einen unkoordinierten Abbau von Stellen bei Polizei und Justiz geschwächt wurde, werde ich hellhörig. Es sind dieselben Akteure, die jeden ideologisch bekämpfen, der auf die genannten Szenarien aufmerksam macht. Bestenfalls heißt es: »Karriere beendet«, schlechtestenfalls verlieren diese Realisten ihre bürgerliche Existenz.

Nach dem Mord in Kandel – von der Tat ablenken

Immer wenn man denkt, es geht nicht schlimmer, gibt es in einigen Medien noch eine Steigerung. In Kandel wurde ein 15-jähriges Mädchen durch einen »Schutzsuchenden« genannten mit einem 20 cm langen Küchenmesser getötet, indem er damit mehrfach auf das wehrlose Opfer eingestochen hat. Das Mädchen selbst und später noch einmal die Eltern stellten im Vorfeld der Tat Strafanzeigen wegen Beleidigung, Nötigung, Bedrohung und Verletzung persönlicher Rechte. Daraufhin wurde am 18. Dezember 2017 an der Schule eine Gefährderansprache durch Polizeibeamte, im Beisein von zwei seiner Betreuerinnen durchgeführt. Auch der zuständige Vormund des Jugendamtes war informiert[84]. Der Landkreis stritt zuerst vehement ab, über die »direkte Bedrohung« des angeblich 15-jährigen Täters durch die Polizei informiert worden zu sein. Sie wollte nur über die Beteiligung an einer schulischen Schlägerei Kenntnis haben. Am Tattag, dem 27. Dezember 2017, hatte die Polizei den Flüchtling noch einmal persönlich aufgesucht und eine Vorladung zur polizeilichen Vernehmung ausgehändigt. Freilich ist in Deutschland niemand verpflichtet, so einer Vorladung Folge zu leisten. Dies muss man nur gegenüber der Staatsanwaltschaft oder einem Gericht. Alle Maßnahmen indes konnten das Leben des jungen Mädchens nicht retten, sie erwiesen sich auch deshalb als wirkungslos, weil dabei unsere eigenen mitteleuropäischen Maßstäbe angelegt wurden.

Schadensbegrenzung. Rette sich wer kann.

Die Tagesschau[85] bevorzugte, erst gar nicht von dieser Tat zu berichten. Die unglaubliche Begründung: Es würde sich »nur« um eine »Beziehungstat« handeln. Über einen vorhergehenden Sexualmord an einer neunzehnjährigen Medizinstudentin Maria L. aus Freiburg[86] durch einen »minderjährigen Flüchtling«, der später auf ein Erwachsenenalter geschätzt wurde, wurde gleichfalls nicht berichtet. Die Tat wäre damals lediglich von »regionaler Be-

---

84 https://www.rheinpfalz.de/lokal/artikel/bluttat-kandel-vormund-wusste-laut-polizei-von-strafanzeigen/
85 http://blog.tagesschau.de/2017/12/28/kandel-wie-die-tagesschau-damit-umgeht/
86 https://www.welt.de/vermischtes/article171997257/ARD-Entscheidung-Deshalb-berichtete-die-Tagesschau-zunaechst-nicht-ueber-Kandel.html

deutung[87]« gewesen, lautete hier der manipulative Ansatz. In anderen Medien[88] wird das gegenwärtige Verbrechen als das eines »Messerstechers«, »Jugendlichen« und »mutmaßlichen« Täters abgemildert, der sein Opfer »zufällig« im Drogeriemarkt angetroffen hätte. Dabei haben die Ermittlungen die »zufällige Anwesenheit« von Abdul D. noch gar nicht ergeben, denn der Afghane schweigt bisher bei der Drucklegung des Buches in der Untersuchungshaft. Außerdem wird in diversen Medien der Eindruck erweckt, es würde bereits feststehen, dass der Afghane erst 15 Jahre alt wäre, obwohl auch Journalisten bekannt ist, dass ein Großteil der Altersangaben unbegleiteter minderjähriger Flüchtlinge unrichtig ist[89].

Nachdem medial feststand, es würde sich um eine »Beziehungstat« handeln, wurde ein Ermittlungsbeamter aus der polizeilichen Pressekonferenz mit folgendem Satz zitiert: »*Zum Tatablauf sagt er, noch könnten die Beamten nicht bestätigen, dass möglicherweise eine Beleidigung der Tat unmittelbar vorausging*[90]«. Dieser Satz muss für die Hinterbliebenen wirken wie ein weiterer Messerstich. Offensichtlich geht es um die juristische Prüfung, ob sich das Tötungsdelikt aus einem dynamischen Eskalationsgeschehen heraus entwickelt habe oder ob hier eiskalter Mord vorliegt. Normalerweise ist niemand mit einem derartigen Küchenmesser unterwegs, es sei denn, mit mörderischen Gedanken. Demzufolge ist es auch sekundär für den Geschehensablauf, ob sich das Mädchen im Vorfeld mit Worten gewehrt hat oder nicht. Das wäre mehr als nur legitim. Es erklärt keineswegs dieses Verbrechen und lenkt von der eigentlichen Tat ab.

Stichwort »Ablenkung«. Schon kurz nach der Tat, wenn Informationen zum Gesamtgeschehen noch knapp sind, gibt in einer Focus-online-Veröffentlichung ein Pädagoge »Einblick in Psyche des Täters[91]«. Kulturelle Unterschiede kann der Experte zwischen dessen muslimisch geprägtem Heimatland und Deutschland nicht feststellen. Im Gegenteil. So lobt er ausdrücklich den Umgang mit Frauen; sie würden in Afghanistan ganz

---

87 http://meedia.de/2016/12/05/regionale-bedeutung-wieso-die-tagesschau-nicht-ueber-den-mord-an-maria-aus-freiburg-berichtete/
88 http://www.maz-online.de/Nachrichten/Panorama/15-jaehriger-Messerstecher-muss-in-U-Haft
89 https://www.bayernkurier.de/inland/22354-missbrauch-bei-minderjaehrigen-fluechtlingen/
90 https://www.focus.de/politik/deutschland/messerattacke-in-kandel-psychologe-ueber-mord-an-15-jaehriger-junge-afghanen-sind-in-gewalt-aufgewachsen_id_8138262.html
91 https://www.focus.de/politik/deutschland/messerattacke-in-kandel-psychologe-ueber-mord-an-15-jaehriger-junge-afghanen-sind-in-gewalt-aufgewachsen_id_8138262.html

besonders wertgeschätzt, egal ob Mutter, andere oder jüngere Frauen. Nur wären sie durch vielfache Gewalterfahrungen traumatisiert. Vorgeschoben werden Kämpfe mit den Taliban und Fluchterfahrungen.

Politisch korrekt verschwiegen wird dagegen, dass in den dortigen Familien vielfach selbst schwere Gewalt herrscht. Das vorhandene Patriachat führt nicht selten zur bedingungslosen Unterordnung und schweren Misshandlungen von Kindern, durch den Vater und andere Autoritätspersonen[92]. Das dadurch erzeugte Trauma ist folglich eingeschlossen. Ebenso ist in archaischen Kulturen die körperliche Züchtigung an den Bildungseinrichtungen[93] verbreitet. Der Fachmann bemängelt gleichzeitig: »*Natürlich fehlt einem so jungen Menschen die familiäre Nähe, enge Verwandte, mit denen er seine Probleme besprechen kann, wo er Trost und Schutz erlebt.*« Aber genau diese »Schlussfolgerung« ist irreführend, für viele junge unbegleitete Flüchtlinge ist es besser, außerhalb der Familie zu leben, in der man regelmäßig das Opfer von häuslicher Gewalt sein kann.

Und Focus-online legt einen Tag später sogar nach. Ein sogenannter Familienberater erklärt: Wann sich Eltern in die Beziehungen der Kinder einmischen sollten. Dabei wird in der Textvoranzeige ein irregulärer Zusammenhang zwischen dem Mord an dem Mädchen und einem Elternverhalten des Opfers hergestellt. Das Zauberwort des Experten heißt »Vertrauen« zwischen Eltern und Kind. Eine Binsenweisheit aus der Bindungsforschung und keine kompetente Antwort zur Verhinderung eines Verbrechens.

Als »Focus-online« die Frage stellt: »Wie man seinen Kindern vermitteln könne, wo Gefahren lauern«, weist der Experte auf eine »Unerziehbarkeit ab dem 12. Lebensjahr« hin. Als zertifizierter Trainer im Öffentlichen Dienst trainiere ich dagegen selbst noch Senioren in Sicherheitsfragen, denn um »Erziehung« geht es bei diesem Thema nicht. Außerdem berichtet der vorgebliche Fachmann vielsagend über das »hormonelle Chaos« von Pubertierenden, »gerade bei Jungs«, die deshalb »viele gefährliche Sachen machen«. Das mag sein. Aber die wenigsten Teenager bringen deshalb andere Kinder um.

---

92 https://www.steffen-meltzer.de/kindesmissbrauch-auch-in-archaischen-kulturen/
93 http://archiv.c6-magazin.de/06/news/saudi-arabien/003223.php

Die Antworten auf dieser Onlineplattform gehen grundlegend am Thema vorbei. Die »Schuld nur bei einem Individuum zu suchen, vielleicht andeutungsweise sogar beim Opfer ist genauso trivial und falsch, wie alle einer »Gesellschaft« in die Verantwortung zu nehmen. Beides bedingt sich gegenseitig. Wir müssen aufpassen, dass sich dieses Gleichgewicht nicht zu Ungunsten einer Staatsschuld durch weitere Sicherheitsdefizite immer stärker verschiebt. Falsche Toleranz mit gleichzeitiger Unterdrückung von berechtigter Kritik, zu wenig Personal in den Kernaufgaben wie Bildung, Justiz und Polizei sind auf der einen Seite zu beobachten.

Beschwichtiger, Relativierer und Schönredner

Auf der anderen Seite schießen Beschwichtiger, Relativierer und Schönredner nach diesem Tötungsdelikt wie Pilze aus dem Boden. Sie sollen uns beruhigen. Das Spiel geht zunehmend weniger auf. Auch der Bürgermeister von Kandel[94] befürchtet, dieses Tötungsdelikt könnte den Fremdenfeinden in die Karten spielen. Deshalb rufe er jetzt zur Besonnenheit auf. Ist das bereits die vorweggenommen Gegenargumentation für das übliche Schweigen in der Politik, anstatt diese Tat zu verurteilen? Wieviel Mord und Totschlag von Zugereisten wird es noch geben? Wie lange wollen wir uns noch in puncto Altersangaben auf der Nase herumtanzen lassen? Über welche weiteren Zeiträume wollen wir weiterhin die Rückführungen nach Afghanistan u. a. sichere Drittstaaten aussetzen, vor allem bei Personen, die strafrechtlich aufgefallen sind? Wie ist grundsätzlich unser Umgang mit potentiell hochaggressiven jungen Männern aus anderen Kulturen, die eine geringe Frustrationstoleranz aufweisen? 40 Prozent aller Flüchtlinge wären angeblich suizidgefährdet[95], behauptet die Bundespsychotherapeuten Kammer. Offensichtlich nicht ganz uneigennützig, dieser gewaltigen Zahl stehen »nur« 433 Suizidversuche von Flüchtlingen gegenüber, die in 19 Fällen zum Tod führten[96]. Trotzdem, wie gehen wir mit Leuten um, die offensichtlich nichts mehr zu verlieren haben und deshalb leicht andere mit in ihr Unglück reißen könnten? Mir fallen noch viele andere Fragen ein, die scheinbar niemand beantworten will.

---

94 https://www.mdr.de/nachrichten/vermischtes/reaktion-buergermeister-messerattacke-drogeriemarkt-kandel-100.html
95 http://www.bptk.de/aktuell/einzelseite/artikel/mindestens-d.html
96 https://de.statista.com/statistik/daten/studie/687012/umfrage/suizidversuche-von-fluechtlingen-in-deutschland/

Political correctness geht vor Menschenleben?

Eine Verurteilung des Täters durch die Politik habe ich, von wenigen Ausnahmen abgesehen, nicht vernehmen können. Als der CSU-Innenminister Herrmann einen Alterstest bei jungen Flüchtlingen[97] fordert, wird er hingegen *sofort* kritisiert. Bei seinem Ruf nach politischen Konsequenzen wird ihm in der Frankfurter Rundschau[98] unterstellt, er würde das Tötungsdelikt »politisch ausschlachten«, da der Täter ein Afghane sei. Seine Forderung nach einem härteren Umgang mit Flüchtlingen durch konsequente Abschiebungen wird reflexartig als »populistisch«, verantwortungslos und »kurzsichtig« abgeurteilt. Herrmann ein Rassist?

Der Täter, Abdul Mobin D., ist ein abgelehnter Asylbewerber[99] (Datum: Februar 2017), den bisher seine angebliche »Minderjährigkeit« vor einer Abschiebung bewahrte. Hätte man von Anfang an das wahre Alter des »jungen Mannes« ermittelt, hätte die Möglichkeit bestanden, den Afghanen kurzfristig in sein Heimatland abzuschieben. Das junge Mädchen könnte noch leben, wenn nicht an entscheidenden Stellen die angeblich »moralisch hochstehenden« Blockierer sitzen würden.

So zum Beispiel bei der Bundesärztekammer. Deren Vorsitzender lehnt systematische Alterstests für Asylbewerber ab[100], da es »das Menschenwohl« beeinträchtigen würde. Unter anderen führt er an, die Untersuchungen wären zu teuer. Wie teuer ist dagegen ein Menschenleben? Es ist unbezahlbar, sogar für einen hochbezahlten Verbandschef. Während sogar die offizielle Kriminalstatistik durch Gewalttaten von manchen Flüchtlingen nach oben schnellt, Menschen ein politisches Versagen mit ihrem Leben und Gesundheit zahlen müssen, macht sich der Chef der Ärztekammer lieber »Sorgen« um das Geld anderer Leute. Dabei wäre eine Altersbestimmung ohne einen körperlichen Eingriff ohne weiteres möglich. Das Fraunhofer Institut hat hierzu einen Ultraschall-Handscanner[101] entwickelt.

---

97 https://www.bz-berlin.de/deutschland/csu-minister-will-alterstest-bei-jungen-fluechtlingen
98 http://www.fr.de/politik/meinung/kommentare/fall-kandel-eine-tragoedie-wird-politisch-ausgeschlachtet-a-1417621
99 http://www.bild.de/news/inland/mord/asylantrag-des-afghanen-wurde-im-februar-2017-abgelehnt-54366582.bild.html
100 http://www.sueddeutsche.de/politik/fluechtlinge-bundesaerztekammer-lehnt-systematische-alterstests-fuer-asylbewerber-ab-1.3810234
101 https://www.medica.de/cgi-bin/md_medica/lib/pub/tt.cgi/Per_Ultraschall_zur_Gewissheit_Nachweis_von_Vollj%C3%A4hrigkeit_via_Handscanner.html?oid=88193&lang=1&ticket=g_u_e_s_t

Röntgenaufnahmen im späteren Ermittlungsverfahren von Hand, Gebiss und Schlüsselbeinen haben ergeben, dass der Täter zwischen 17,5 und 20 Jahre alt ist[102]. 19 Jahre werden als am Wahrscheinlichsten angenommen.

Der Tübinger Oberbürgermeister Boris Palmer (Bündnis 90/Die Grünen) geht einen Schritt weiter, er fordert die Beweisumkehr. Kann ein Flüchtling seine Minderjährigkeit nicht beweisen oder stimmt einer entsprechenden Untersuchung nicht zu, wird er als volljährig eingestuft.

Palmer weiterhin wörtlich:
»Tatsache ist: Wer als Asylbewerber angibt, unter 18 Jahren zu sein, erhält sehr großzügige Vergünstigungen. Von der exklusiven Unterbringung mit Betreuung angefangen bis hin zum Verzicht auf Asylverfahren und drastisch verbesserten Bleibechancen.«

Für solche und andere Meinungsäußerungen wird dem Grünen-Politiker von seinen Parteifreunden regelmäßig vorgeschlagen, er solle doch besser zur AfD wechseln. Nun ja, was ist daran »unmenschlich« und »rassistisch«, wenn ein Staat auf seinem Hoheitsgebiet wissen will, wer hier sein Gastrecht und einen geld- und sachwerten Sonderstatus einfordert? Palmer, hatte schon längere Zeit auf die sich veränderte Sicherheitslage durch Zuwanderer in Tübingen aufmerksam gemacht:

»In Tübingen gab es in jüngerer Zeit eine auffällige Häufung von Straftaten gegen die sexuelle Selbstbestimmung. Ein Asylbewerber aus Syrien hat versucht, ein 10-jähriges Mädchen zu vergewaltigen. Ein Gruppe Schwarzer – die Wahrscheinlichkeit, dass es keine Asylbewerber waren, halte ich für kleiner als 5 Prozent – hat Frauen auf einem Fest angegrabscht, bespuckt, gezogen und bedroht.«

Aber Boris Palmer wurde durch eine neue Studie bestätigt. Demnach haben Asylbewerber bei gefährlicher Körperverletzung, Mord, Totschlag, Vergewaltigung und sexueller Nötigung einen beachtlichen Anteil von rund 13 Prozent. Anerkannte Asylbewerber sind hier noch gar nicht eingerechnet. Aber ausgerechnet die für Tübingen zuständige polizeiliche

---

102 https://rtlnext.rtl.de/cms/drogeriemarkt-killer-von-kandel-hat-gelogen-gutachten-bestaetigt-mias-moerder-ist-aelter-als-15-4143630.html

Pressestelle ist anderer Auffassung[103]. Für sie ist und bleibt Tübingen ein Refugium der Unveränderbarkeit. Dessen Leiter verkündet:

»Die Tübinger Zahlen bei den Sexualdelikten sind in keiner Richtung auffällig oder gar alarmierend oder begründen gar eine erhöhte Gefährdungslage«. Vielmehr liegen die Zahlen bei den Sexualdelikten in den Jahren 2015 und 2016 in der Stadt Tübingen bei je 55 Straftaten. 2008 waren es 72 Fälle. Auch die Zahl der Vergewaltigungen, so Reusch, habe mit 12 Fällen im Vergleich zum Vorjahr nicht zugenommen.

»Im Bereich der exhibitionistischen Handlungen und der Erregung öffentlichen Ärgernisses haben wir 2016 einen Rückgang um 4 auf 16 Fälle zu verzeichnen.«

Ob nun der Leiter der Pressestelle oder aber der Tübinger OB richtig liegt, ich ahne es.

Natürlich begehen auch Deutsche Mord und Totschlag. Trotzdem macht es für mich einen Unterschied, ob wir die Täter selbst »produziert« haben, oder ob Zugereiste ihr Gastrecht missbrauchen und töten[104].

Kampf gegen rechts vor Ursachenbekämpfung

Aber Gefahr gibt es auch an ganz anderer Front zu vermelden. Der »Kampf gegen rechts« ist jetzt noch wichtiger geworden. Aufgeregt berichtet der Focus, dass es in Kandel zu einem Gedenkmarsch von 400 Menschen gekommen sei. Als man zum Tatort, einer Drogerie, zurückkehrte, hatten dort andere Personen mit »bunten Regenschirmen« eine Mahnwache für ein »buntes und tolerantes Deutschland« abgehalten. Dabei hätten sich Teilnehmer des Schweigemarsches provoziert gefühlt und versucht, einem Gegendemonstranten einen »bunten Regenschirm« zu entreißen. Alle Teilnehmer des Gedenkmarsches werden daraufhin im Focus mit nur zwei Hinweisen diffamiert, »Rechte« hätte sich unter den Marschierenden befunden, das Deutschlandlied wäre gesungen worden und man habe gerufen »Wir sind das Volk«. Ein Spruch mit dem die Ostdeutschen 1989 das Politbüro hinwegfegten.

---

103 https://www.tagblatt.de/Nachrichten/Tuebingens-Oberbuergermeister-und-seine-Aussagen-zur-Fluechtlings-Kriminalitaet-339544.html
104 https://www.steffen-meltzer.de/das-mediale-maerchen-von-der-verbesserten-sicherheitslage-fuer-maedchen-und-frauen/

Somit macht sich jeder verdächtig[105], der in guter Absicht des ermordeten Mädchens aus der eigenen Stadt gedenken wollte. Eine bunte Ideologie scheint demnach immer noch wichtiger als das Leben eines 15-jährigen Mädchens zu sein. Was die Focus-Journalisten in ihrem Artikel verschweigen, für die angemeldeten Veranstaltungen waren weder Plakate noch »bunte Schirme« genehmigt. Das berichtete jedenfalls Thomas Sommerrock, Sprecher der Polizeidirektion Landau.

---

105 https://www.focus.de/politik/deutschland/deutschland-fluechtling-ersticht-15-jaehrige-in-kandel-neue-risikoeinschaetzung-blieb-aus_id_8219226.html

Gefährliche Ratschläge
zur Kriminalitätsabwehr von »Experten«

Leider findet man allerorten Verantwortliche, die meinen, gefährliches Halbwissen über eine Gefahrenabwehr in Notsituationen, als »Experten« dokumentieren und gefährliche Ratschläge in den Medien erteilen zu müssen, so auch eine Präventionsverantwortliche gegenüber der Zeitung »Neue Westfälische« am 06.02.2018[106].

Als Polizeibeamter mit langjähriger Berufserfahrung in der Erwachsenenfortbildung von Polizisten, schüttelt es mich geradezu, Zeilen in einer Zeitung lesen zu müssen, in denen von einer Gegenwehr bei gewalttätigen Angriffen abgeraten wird.

Niemand ist verpflichtet, durch eine »schimpfliche Flucht«, dazu beizutragen, dass das Recht dem Unrecht weichen muss[107]. Natürlich ist es von Vorteil, einer Situation von vorn herein aus dem Weg zu gehen. Dabei hilft ein »gelassenes Gefahrenbewusstsein«. Das beinhaltet, das präsente Wissen, dass es auch Personen gibt, die nichts Gutes im Schilde führen. Sie stehlen, betrügen, rauben, verprügeln u.v.m. Eine Flucht ist zwar rechtlich nicht erforderlich, aber manchmal das Klügste.

In meinem Buch »Ratgeber Gefahrenabwehr: Wie Sie Gewalt- und Alltagskriminalität in der Gesellschaft begegnen[108]« (ISBN: 978-3-9819559-1-0) beschreibe ich dezidiert die konkreten Abwehrmöglichkeiten für Interessierte, ohne diesbezügliche Vorbildung oder Training[109].

Man sollte sich auch nicht von den schönen Reden und Besänftigungen mancher »Experten« und Politiker beeinflussen lassen, dass es »da draußen« gar nicht so viel Kriminalität geben würde, wie das subjektive Sicherheitsempfinden der Bürger aussagen würde. Dabei berufen

---

106 http://www.nw.de/lokal/bielefeld/mitte/22052295_Hilfeschrei-statt-Pfefferspray-Das-raet-die-Bielefelder-Polizei-Strassenraub-Opfern.html
107 https://www.rewi.europa-uni.de/de/lehrstuhl/sr/intstrafrecht/lehrveranstaltungen/_archiv_veranstaltungen/examrep_AT/examrep_AT_uebersicht_IV.pdf
108 Erstauflage ausverkauft/vergriffen. Neuerscheinung im Juli 2018, Vorbestellung über info@steffen-meltzer.de
109 Buch »Ratgeber Gefahrenabwehr« erscheint völlig neu überarbeitet 2018 im neuen Verlag, dem Ehrenverlag

sich »Fachleute« immer wieder auf die offizielle Polizeistatistik (PKS). Diese Hinweise entbehren jedoch jeglicher Wirklichkeit in Bezug auf die tatsächliche Kriminalität, da die Dunkelziffern in vielen Bereichen viel größer sind, als die PKS jemals nachweisen könnte. Die Polizei kann nur verfolgen, was bekannt wird.

Das Wichtigste zur Gefahrenabwehr ist tatsächlich, immer eine Distanz zu potentiellen Tätern zu wahren, so gut man das kann. Es geht dabei nicht nur um die zu recht in Verruf gekommene »eine Armlänge Abstand« [110]. (Die Kölner Oberbürgermeisterin Rekers hatte nach den massenhaften Sexualstraftaten u. a. Gewalttaten durch Migranten zu Silvester 2015/2016 auf der Kölner Domplatte zu »einer Armlänge Abstand« geraten.) Leider wurde es Menschen durch einen übergroßen Anpassungsdruck abtrainiert, solche Situationen präventiv zu decodieren. Auch das gehört zur Wahrheitsfindung.

Von Pfefferspray wird im Zeitungsartikel abgeraten. Dem kann ich mich nicht anschließen. Natürlich kann ein Pfefferspray sehr gute Dienste leisten, wenn man es zur Hand hat und als Überraschungsmoment einsetzt. Es ermöglicht einem Angegriffenen, wertvolle Zeit für die lautstarke Flucht zu gewinnen. Nur darf man nicht in den Irrtum verfallen, dass dieses Einsatzmittel sofort wirken muss! Schon manch einer war schockiert, dass ein Täter trotz des Einsatzes dieses Mittels, noch Minuten weiter auf das Opfer einwirken konnte. Das kann – aber muss nicht so sein. Vor allem ist das Verfallsdatum zu kontrollieren. Pfefferspray ist in Deutschland nur als Tierabwehrspray im Handel erhältlich, der Einsatz gegen Menschen darf nur in allerhöchster Not erfolgen.

Die Handhabung sollte jedoch trainiert werden, um sich nicht selbst dabei zu verletzen. Fast alle tatsächlichen Experten sind sich einig, dass es bei der unmittelbaren Auseinandersetzung darauf ankommt, auch als Schwächerer, die Angststarre (Schockphase) zu überwinden, die Initiative zu ergreifen und diesen Überraschungsmoment für sich zu nutzen. So hat auch das schwächere Opfer eine große Chance, zu entkommen. Ein Gesetz der Straße lautet: »Der Schnelle frisst den Langsamen«, nicht der Stärkere den Schwächeren.

---

110 http://www.faz.net/aktuell/feuilleton/debatten/henriette-rekers-unverschaermter-vorschlag-mit-der-armlaenge-13999586.html

Deshalb gilt auch nicht die, von dieser »Expertin« empfohlene, Alternative in Form einer Suggestion:

»Pfefferspray oder laut schreien«?
...und ihr Fazit »lieber laut schreien«, sondern beides:
Pfefferspray und laut um Hilfe schreien!

Damit bewirkt man nicht nur das Überraschungsmoment sondern macht auch gleichzeitig auf sich aufmerksam. Der überwiegende Teil der Täter wird dann in mehrfacher Hinsicht abgeschreckt sein, weiter zu agieren. Dabei nicht die Flucht vergessen. Bei einer unmittelbaren Gefahr für Leib und Leben, darf es an einem berechtigten Einsatz von Pfefferspray kein Zögern mehr geben. Davon ausgenommen ist selbstverständlich der missbräuchliche Einsatz. Auch muss man sich gefallen lassen, dass die Anwendung von Reizgas staatsanwaltlich untersucht wird, um die Rechtmäßigkeit der Notwehr zu dokumentieren.

Es ist immer von Vorteil, sich für den Fall des Falles **vorher** einen Plan in einer Mußestunde zurechtzulegen, um diesen dann in der Gefahr auch auszuführen. Nicht alle Menschen sind in der Lage, in der Krisensituation intuitiv schnell und richtig zu handeln. Das verkürzt jedoch die Schockphase, macht handlungsfähig und beugt darüber hinaus einer Posttraumatischen Belastungsstörung vor, da man sich mit solchen Szenarien bereits im Vorfeld einer Tat aktiv befasst hat. Wichtig ist, diesen Plan ab und an einmal gedanklich aufzurufen. Wer noch besser sein will, legt sich darüber hinaus noch einen »Plan B« zurecht.

Die Chefin der Prävention führt weiter aus: »Auf offener Straße gar nicht erst Signale aussenden, die Angreifer anlocken könnten«.

Es ist unfair, dem Opfer eine indirekte Mitschuld in die Schuhe zu schieben, weil man sein Handy, Armbanduhr oder ähnliches vorzeigt, wie durch die »Expertin« angeführt. Sollen Frauen jetzt ihren Schmuck ablegen? Mit Reichtum in einer dunklen Bahnhofsecke protzen muss man allerdings auch nicht. Vielmehr sollte man durch seine Körpersprache, (wie aufrechter Gang und peripherer Blick) signalisieren, dass man selbstbewusst und wehrhaft ist. Das allein wird schon viele Täter abschrecken, aber nicht alle!

Es wird auch durch diese Präventionsverantwortliche abgeraten, sich zu wehren. Das trifft aber nur zu, wenn man mit einer Waffe bedroht, oder beispielsweise ein betagter alter Mensch von einem kräftigen jungen Mann bedroht wird. Das heißt also bei einem extremen Kräfteungleichgewicht. Bei einem Raub ist es tatsächlich so, alles ist ersetzbar, Leben und Gesundheit jedoch nicht. Auch der Kassiererin ist immer zu raten, Geld herauszugeben und auf einen Kampf zu verzichten. Das ist aber nur die »halbe Wahrheit«: Erwiesen ist, je höher die Gegenwehr, desto eher lässt der Täter vom Opfer ab. Bei ca. 70 Prozent aller Vergewaltigungsversuche ist das z. B. der Fall, solange man z. B. kein Messer am Hals spürt. Selbst Kindern bringe ich bei, dass sie kratzen, beißen, spucken, wild um sich schlagen und schreien sollen, wenn sie gegen ihren Willen von einem fremden Erwachsenen festgehalten werden.
Der völlig undifferenzierte Hinweis, sich der Straftat als Opfer ohne Gegenwehr »hinzugeben«, ist deshalb aus meiner Sicht geradezu hanebüchen.

Währenddessen man bei der Einbruchsprävention auf die verstärkte »Eigenverantwortung« durch physischen Widerstand (Sicherungsmaßnahmen) plädiert, will man die physische Wehrhaftigkeit bei Angriffen den Menschen ausreden. Sich selbst zu verteidigen ist das geborene Grundrecht jeder Person. Das grenzt für mich an eine Entmündigung des Bürgers, denn die Polizei wird es nicht regeln können. Deren Stellen wurden jahrelang zurückgebaut. Ehe diese am Tatort erscheinen kann, ist der Täter meistens über alle Berge. So könnte man sagen: »Hättest du dich nicht gewehrt, hättest du keinen Schaden erlitten«. Das Opfer wird »mitschuldig«. Ähnlich bei einer Vergewaltigung: »Hättest du keinen kurzen Rock angehabt, wäre der Täter nicht auf dich aufmerksam geworden. Keine guten »Ratschläge«. Nach der Tat wird so die traumatische Belastung für die Opfer umso stärker, denn sie werden ein zweites Mal zum Opfer gemacht.

Ich kann die mögliche Intention der Polizeibeamtin verstehen, dem Staat, hier konkret der Polizei das Gewaltmonopol zu sichern. Das Notwehrrecht wurde jedoch gerade deshalb geschaffen, Menschen legal zu ermöglichen wehrhaft zu sein, wenn das der Staat in einer Gefahrensituation zu diesem Zeitpunkt nicht leisten kann. Da aber verantwortliche Politiker den Staat in den letzten Jahren geschwächt haben, muss dem Bürger demzufolge auch mehr Eigeninitiative und -verantwortung zugebilligt und zugetraut werden.

Wie wichtig es ist, klug und wehrhaft Gefahrensituationen zu meistern, zeigt der nachfolgende Bericht. Angststarre, Passivität und Hilflosigkeit sind dabei schlechte Ratgeber.

Bändchen statt Null – Toleranz:
Silvester in Köln – ein Bändchen soll's richten?

Ein buntes Armband soll künftig dafür sorgen, dass Frauen und Mädchen nicht nur auf der Kölner Domplatte zu Silvester sorgenfrei feiern können. Ein Napoleon I. Bonaparte[111] (1769 – 1821) zugeschriebenes Zitat lautet: »*Ich habe etwas Lächerliches über die Menschen herausgefunden. Sie sind bereit, für Orden und bunte Bänder zu sterben.*«

Nun, das kann man in diesem Fall auch ins Gegenteil umkehren. Bunte Armbänder mit der Aufschrift »Respect«[112] sollen 2017 zu Silvester in Köln[113] Raubüberfälle, Taschendiebstähle durch den Antanztrick, Schlägereien, Sexualstraftaten und andere Belästigungen durch Männergruppen verhindern.

Im Krieg starben einst Männer bereitwillig für bunte Bänder – nun bekehren sie »junge Männer« zum Positiven. Das potentielle Opfer muss nur daran glauben. Napoleon war wenigstens Realist. Ob die Kölner Maßnahme lächerlich ist, möchte ich nicht bewerten, jedenfalls ist sie in einer konkreten Gefahrensituation völlig sinnfrei. Es mag auf den ersten Blick ehrenwert erscheinen, dass Köln zu einem positiven Klima hinsichtlich »Sicherheit« in der Stadt zurückkehren will. Es gehört jedoch deutlich mehr dazu, als ein »guter Glaube«, ähnlich dem im ersten Weltkrieg »Helm ab zum Gebet!«.

Angsträume für das weibliche Geschlecht sind in Köln längst real und bekannt. So berichtet die Sängerin und WDR-Moderatorin Andrea Schönenborn[114] davon, dass sie als Frau abends nicht mehr Straßenbahn fährt, sie

---

111 https://www.aphorismen.de/zitat/159903
112 https://www.derwesten.de/region/an-dummheit-nicht-zu-ueberbieten-so-finden-facebook-nutzer-die-koelner-armband-kampagne-zu-silvester-id212860215.html
113 http://www.stadt-koeln.de/leben-in-koeln/freizeit-natur-sport/silvester-in-koeln/silvester-2017-respekt
114 https://www.focus.de/regional/koeln/koeln-darum-habe-ich-als-frau-abends-angst-in-koeln_id_7802387.html

bevorzugt ein Taxi. Warum? So beschreibt sie, »*insbesondere spät abends liegt oft eine ziemlich explosive Mischung aus betrunkenen Männern und teils aggressiven Jugendlichen in der Luft.*« Köln hat mehr als nur ein »Silvesterproblem.«

Es ist eine Illusion, zu glauben, dass man Flüchtlinge, Migranten oder deutsche »junge Männer« mit buntem Tand am Handgelenk besänftigen könnte. Das »neue Konzept«[115] für die Stadt Köln zu Silvester in den Sprachen[116] Deutsch, Englisch, Französisch, Arabisch und Farsi sieht vor: »Nein heißt Nein! Null Toleranz bei Übergriffen« oder »Fröhlich, sicher und respektvoll feiern«. Es wäre ja schön, wenn sich die Täter daran halten würden, mit trauriger und höherer Wahrscheinlichkeit aber ein Wunschtraum. In der Prävention erreicht man eher weniger die potentiellen Täter. Das implizierte Grundproblem ist eben nicht die ausgelassene junge Frau, die modern gekleidet und vielleicht auch ein wenig angeschwipst von der Party nach Hause möchte. All diese »Ratschläge« lenken vom eigentlichen Problem ab: von den Tätern.

Vielleicht wäre es ein Gutes, wenn sich selbst ernannte Experten einmal selbst unter die Teilnehmer einer Demonstration oder Kundgebungen mischen würden, die sie mutmaßlich mit Voreingenommen betrachten. Danach beurteilt sich manches fundierter:

---

115 http://www.stadt-koeln.de/leben-in-koeln/freizeit-natur-sport/silvester-in-koeln/silvester-2017-downloadservice
116 http://www.stadt-koeln.de/leben-in-koeln/freizeit-natur-sport/silvester-in-koeln/silvester-2017-kernbotschaften-fuenf-sprachen

Erlebnisbericht: Frauenmarsch in Berlin
Autorin: Dr. Susanne-Maria Sauer

Ich habe den Faschismus gesehen. Er hat seine Maske vor mir heruntergezogen und ich konnte ihm in sein furchterregendes Antlitz schauen: mitten in der deutschen Hauptstadt, im Jahr 2018. Am 17. Februar in Berlin.

Ich bin eine Frau aus der Mitte der Gesellschaft. Ich übe einen Beruf aus, in dem es darum geht, Menschen zu helfen. Ich bin Mutter von einem Schul- und zwei Kindergartenkindern und mein größtes Anliegen ist es, dass meine drei Kinder glücklich aufwachsen und gedeihen. Im Prinzip bin ich also ein ganz normaler Mensch unserer Zeit.

So wie jeder Mensch, bringe ich Wurzeln mit. Geboren wurde ich in einem Staat, den es heute nicht mehr gibt. Ich wurde gerade vierzehn Jahre alt, so alt wie meine große Tochter jetzt ist, als die Wende kam. Meine Mutter, damals schon verwitwet und alleinerziehend, machte mir das große Geschenk, mich, ab dem Zeitpunkt, wo sich abzeichnete, dass die Kräfte der Freiheit und des Rechts siegen würden, zu einigen Demonstrationen mitzunehmen. Mein Vater durfte die Wende nicht mehr erleben. Er hatte fünf Jahre zuvor kapituliert. Er hatte sich das Leben genommen, weil er keine Hoffnung mehr hatte, dass die Zeit des Unrechts in der DDR einmal vorbei sein würde. Bereits als ganz junger Mensch war er ins Gefängnis gegangen, weil er das System umkrempeln wollte, indem er mit anderen gleichgesinnten jungen Menschen Flugblätter gegen den Bau der Berliner Mauer drucken wollte. Soweit kamen sie aber gar nicht. Einer aus der Gruppe hatte sie bei der Stasi denunziert und damit alle anderen Gruppenmitglieder zu politischen Gefangenen gemacht.

Mein Vater ist in den weiteren Jahren immer mit einem geraden Rücken durch das Leben gegangen. Sie haben es nie geschafft, ihn ihrerseits als Stasispitzel anzuwerben und er hat viele Nachteile dafür in Kauf genommen. Dennoch haben sie ihn gebrochen: Als sein Lebenswille schwächer wurde als die Kräfte der Todessehnsucht; die Kräfte des viel zu frühen Aufgebens und Ausscheidens aus dem Leben. Er gehört zu den Menschen, die verloren haben, obwohl sie gekämpft hatten, über die geschwiegen wird, von denen oftmals gar keiner weiß, die nirgendwo auftauchen, die nie erwähnt werden, wenn es um die Ehrung von Opfern des DDR-Regimes geht. Aufrechte Menschen, die einfach kaputt gespielt worden und auf der Strecke geblieben sind. An deren Gräbern still geweint wird.

Auch wenn ich noch ein kleines Mädchen war, als ich meinen Papa verlor und mir leider nur wenige glückliche Erinnerungen an ihn geblieben sind, so hat er uns doch seinen Spürsinn für die Freiheit, die Gerechtigkeit und seinen stets aufgeschlossenen Geist hinterlassen. Die Gabe, kritisch zu hinterfragen und nach der Wahrheit zu suchen, selbst wenn ihre vermeintlichen Vertreter vor einem stehen und behaupten, sie, nur sie, hätten sie gepachtet.

Dass die Wahrheit zwar ein begehrtes, aber trotzdem ein scheues Wesen ist, um das zwar gerne gebuhlt, das aber ebenso gerne und oft verraten und bis zur Unkenntlichkeit entstellt wird, durfte ich also am 17. Februar 2018 am eigenen Leib erfahren. Ich habe erlebt, dass die Wahrheit sich nicht dort aufhält, wo man meint, in ihrem Namen zu kreischen und zu brüllen. Im Gegenteil: Ich fand sie zusammengekauert genau auf der anderen Seite. Oder korrekter formuliert: Ich fand sie innerhalb des Käfigs, der um sie herum errichtet worden war und an dessen Absperrgittern sie von außen von genau denjenigen, die in ihrem Namen kreischten und brüllten, bespuckt, beleidigt, geschubst, getreten und versucht worden ist, sie mit Steinen zu bewerfen. Von denjenigen, die sich hinterher im Parlament und auf der Straße dafür feierten, dass sie gewonnen hätten, indem sie wehrlosen Frauen, die gegen Gewalt an Frauen und Kindern demonstrierten, ihr Recht auf freie Meinungsäußerung mit allen ihnen zur Verfügung stehenden Mitteln unterbunden hatten. Indem sie diese Frauen als Rassistinnen, Sexistinnen und Nazissen verleumdeten. Die Namen der Ideologien, im Namen derer Andersdenkende mundtot gemacht werden, sind austauschbar, wobei in der heutigen Zeit ihr kennzeichnendes Merkmal meist das vorgesetzte »Anti-« ist. Das Verhalten ist das Gleiche und ich nenne es Faschismus, auch wenn sie sich selbst als Antifaschisten bezeichnen.

Ich bin dort am Checkpoint Charlie im Käfig bis zum Rand gegangen und habe in Eure Gesichter geschaut: Es lief mir eiskalt den Rücken hinunter und schlimme Bilder aus meinen Geschichtsbüchern kamen mir bei Eurem Anblick hoch. Kein Augenpaar hat mir in meine Augen schauen können, aber hätte es keine Polizisten dort gegeben oder zu wenige von ihnen, dann hättet Ihr mich zerfleischt, fürchte ich. Und das ohne jegliches Unrechtsbewusstsein, im Gegenteil. Denn versucht haben es immer wieder welche von Euch, die Absperrgitter einzureißen und die schutzlosen Frauen zu attackieren.

Da mich das Thema Frauenrechte bewegt, war ich also losgegangen, um mir das Ganze selbst einmal, möglichst von beiden Seiten, anzuschauen. Es war schon ein Spießrutenlauf, überhaupt an den Ort der Demonstration zu gelangen. Überall hatte sich selbst ernanntes antifaschistisches Schlägerpersonal postiert, um die Teilnehmerzahl der Frauendemonstration auf seine Art kleinzuhalten, das heißt, die Frauen daran zu hindern, ihre eigene Demonstration zu erreichen und dort den berührenden Reden, unter anderem von einer iranisch stämmigen Frauenrechtlerin, einem libanesischen Regisseur, einem schwulen Theologen und der Anmelderin des Frauenmarsches, einer Ex-Muslima aus Kurdistan, zu lauschen. Alle diese Redner wussten, wovon sie sprachen. Aber man sollte ihre Worte nicht hören können.

Auch mir gelang es trotz Unterstützung nicht, am Halleschen Tor bis zum Ort der Frauendemonstration durchzukommen. Und das, obwohl ich mich zuvor sogar noch mit einer Faschingsperücke aus dem Verkleidungsfundus meiner Kinder ausgestattet hatte, um so meine Chancen auf ein Durchkommen durch die Reihen der »antifaschistischen Demokraten« zu erhöhen. Dank der Perücke bewerkstelligte ich es immerhin, unbeschadet – quasi parallel zur Demonstrationsroute– über die Wilhelm- und Kochstraße bis zum seitlichen Absperrgitter zu kommen. Dort angelangt, nun ohne Kopfputz, aber mittels verbaler Ausdruckskraft und meines Arztausweises, schaffte ich es, die Polizeibeamten davon zu überzeugen, dass ich keine Störerin bin, sondern eine friedliche Teilnehmerin der Frauendemonstration, zu der ich nun endlich gelangen wollte. Der Beamte, mit dem ich sprach, entschied bei mir mit »ja«, bei vielen anderen mit »nein«, was ich verstehen kann, denn woher soll man wissen, wer die Wahrheit sagt oder wer gut lügt und sich verstellt (so wie ich mich bis zum Erreichen des Absperrgitters aus Selbstschutz gar verkleidet hatte)?! Trotzdem: Weitere Frauen wurden von ihrer eigenen Demonstration ausgeschlossen und damit auch weiter die Teilnehmerzahl der Frauendemo künstlich gesenkt, indem sie schutzlos und allein im langsam anschwellenden Mob ihren Gegnern ausgeliefert wurden.

Da ich schneller als die Demonstration gelaufen und damit vor ihr am Checkpoint Charlie angekommen war, setzte ich mich in den Bäcker an der Ecke Friedrichstraße/Rudi-Dutschke-Straße, also innerhalb der abgesperrten Zone, um kurz zu verschnaufen, schnell noch einen Kaffee zu trinken und auf die Frauendemo zu warten, die ich bald schon in der Ferne auf mich zukommen sah.

So wie es an der Kochstraße die seitlichen Absperrgitter zur Friedrichstraße, die ich gerade passiert hatte, gab, so waren auch auf der gegenüberliegenden Seite der Kreuzung als Begrenzung der Rudi-Dutschke-Straße welche aufgebaut worden. An beiden Seiten waren zu diesem Zeitpunkt nur wenige Gegendemonstranten. Ebenso gab es von Anfang an direkt hinter der Kreuzung querverlaufende Absperrgitter über die Friedrichstraße hinweg. Da waren zum Zeitpunkt meiner Ankunft zwischen 15:30-15:45 Uhr gar keine Gegendemonstranten auszumachen – soweit ich das beurteilen kann, handelte es sich bei den wenigen Menschen dort um Passanten oder Touristen.

Es ergab für mich keinen Sinn, warum überhaupt ein queres Absperrgitter über die Friedrichstraße hinweg aufgebaut worden war. Ich rechnete damit, dass es geöffnet werden würde, so wie die Frauendemonstration angelangt wäre, da ich davon ausging, dass auch die nach Norden nachfolgenden Seitenstraßen, genauso wie die Koch- und die Rudi-Dutschke-Straße, vor ihrer Mündung in die Friedrichstraße abgesperrt seien. Später hörte ich, dass diese nach Norden folgenden Seitenstraßen nicht mehr abgesperrt gewesen sein sollen, was es in Kombination mit einer entsprechenden Verzögerungstaktik hervorragend erlaubte, die Kreuzung an der queren Absperrung der Friedrichstraße mit einer großen Zahl von Gegendemonstranten und Sitzblockierern volllaufen zu lassen, um dann später behaupten zu können, dass nicht hätte geräumt werden können.

Ich konnte dieses Spiel von meinem Platz aus wunderbar beobachten: Während auf der einen Seite das Tempo der Frauendemonstration immer mehr gedrosselt und schließlich ganz zum Erliegen gebracht wurde, fanden sich auf der anderen Seite, zunächst jedoch nur an den seitlichen

Absperrgittern, immer mehr aufgeputschte, hochaggressive Gegendemonstranten ein, die mehrfach versuchten, die seitlichen Absperrgitter zu überwinden, um sich vor der queren Absperrung zu vereinigen. Als ihnen dies durch die Polizisten vor Ort nicht ermöglicht wurde, nahm die Zahl der Gegendemonstranten hinter der queren Absperrung immer mehr zu – ein Leichtes und geradezu eine Einladung angesichts der oberhalb von hier wohl gänzlich fehlenden Seitenabsperrungen.

Meiner Beobachtung nach hätte es kein Problem sein dürfen – und davon ging ich lange Zeit aus, den Frauenmarsch zügig über den Checkpoint Charlie, zu einem Zeitpunkt, wo dort noch kaum Gegendemonstranten waren, hinwegzuleiten, wenn es den politischen Willen dazu gegeben hätte, das Recht auf freie Meinungsäußerung den friedlich gegen Gewalt demonstrierenden Frauen zu gewähren. Stattdessen sollte jegliche Kritik an der eigenen ideologischen Agenda in einem Käfig versteckt, verspottet, verlacht und gedemütigt in Berlin-Kreuzberg zu Grabe getragen werden.

Umso erfreulicher, dass es doch noch einigen Frauen gelang, sich auf eigene Faust auf für sie nicht ungefährlichen Wegen zum Kanzleramt durchzuschlagen und dort die geplante Abschlusskundgebung durchzuführen – auch wenn die etablierten Medien bis heute den erfolgreichen Ausgang der Frauendemonstration und damit die Stimmen, die nicht in ihr Bild passen, beharrlich verschweigen.

Haltet den Dieb! Empörung über die Essener Tafel

Autor: Steffen Meltzer ff.

In der Vergangenheit habe ich einige Male die Gelegenheit wahrgenommen, die Ablaufprozesse an den Tafeln zu analysieren. Die Betreiber und deren ehrenamtliche Mitarbeiter habe ich hierbei als Idealisten kennengelernt, die persönlich alles daran setzen, Armen selbstlos zu helfen. Den ehrenamtlichen Mitarbeitern geht es nicht um Zustimmung, Orden und Ehren. Verhaltensweisen, die man hingegen in der Politik zuhauf vorfindet. Vertieft wurde dieser Eindruck nicht nur durch meine Beobachtungen, sondern auch durch viele persönliche Gespräche. Ich half auch gerne, wie und wo ich konnte.

Weder die Betreiber, noch die Ehrenamtler sind Fachleute in Sicherheitsfragen. Ihnen ist das Problem der verschärften Lage in und vor ihren Tafeln nicht verborgen geblieben. Immer mehr Personen mit Migrationshintergrund verdrängen in Essen Rentner und andere tatsächlich bedürftige Deutsche. Diese bleiben nicht nur in Essen zunehmend weg. Der Anteil an Zugewanderten, Osteuropäern und »Geflüchteten« nimmt dagegen trotz »Rundumversorgung« stetig zu. Andere kulturell geprägte Verhaltensweisen im Konfliktfall steigen kongruent an.

Der Stress beginnt schon in der Schlange. Auseinandersetzungen mit dem Personal oder anderen Anstehenden sind alles andere als eine Seltenheit. Das geht bis zu Körperverletzungsdelikten. Ich kann den Essener Vereinschef intuitiv und rational gut verstehen, dass er die Notbremse zieht, denn er ist kein Sicherheitsfachmann, warum auch. Er darf nur ausbaden, was die Politik mit Unterstützung vieler Medien verzapft hat.

Nur eine ganze Reihe von Eilmaßnahmen kann dazu beitragen, die Ordnung im Chaos wieder herzustellen. Wir kommen dabei nicht umhin, den dortigen Beschäftigten einige grundlegende Eigensicherungsmaßnahmen, zum Schutz der eigenen physischen Unversehrtheit zu vermitteln. Mir wäre natürlich viel lieber, dass das nicht notwendig wäre. Ich bin jedoch Realist und kein Phantast aus »Ich male mir das Leben schön«. Dabei geht es »nur« um einfache, aber sehr effektive Schritte, die auch für Laien leicht in die Tat umzusetzen sind. Darüber hinaus ist es wichtig, ein Ordnungssystem einzuhalten und durchzusetzen. Das wird man auch in Essen mehrfach versucht haben, bevor man sich zu einem Schritt durchgerungen hat, Neuanmeldungen für Zugewanderte zeitweilig auszusetzen. Leider hilft oftmals nur noch der Einsatz eines privaten Sicherheitsdienstes, wie sie hier und da bei Tafeln bereits für Ordnung sorgen. Nach Möglichkeit wird dieser mit Personen besetzt, die selbst einen Migrationshintergrund haben, da diese schneller akzeptiert werden. Deutsche, die einschreiten, setzen sich nicht selten dem irrigen Vorwurf des »Rassismus« aus, das geht selbst Tafelmitarbeitern so, die sich korrekt verhalten. Das ist natürlich kein Grund, auf deutsches Sicherheitspersonal zu verzichten, aber nicht jeder hält das psychisch aus. Denn »Rassismus« ist in Deutschland eine Totschlagkeule, die schnell bei der unsäglichen »politisch-korrekten Betrachtungsweise« an Fahrt aufnehmen kann. Nur, wer soll diesen Sicherheitsdienst bezahlen?

Wenn die Politik schon die chaotischen Zustände verantwortet, die zu der Zunahme und Überlastung geführt haben, hat die Politik auch eine Pflicht zu helfen.

Nicht durch unangemessene Kritik gegenüber den Ehrenamtlern und Betreibern, und ganz gewiss nicht durch ein Empörungsverhalten aus der fernen Berliner Blase heraus. Neben der Bundespolitik sind die Kommunen eindeutig in der Pflicht. Nach meiner Erfahrung wird diese Pflicht sehr verschieden wahrgenommen. Hier gibt es gute wie schlechte Beispiele. Die Verantwortung der Kommunen ist damit aber bei weitem nicht ausgeschöpft. Notwendig sind auch bauliche Veränderungen der Tafeln, um Sicherheitsaspekten gerecht zu werden. Schließlich handelt es sich um sehr stark frequentierte Gebäude und Einrichtungen. Dazu gehören große Räume mit einem Angebotsmobiliar, hinter welchem Mitarbeiter, mit ausreichender persönlicher Distanz zum Kunden, agieren können. Außerdem bedarf es einer Fluchttür sowie verschiedenen Aus- und Eingängen, um den Kundenstrom fließen zu lassen, Brandschutzvorkehrungen u. v. m.

Es kommt nicht darauf an, zerstörerisch und demagogisch zu kritisieren, es kommt darauf an, die Tafeln in ihrer wertvollen Arbeit zu unterstützen. Die Politik hat diese Zustände durch Altersarmut, offene Grenzen und einen ungefilterten Migrantenansturm erzeugt. Sie ist auch in der Verantwortung, diese Zustände gesellschaftlich zu befrieden. Es kann nicht angehen, dass die Ärmsten der Armen die Zeche dafür bezahlen. Aber genau das ist gegenwärtig zu beobachten.

Für mich ein typisches Negativbeispiel ist wieder einmal mehr die Berufsempörerin Sawsan Chebli (SPD). Diese hatte vorgelegt, andere ziehen nach. Chebli schreibt über eine Essener Tafel: »Mir läuft es eiskalt den Rücken runter. Essen nur für Deutsche! Migranten ausgeschlossen«. Arm in Arm mit der Bundesministerin der Justiz und für Verbraucherschutz Katharina Barley (SPD), sowie Karl Lauterbach – ebenfalls SPD und Mitglieder des Bundestags.
Es ist mühselig, darauf noch einmal speziell einzugehen. Es ist bekannt, dass der Inhalt des Tweets von Chebli nicht den Tatsachen entspricht. Der sich daraus ergebende politische und mediale Furor hatte jedoch für den Betreiber der Tafel Folgen: Ein regelrechtes Bombardement setzte gegen den Chef der Tafel und deren ehrenamtlichen Mitarbeiter ein.

Die »Nazikeule« musste einmal mehr ihren Dienst verrichten.

»Toleranz« und »Vielfalt« nicht für andere, so auch in einer ZDF-Talkshow am 08.03.2018 bei Maybrit Illner, als die Vorsitzende der Grünen, Annalena Baerbock, ihre Impulskontrolle verliert. Was war geschehen? In der Fernsehdiskussion um den zeitweiligen Aufnahmestopp der Essener Tafel zeigte diese mitten in der Konversation dem Vorsitzenden der Jungen Union der CDU, Paul Ziemiak, den ausgestreckten Mittelfinger direkt unter dessen Nase. Dieser hatte sich dafür eingesetzt, aggressive Ausländer aus der anstehenden Schlange zu entfernen und der Tafeln zu verweisen. Währenddessen Ziemiak durch eine sachliche Argumentation von sich reden machte, fiel die Grünenchefin diesem fortlaufend ins Wort. Verbale Gewalt gegenüber Andersdenkenden ist üblich geworden.

Kein Wunder, wenn sich mutmaßliche linksextremistische Kräfte »im Recht« sehen, sechs Fahrzeuge und die Eingangstür des Tafelvereins mit Diffamierungen »Nazis« und »Fuck Nazis« zu beschmieren. Der Vorsitzende der Essener Tafel überlegt, zurückzutreten, mich wundert es nicht[117].

---

117 https://www.derwesten.de/staedte/essen/essener-tafel-vorsitzender-joerg-sartor-denkt-nach-vandalen-attacke-ueber-rueckritt-nach-id213550491.html

Politiker haben nicht nur für Armut und eine ungefilterte Einwanderungswelle gesorgt, sie haben gleichzeitig jahrelang staatliche Stellen abgebaut. Zwei dieser knappen Ressourcen sind die Polizei und die Justiz. Diese müssen nun angezapft werden, um die Straftaten gegenüber der Essener Tafel aufzuklären. Zu allem Überfluss setzte sich Bundeskanzlerin Merkel dann zuverlässig spät, aber auch so bemerkenswert falsch an die Spitze derjenigen, die die Ehrenamtlichen der Tafel für deren Form des Krisenmanagements kritisieren. Sie sei »gegen eine Kategorisierung bei der Essener Tafel!«[118], das sagt die Frau, die für einen Flüchtlingsansturm politisch verantwortlich ist, ohne jemals einen Plan gehabt zu haben, geschweige dafür materiell wie rechtlich die Voraussetzungen zu schaffen.Die Frau, die als Bundeskanzlerin politisch zu verantworten hat, dass noch nie so viele Kinder von Hartz IV leben mussten. Die Frau, die als Bundeskanzlerin politisch zu verantworten hat, dass Altersarmut immer mehr um sich greift. Die Frau, die als Bundeskanzlerin einen starken Anstieg bei Gewalt- und Sexualstraftaten politisch zu verantworten hat.

Die Endlosschleife: Für Probleme die man selbst geschaffen hat, werden andere Unbeteiligte verantwortlich gemacht, anstatt eigene politische Fehler zu korrigieren. Wer den Lampenstrahl auf andere hält, steht selbst im Dunkeln! Und das nicht nur in Kandel und Essen, auch in Cottbus ist das der Fall:

---

118 https://www.derwesten.de/staedte/essen/essener-tafel-streit-bundeskanzlerin-merkel-haelt-nichts-vom-aufnahmestopp-fuer-auslaender-id213558095.html

Cottbus: Eine Stadt im Aufruhr

Das musste ja so weit kommen: Januar 2018, eine Stadt ist in Aufruhr. Als syrische Jugendliche mit Gaststatus erneut einen deutschen Jugendlichen mit dem Messer schwer verletzten, begann es in der Stadt zu rumoren. Bis dahin hatte die öffentliche Wahrnehmung vor allem Berichte über ein tatsächlich vorhandenes rechtes Milieu[119] weitestgehend beherrscht. Medien überschlugen sich regelrecht in ihrer Frontberichterstattung aus dem Osten Deutschlands, um vom Hotspot der rechten Szene[120] zu berichten. Darunter sollen auch viele Mitarbeiter des Bewachungsgewerbes sein.

Drei »jugendliche Syrer« haben in Cottbus ein deutsches Ehepaar aufgefordert, in einem Einkaufszentrum zur Seite zu treten und »Respekt« zu bezeugen. Als es die deutsche Frau (43) wagte, sich zu weigern, wurde der Ehemann angegriffen und durch einen 14-jährigen mit einem Messer bedroht. Der Täter war schon vor dieser Straftat bereits mehrfach durch Gewalttaten aufgefallen. Nur durch das beherzte Eingreifen eines Passanten und alarmierte Wachmänner konnte Schlimmeres verhindert werden. In einer eiligst einberufenen Pressekonferenz[121] verkündet der Dezernent des Cottbuser Ordnungsamtes im Januar 2018 »gravierende Maßnahmen«. Gemeint war eine »negative Wohnsitzauflage«, Vater und Sohn dürfen nicht mehr in Cottbus und dem benachbarten Einwohnerkreis leben. In welcher Stadt der »junge Mann« jetzt Menschen bedrohen oder verletzen darf, wurde nicht mitgeteilt. So berichtet der Vertreter der Stadt, dass man eine »erhöhte Gewaltbereitschaft« sehr wohl zur Kenntnis genommen habe, diese jedoch mit »Gefährderansprachen« bekämpfte, so auch bei einem der drei Täter.
Da aber, wie immer wieder kolportiert, »Schutzsuchende« traumatisiert sein sollen, was durchaus im Einzelfall zutreffen *kann*, muss die Maßnahme auch deshalb verpuffen. Man kann es sich nicht immer so lange drehen und wenden, bis es passt. Vom Krieg geprägte Personen kann

---

119 http://www.spiegel.de/sport/fussball/energie-cottbus-im-wuergegriff-der-rechten-a-1169083.html
120 http://blog.zeit.de/stoerungsmelder/2017/07/28/cottbus-ist-der-hotspot-der-rechten-szene-in-brandenburg_24610
121 http://www.niederlausitz-aktuell.de/cottbus/70257/nach-angriff-auf-ehepaar-in-cottbus-stadt-weist-syrischen-jugendlichen-aus-und-verstaerkt-praevention.html

man nicht mit einer minutenlangen Gefährderansprache verändern oder therapieren. Eine naive Annahme auch ohne das Vorliegen einer Posttraumatischen Belastungsstörung. Diese Maßnahme darüber hinaus als »repressiv« zu bezeichnen, wäre wie zu behaupten, dass es mir gelungen wäre, meine Hündin durch Fleischentzug auf vegetarische Kost umzustellen. Da wiehert der deutsche Amtsschimmel, bevor der Papiertiger als Bettvorlage landet. Interkulturelle Kompetenz heißt auch, bei Straftaten effektive Maßnahmen zu ergreifen, bei denen man hinterher nicht ausgelacht wird.

Zahnlose Therapiemaßnahmen

Wenige Tage später ein erneuter Vorfall. Dabei wurde ein 16-jähriger Deutscher durch zwei syrische »Flüchtlinge« mit einem Messer schwer verletzt. Siehe da, einer der Beteiligten war bereits bei der vorhergehenden Attacke auf das deutsche Ehepaar dabei. Überraschung! Die Maßnahmen der Stadt, noch stolz bei der Pressekonferenz verkündet, haben bei diesem Täter nicht den geringsten Eindruck hinterlassen.

Ausgangspunkt für diese Straftat soll die Auseinandersetzung in der Schule zwischen dem Syrer und einem deutschen Mädchen (16) gewesen sein. Der »Geflüchtete« habe dabei die junge Frau sexuell belästigt, ihr das Handy abgenommen und sie mit dem Tode bedroht. Dabei werden Erinnerungen an den Fall Kandel sofort präsent. Als die Syrer und Freunde der Schülerin zufälligerweise zusammen kamen, verpasste der »Gast« dem 16-jährigen männlichen Opfer einen tiefen Messerschnitt vom Ohr bis zum Kinn[122]. Eher durch Zufall wurde dabei nicht die Halsschlagader verletzt. Außerdem verletzte der Täter den Jugendlichen durch Schnittverletzungen an der Hand (typisch für Abwehrbewegungen) und am rechten Bein.

Die Welle der Empörungen schwappte hoch, aber nicht erst seit diesen beiden Vorfällen. Gerade in Cottbus kam es in der Vergangenheit immer wieder zu schweren Auseinandersetzungen durch Syrer. Im Mai 2017

---

122 https://www.bz-berlin.de/berlin/umland/wegen-eines-maedchens-stach-der-jugendliche-einfach-zu

erlitten fünf deutsche Jugendliche Schnitt- und Stichverletzungen[123]. Im Oktober schlugen zwei festgestellte 14- und 15-jährige syrische »Flüchtlinge« deutschen Kindern ins Gesicht und verletzten diese so schwer, dass sie durch Rettungskräfte in ein Krankenhaus verbracht werden mussten. Die Polizei berichtet davon, dass die beiden Täter durch gefährliche Körperverletzungen[124] in Erscheinung getreten sind.

Alle hier genannten Vorfälle zeigen leider ein Versagen auf breiter Front. Jeder, dessen antisoziales Verhalten nicht sofort und nachhaltig geahndet wird, wird dieses als Stärkung seiner feindlichen Handlungen verstehen. Das führt regelmäßig dazu, dass in immer kürzeren Abständen immer schwerere Straftaten vollzogen werden, bis es letztendlich zur Katastrophe kommt. Siehe Cottbus, Kandel[125] (Mord durch angeblich minderjährigen Afghanen an Schülerin), Freiburg[126] (Mord durch »Flüchtling« an Studentin), Berlin[127] (Mord durch nicht abgeschobenen Tschetschenen an Berlinerin) oder unzählige andere Beispiele[128] (weitere Vergewaltigungen). Auch die Taten in Cottbus wären aus meiner Sicht zu verhindern gewesen, wenn man diesen Grundsatz von Anfang an beachtet hätte. Anstatt ständiger Toleranz und Willkommenskultur ist eine ganz klare Ansage zu machen, mit welchen Verhaltensweisen eine Konfliktbewältigung zu erfolgen hat. Da die psychosoziale Prägung vor allem in den ersten Lebensphasen stattfindet, sind nach der Pubertät alle Messen gesungen. Sozialisationsaufgaben sehe ich hier eher für Jahre und Jahrzehnte.

Rolle Rückwerts: Immer so weiter in Cottbus

Die Stadtverwaltung hat im März 2018 gegenüber den Medien erneut Stellung bezogen: »Der Jugendliche gehe immerhin zur Schule.«. Es hätte eine »Verhaltensänderung«[129] gegeben, auch würde der Vater jetzt ei-

---

123 https://www.bz-berlin.de/berlin/umland/fuenf-verletzte-bei-auseinandersetzung-in-cottbus
124 https://www.lr-online.de/lausitz/cottbus/polizei-in-cottbus-ermittelt-nach-pruegel-attacke_aid-5356936
125 https://www.focus.de/politik/deutschland/deutschland-fluechtling-ersticht-15-jaehrige-in-kandel-neue-risikoeinschaetzung-blieb-aus_id_8219226.html
126 https://de.wikipedia.org/wiki/Kriminalfall_Maria_L.
127 https://www.welt.de/vermischtes/article169705011/Warum-wurde-der-Tiergarten-Moerder-nicht-abgeschoben.html
128 http://www.spiegel.de/panorama/justiz/vergewaltigung-bei-bonn-polizei-hielt-notruf-erst-fuer-scherz-a-1149534.html
129 https://www.rbb-online.de/brandenburgaktuell/archiv/20180320_1930/sanktionen.html

nen »Integrationskurs« belegen. Schulbesuch und Integrationskurs – als »Verhaltensänderung«, grüßt er denn neuerdings auch freundlich? Der Leiter der Ausländerbehörde betont, jetzt wolle man die Drohkulisse auch bei einem weiteren jugendlichen Syrer aufbauen und hoffe, dass es funktioniert. Donnerwetter!

Eine »Verhaltensveränderung« scheint mir dagegen eher zutreffend bei der Stadtverwaltung eingetreten zu sein. Vom »Hü« zum Hott«. Ich gehe davon aus, dass an der Therapiemaßnahme *für die* Kommune ganz viele »progressive Kräfte« mitgewirkt haben, um diesen Stimmungsumschwung zugunsten des Straftäters zu bewirken: ähnlich Prof. Pfeiffers Ratschlag, Flüchtlingskriminalität durch noch mehr Flüchtlinge zu »bekämpfen«.

Dann berichtet der kommunale Beamte von den 15 anderen stadtbekannten Syrern, darunter wären welche, die »immer wieder stänkern« und durch »Aggressivität Konflikte verursachen«. Welche Folgen hat, unabhängig vom Strafverfahren, die soziale Inkonsequenz der Stadt Cottbus?

Die Lehre von Cottbus: Straffreiheit

Der jugendliche Syrer wird lernen, dass sein Verhalten keine unangenehmen Konsequenzen für ihn hat. Das wird sich, aufgrund seines geringen Alters, nachhaltig für seinen weiteren Werdegang einprägen, mit all den Folgen für die nächsten Opfer. Andere Flüchtlinge werden daraus schnell lernen, dass eine Kommune nur ein stumpfer Papiertiger ist und dass ihr Verhalten kaum Konsequenzen nach sich ziehen wird.

Wenn man in Cottbus glaubt, durch das Werfen von Wattebällchen und noch mehr Sozialarbeiter das Problem zu lösen, dann muss ich an der dortigen interkulturellen Kompetenz zweifeln. Diese negative Wohnsitzauflage rückgängig zu machen, ist an Lebensfremdheit in einer Blase der Sozialromantik kaum noch zu überbieten. Welch eine Überraschung, Jugendamt und Sozialarbeiter sollen die Stadt dahingehend beraten haben, dass sie umfällt.

Diese Inkonsequenz hat man früher auch gegen deutsche Jugendliche gezeigt, die selbst nach schweren Straftaten zu Sozialstunden »verurteilt« wurden. Abends ging es dann in die Kneipe, dort hat man mit Bier und Kumpels die Weicheier von Polizei und Justiz ausgelacht und sich selbst gefeiert. Ein Spaßfaktor, den Richter nach Strich und Faden hinters Licht zu führen, indem man vor Gericht »Reue und Demut« geschauspielert hat.

Nichts anderes machen auch syrische Jugendliche. Wenn ich mich mit Muslimen unterhalte, die schon Jahrzehnte in Deutschland leben, sagen sie mir, diese jungen Kerle lachen die Deutschen und ihre Polizei aus. Ihr seid in deren Augen schwach. Was die sich in Deutschland an Frechheiten und Straftaten leisten, das würden sie sich in ihrer Heimat niemals erlauben, denn die Konsequenzen wären unvergleichlich härter.

Nun, deshalb muss man in Deutschland nicht gleiche drastische Maßnahmen einleiten, die einem Rechtsstaat nicht gut zu Gesicht stehen würden. Aber Palaver-Veranstaltungen mit erhobenem Zeigefinger, bei gleichzeitiger Inkonsequenz bewirken garantiert regelmäßig das Gegenteil, auch wenn sich der »Klient« zeitweilig aus taktischen Gründen »geläutert« zeigt.

Blauäugigkeit und Realitätsverdrängung

Ich vermisse, wie bereits angeführt, gerade in Brandenburg die Ausgewogenheit zwischen Freudentaumel über »Gold[130]« und neue »Fachkräfte[131]« und einem gesunden Gefahrenbewusstsein. Das betrifft die Kenntnisnahme einer andersartigen Kultur[132] und Sozialisierung, mit einer stark verringerten Hemmschwelle beim Einsatz von Gewalt und Waffen. Blauäugigkeit und Realitätsverdrängung in allen Bereichen. Oder Aktionismus, die Polizei vermeldet im brandenburgischen Pritzwalk, dort wäre ein neunjähriges Mädchen russischer Herkunft[133] von vier anderen Schülern der Grundschule gehalten und getreten wurden. Dem seien jahrelange Beleidigungen und Mobbing vorausgegangen. Aus dem pädagogischen Fiasko wurde ein Kriminalfall, die Polizei schickt ein Präventionsteam an die Schule[134]. Dabei haben in Brandenburg die Präventionsteams keinerlei

---

130 http://www.abendzeitung-muenchen.de/gallery.hoffnungstraeger-der-spd-martin-schulz-die-staerksten-sprueche-des-kanzlerkandidaten.d975f797-9e55-4b1a-b7e6-48e153468270.html
131 http://www.zeit.de/wirtschaft/2017-12/iw-studie-asyllaender-fachkraefte-fluechtlinge
132 http://www.huffingtonpost.de/johanna-higgs/gewalt-gegen-frauen-kultur_b_15918364.html
133 https://city-report.pnr24-online.de/pritzwalk-neunjaehrige-schuelerin-von-vier-mitschuelerin-geschlagen/CityReport-pnr24
134 http://www.maz-online.de/Lokales/Prignitz/Verletzte-Grundschuelerin-was-ist-wirklich-passiert

Kompetenzen, um sich in laufende Verfahren als Mediator einzuschalten. Das ist die originäre Aufgabe von Pädagogen und Sozialarbeitern. Egal ob Cottbus oder Pritzwalk, die Polizei wird es nicht richten können.

Der belgische Historiker an der Freien Universität Brüssel, David Engels[135], sagt in einem solchen Schmelztiegel[136], die Gefahr für einen Bürgerkrieg auch auf dem Territorium Deutschlands voraus, da die etablierten Parteien nicht mehr in der Lage und willens sind, die realen Probleme anzuerkennen und gangbare Lösungswege einzuschlagen. Der brandenburgische Innenminister (SPD) versucht durch eine Vielzahl an Maßnahmen den Schaden zu begrenzen, eine Einsatzhundertschaft wird mit zusätzlichen Fußstreifen eingesetzt, Videoüberwachung, Flüchtlingsstopp für Cottbus u. a. soll die Volksseele beruhigen. Nicht zuletzt spielen dabei meines Erachtens auch wahltaktische Erwägungen eine Rolle. Die AfD könnte im Süden Brandenburgs bei den nächsten Landtagswahlen 2019 die meisten Stimmen erhalten. Die CDU spricht bereits von einem möglichen Flächenbrand[137].

Einäugige Berichterstattung

Aber selbst die Notverordnungen des Innenministers erregen Verdacht beim Brandenburger Flüchtlingsrat, insbesondere bei Ivana Domazet. Der Minister fische am rechten Rand[138]. Wieso schreibt in den Gazetten niemand darüber, dass sich nicht nur Rechtsextreme, sondern auch Linke und die Asylindustrie diese Zustände für ihre Ideologie und die finanzielle Förderung ihrer Projekte zu Nutze machen? Die Politik macht sich Sorgen, da die AfD mit Rechtsextremen und rechten Bürgerbewegungen die Ereignisse für sich ausnutzen würden.

Was hat man sich gedacht? Dort, wo willkommenstrunkene Fremdenliebe entstehende Dauerkonflikte zwischen der einheimischen Bevölkerung und »Gästen« ausblendet wird, treten immer und überall welche

---

135 http://www.huffingtonpost.de/2017/02/01/david-engels-buergerkrieg_n_14546506.html
136 https://www.welt.de/politik/deutschland/article172598821/Zuzug-von-Fluechtlingen-Cottbus-wird-alleingelassen.html?wtmc=socialmedia.facebook.shared.web
137 http://www.sueddeutsche.de/news/politik/parteien---potsdam-senftleben-afd-koennte-flaechenbrand-ausloesen-dpa.urn-newsml-dpa-com-20090101-180115-99-635866
138 http://www.pnn.de/brandenburg-berlin/1251115/

auf, die das aufgerissene Scheunentor der Defizite eintreten. Hierzu gehört auch eine einseitige Berichterstattung, die ich nicht nur immer wieder beim RBB[139] wahrnehme. Das bringt Bürger zusätzlich gegen die Etablierten auf, denn diese bleiben beim »ständigen Kampf gegen rechts« der Berufsfunktionäre auf der Strecke.

In Cottbus gab es eine Demonstration; wie man in der Presse liest[140], wären dort angeblich keine Teilnehmer aus der bürgerlichen Mitte von Cottbus vorhanden gewesen. Das Ziel ist dabei klar, »gehe nicht zu solch einer Demonstration, wenn du dich nicht als Nazi verdächtig machen willst«. Der Verfassungsschutz beklagt dann auch gleich, dass es zu einer Verwischung zwischen rechtsextremen und bürgerlichen-asylkritischen Einwohnern kommen könnte. Es hilft nicht, diese Wahrscheinlichkeit nur zu benennen. Repressionen gegen Extremisten aller Schattierungen sind wichtig und richtig. Aber solange man außerstande ist, wirksam an die eigentlichen Ursachen zu gehen, wird sich diese Entwicklung fortsetzen. Die Lösung kann nur eine kontrollierte Zuwanderungspolitik sein, die sofortige Zurückführung aller Personen ohne legalen Aufenthaltsstatus, das konsequente und schmerzvolle Ahnden von Straftaten und das Abschieben von Straftätern. Das Gleiche trifft auch auf Migranten zu, die sich offenkundig weigern, sich zu integrieren. Familiennachzug[141], erst recht für Personen mit subsidiärem Schutz, ist ein untaugliches Mittel zur Integration, es fördert eine sich abschottende Parallelwelt. Sie bekämpft keinesfalls die Kriminalität.
Sollte es eines schönen Tages gelingen, gültige Grundsätze durchzusetzen, gewinnt man auch wieder viele Mitläufer des rechten Randes in die Mitte der Gesellschaft zurück. Denn inzwischen integrieren sich immer weniger Deutsche in die Gesellschaft, die Entfremdungstendenzen[142] nehmen zu, immer mehr Leistungsträger verlassen das Land[143].

---

139 https://www.rbb24.de/politik/beitrag/2018/01/cottbus-afd-demonstration.html
140 http://www.pnn.de/brandenburg-berlin/1251276/
141 https://www.focus.de/politik/deutschland/studie-ueber-fluechtlingskriminalitaet-forscher-pfeiffer-familiennachzug-kann-gewalttaten-bei-migranten-verringern_id_8217603.html
142 https://de.statista.com/statistik/daten/studie/157440/umfrage/auswanderung-aus-deutschland/
143 https://www.stern.de/wirtschaft/geld/millionaere-fliehen-aus-deutschland---die-nerze-verlassen-das-sinkende-schiff-7354096.html

Wenn Du entdeckst,
dass Du ein totes Pferd reitest, steige ab!

Nach jedem gesellschaftlich unerwünschten Vorfall sehen wir einen drastischen Anstieg neuer Arbeitsgruppen, Statements von den immer gleichen Fachleuten, mitunter sind einige echte dabei, bunten Initiativen, Alibi-Workshops und »kreativen« Verwaltungsaufgaben. Dabei gewinnt der indianische Spruch:

»*Wenn Du entdeckst, dass Du ein totes Pferd reitest, steige ab!* [144]«

...schnell eine neue Bedeutung. Zum Beispiel bei der Problembewältigung zwischen »Geflüchteten« und alteingesessenen Einwohnern der zweitgrößten Stadt in Brandenburg. Die Landesregierung hat nach den wiederholten Auseinandersetzungen zwischen Deutschen und Zugewanderten getagt, um nicht den »Wutmenschen[145]« das Feld zu überlassen. Eine kolportierende Begrifflichkeit des RBB, die mich auch an die »besorgten Bürger[146]«, das Dunkeldeutschland[147]« des damaligen Bundespräsidenten Gauck, den weit verbreiteten Sachsenhass[148] und Sigmar Gabriels Pack[149] erinnert.

Regel Nr. 1:
»*Gib dem Pferd einen neuen Namen und es reitet sich wieder.*«

All diesen Bezeichnungen ist dabei gemein, dass man Menschen durch eine starke Pathologisierung im Verhaltensbereich stigmatisieren möchte und klar macht: Wir kommunizieren nicht auf Augenhöhe. Dem Gegner wird dabei die Fähigkeit abgesprochen, seine Argumente durchdacht vorzutragen, da er ja durch »Hass« u. a. starke »Emotionen« keine realistische Wahrnehmung mehr besitze. Damit stehe er außerhalb des

---

144 https://www.kik-seminare.at/weisheit.htm
145 https://www.rbb24.de/politik/beitrag/2018/01/kommentar-demonstration-cottbus-bedrohung-journalisten.html
146 http://www.tagesspiegel.de/politik/wutbuerger-und-besorgte-buerger-wovor-habt-ihr-eigentlich-angst/13525548.html
147 http://www.sueddeutsche.de/politik/bundespraesident-joachim-gauck-die-ossis-und-dunkeldeutschland-1.2622780
148 https://www.welt.de/print/welt_kompakt/article152619394/Der-neue-Sachsenhass.html
149 http://www.deutschlandfunkkultur.de/verrohte-sprache-wenn-gegner-als-pack-bezeichnet-werden.1005.de.html?dram:article_id=329884

bürgerlichen Diskussionsgegenstandes und müsse deshalb hiervon ausgeschlossen werden.

Ähnlich verhält es sich beim Mobbing, wenn man ein »schwarzes Schaf« fertigmachen will. Ergebnis ist immer, entweder der Unterlegene gibt auf oder der Konflikt eskaliert und läuft aus dem Ruder, wenn nicht bald wieder Vernunft einkehrt. Von Letzterem ist derzeit nicht auszugehen, eher legt das Pferd sich einen Heuvorrat an. Während sich beim Mobbing viele Mitglieder eines Teams auf einen einzelnen stürzen, werden in Cottbus Bewohner ganzer Landstriche unter einen Generalverdacht gestellt. Manche Presseberichte lesen sich wie eine Kriegsberichterstattung live aus dem Schützengraben[150].

Regel Nr. 2:
»Damit das Pferd vielleicht doch nicht tot ist,
besorgt man eine stärkere Peitsche«.

Es bringt einfach nichts, Menschen zu beschimpfen, es sei denn, man will eine Krise erzeugen. Innenminister Schröter (SPD): *»Nach Cottbus sollen keine weiteren Flüchtlinge geschickt werden, da die Stadt in den Vorjahren weit über das Kontingent hinaus Solidarität gezeigt habe.«* Und dann kommt ein kleiner Nebensatz: *»Der Familiennachzug sei davon unberührt*[151]*.«* – der allerdings den Hauptsatz in einem völlig anderen Licht erscheinen lässt. Die Negation der Negation.

Regel Nr. 3:
»Man kauft Leute von außerhalb ein,
damit sie das tote Pferd weiter reiten.«

Cottbus erhält also entgegen verschwurbelter Aussagen weitere Flüchtlinge in Form des Familiennachzugs. Da man aber nicht immer die genaue Identität von vielen der Zugewanderten kennt, wird man auch nicht genau wissen, wer alles zur »Familie« zählt.

---

150 https://www.bz-berlin.de/berlin/umland/neonazi-attacken-und-auslaendergewalt-der-hass-in-cottbus
151 http://www.tagesspiegel.de/berlin/nach-auseinandersetzungen-cottbus-bekommt-mehr-sozialarbeiter-und-polizisten/20879412.html

Regel Nr. 4:
»Man ändert die Kriterien, die festlegen, wann ein Pferd tot ist.«

Das Zauberwort heißt »Familiennachzug« und wird wie warme Semmeln als Allheilmittel gegen die Kriminalität junger Männer angepriesen. Gestandene Mannsbilder dürfen dann auch schon einmal ihre Nebenfrauen mit nach Deutschland bringen. Der »Familiennachzug« macht Bigamie nunmehr offiziell möglich[152]. Ein Glaube, der keine Berge versetzt, sondern höchstens Gräben vertieft. Der Haus- und Hof-Kriminologe der SPD, Prof. Pfeiffer[153], (von dem ich einstmals viel gehalten habe, siehe die Studien im hinteren Teil des Buches), hat mit seiner Empfehlung den Sozialdemokraten die erwartete politische Steilvorlage gegeben.

Regel Nr. 5:
»Man macht eine Studie, um zu sehen, ob das Pferd wirklich tot ist.«

Aber auch die Sozialministerin Diana Golze (Linke) hat weitere Gaben in petto. Es gibt 320 neue Migrationssozialarbeiter. Davon soll es »kurzfristig« 30 bis 40 neue allein für die Stadt Cottbus geben. Aus welcher Puppenkiste die dafür geeigneten Fachkräfte hervorgezaubert werden sollen, bleibt unerwähnt. Bisher gab es insgesamt 240 Stellen, diese werden kräftig aufgerüstet. Grandiose Pläne, besser: mutmaßliche Grandiositätsphantasien als Beruhigungspille für die Öffentlichkeit bestimmt.

Regel Nr. 6:
»Man schirrt mehrere tote Pferde zusammen an, damit sie schneller werden.«

Selbstverständlich würde es sich hier um *»keinen Aktionismus handeln*[154]*«*, so Diana Golze. Geld scheint jedenfalls ausreichend vorhanden, wenn es

---

152 https://www.abendblatt.de/region/pinneberg/article213226907/Behoerde-erlaubt-Syrer-duerfen-Zweitfrauen-nachholen.html
153 https://www.focus.de/politik/deutschland/studie-ueber-fluechtlingskriminalitaet-forscher-pfeiffer-familiennachzug-kann-gewalttaten-bei-migranten-verringern_id_8217603.html
154 http://www.tagesspiegel.de/berlin/nach-auseinandersetzungen-cottbus-bekommt-mehr-sozialarbeiter-und-polizisten/20879412.html

um die Integration von »Geflüchteten« geht. Es werden noch einmal zusätzliche 16 Millionen Euro locker gemacht.

Regel Nr. 7:
»Man richtet eine neue Kostenstelle für tote Pferde ein.«

Verwunderlich hingegen, dass diese Sozialarbeiter offensichtlich nur für »Schutzsuchende« zur Verfügung stehen sollen.

Nicht ganz so großzügig ging man dabei mit der eigenen Polizei um. Ich kann mich noch gut an eine Veranstaltung in Cottbus erinnern, als ein hoher Beamter den verblüfften Professoren und anderen Zuhörern erklären wollte, warum es »gut und richtig« sei, die Stellen in der polizeilichen Prävention stark zu verringern. Die Polizei krankt immer noch an der damaligen Fehlentscheidung, allen Warnungen von Fachleuten und Sicherheitsexperten zum Trotz. Von den neu eingestellten Studenten und Auszubildenden gehen 20 – 30 Prozent verloren. Die Fluktuation ausgebildeter Polizeibeamter ist zudem erheblich[155]. Fazit: Nach wie vor herrscht Personalrückgang, hoher Krankenstand, hohes Durchschnittsalter[156], viele altersbedingte Pensionierungen. Das federt auch in den nächsten Jahren der »Stellenaufwuchs« nicht ab, bei der Polizei werden die verfügbaren Beamten immer knapper. Sobald man ein Loch gestopft hat, wird an anderer Stelle ein neues aufgerissen.

Regel Nr. 8:
Man erklärt: »Kein Pferd kann so tot sein,
dass man es nicht noch reiten könnte!«

Auch in der Brandenburger Justiz sieht es dunkeldeutsch aus. Einige Verfahren drohen zu verjähren[157], die Richterstellen sind chronisch unterbesetzt, ein vorhandener Aktenstau ohne Gleichen. Selbst der treue RBB berichtet kritisch[158]. Im Strafvollzug ist jeder Bedienstete durch-

---

155 https://kleineanfragen.de/brandenburg/6/7132-polizei-im-land-brandenburg
156 https://kleineanfragen.de/brandenburg/6/7686-altersdurchschnitt-in-der-brandenburger-landesverwaltung
157 http://www.deutschlandfunkkultur.de/gravierender-richter-mangel-brandenburg-schlittert-in-eine.1001de.html?dram:article_id=396791
158 https://www.rbb24.de/politik/beitrag/2017/03/justiz-personalmangel-brandenburg-richter-staatsanwaelte-aktenstau.html

schnittlich 55 Tage im Jahr erkrankt[159], allein diese Zahl sagt über die vorherrschenden Zustände einiges aus.

Der Fraktionsvorsitzende der Brandenburger SPD hat auch eine Idee. Er fordert dagegen nicht nur »ein härteres Vorgehen gegen kriminelle Gewalttäter«, sondern sogar, »dass die Reaktion auf diese Taten schneller und konsequenter erfolgen[160] soll(t)en«. Darüber würde er gern einmal sprechen. Populistisch sind bekanntlich immer nur die Anderen. Es ist einfach kein Personal mehr vorhanden, um diese edlen Wünsche realisieren zu können. Die SPD hat dafür gesorgt.

Regel Nr. 9:
»Man bildet einen Stuhlkreis, um zu analysieren, was mit dem toten Pferd los ist.«

Bestenfalls bewirken die hier angeführten »Strategien« die Produktion weiterer Erfolgsmeldungen, Hochglanzprojekte und Sonntagsreden. Bei der Meldung »Wir schaffen das!« war das Pferd bereits tot, bevor es lostraben konnte. »Nun sind sie halt da[161]« und werden bleiben. Wehe dem, die Steuereinnahmen hören auf zu sprudeln und Verteilungskämpfe stehen an, dann kann es auch die Polizei nicht mehr richten. Dann gilt eine völlig andere Regel:

Erst kommt das Fressen, dann die Moral[162], das Gesetz der Straße.

Eine Leserzuschrift zu den hier aufgeführten Regeln halte ich für besonders originell:

»Wenn Du entdeckst, dass Du ein totes Pferd reitest, wache auf.«

Das sollte auch für manche Medien gelten:

---

159 https://kleineanfragen.de/brandenburg/6/7676-krankenstand-in-der-brandenburger-landesverwaltung
160 https://www.svz.de/regionales/brandenburg/streifendienst-verdoppelt-id18889146.html
161 https://twitter.com/hugomuellervogg/status/646335297173737472?lang=de
162 http://dreigroschenopersongtext.blogspot.de/2009/04/ballade-uber-die-frage-wovon-lebt-der.html

Frontberichterstattung aus dem Schützengraben

DDR, Wendezeit 1989, das Zentralorgan der SED, das »Neue Deutschland« (ND) hetzt gegen Menschen, die auf die Straße gegangen sind. Am 10.10.1989 können wir folgende Schlagzeilen lesen: »Rowdys beeinträchtigen das normale Leben in Leipzig«. Weiter, diese von »westlichen Medien« beeinflussten Jugendlichen würden zu großen Teilen gar nicht aus Leipzig stammen. Bürger würden sich über die Unruhestifter besorgt zeigen. »Besorgte Bürger[163]« also auch schon damals. Leipzig, die symbolische Stadt der Wende, an den Montagen kamen Hunderttausende zu den Protesten zusammen.

Wir lesen im Propagandablatt des SED-Politbüros Stellungnahmen von gar nicht zufällig ausgewählten Bürgern, die die Protestierenden als »negative Elemente« und »Provokateure« bezeichnen. Ein anderer schreibt: »Mit großer Empörung verurteile ich das konterrevolutionäre Auftreten einiger aufgeputschter Elemente zum 40. Jahrestag der DDR«. Eine weitere Leserzuschrift will, dass die »Staatsfeindlichen Handlungen« sofort unterbunden werden.

Das Aufhetzen der Apparatschiks, die Angst um ihre dahinsiechende Macht hatten, zeitigte keinen Erfolg. Die Entfremdung zwischen Bevölkerung und politischem Überbau war unumkehrbar fortgeschritten. Die weitere Entwicklung ist bekannt.

Im öffentlich-rechtlichen Sender RBB (»Rundfunk–Berlin-Brandenburg«, der mit den schlechtesten Einschaltquoten aller dritten Programme) wird ein Plakat gezeigt: »AfD = Nazi = Schweine«[164] (im Beitrag ab Minute 00:26). Die Demo stand bezeichnenderweise unter dem Motto: »Leben ohne Hass«.

Eine Demonstrantin mit Migrationshintergrund darf medial *alle* Cottbuser unter den Generalverdacht der Fremdenfeindlichkeit stellen. So hatte ein minderjähriger Syrer eine 82-jährige Rentnerin getötet[165]. Syrische Jugendliche hatten außerdem bei mehreren Auseinandersetzungen

---

163 http://www.tagesspiegel.de/politik/wutbuerger-und-besorgte-buerger-wovor-habt-ihr-eigentlich-angst/13525548.html
164 https://www.rbb-online.de/brandenburgaktuell/archiv/20180203_1930/demonstration-cottbus-zukunft-heimat.html
165 Ein minderjähriger Syrer ist beschuldigt, 2017 eine 82-jährige Rentnerin in Cottbus ermordet zu haben.
https://www.derwesten.de/panorama/syrer-unter-mordverdacht-stadt-cottbus-mahnt-zur-ruhe-id209797465.html

Cottbusser Einwohner verletzt. Die vorgenannte »tolerante« und »bunte« Demonstrantin darf diese Gewalttaten gegenüber den eifrigen RBB-Reportern mit den Worten relativieren, dass es »überall böse und gute Menschen« geben würde. Gleichzeitig verurteilt sie *alle* Cottbusser hinsichtlich ihrer Einschätzung zu den in der Stadt lebenden Ausländern mit der Aussage: »Wenn *alle* dann wieder sagen, dass *alle* Ausländer so sind«.
Mit Hetze gegen angebliche Hetze? Es erinnert viele Ostdeutsche an eine vergangene Zeit.

Auch die postkommunistischen Linken haben eine neue Aufgabe gefunden: Sie dürfen alte Rechnungen begleichen. Viele von denen, die jetzt in Cottbus auf die Straße gehen, sind auch 1989 auf die Straße gegangen. In der Gegenwart werden auch die Menschen von damals als »Nazis«, »Rassisten«, »fremdenfeindlich« tituliert, nur weil sie eine aus dem Ruder gelaufene Flüchtlingspolitik und deren Kriminalität kritisieren. Von faktisch der gleichen Partei, die damals SED hieß und sich später in »PDS« und »Die Linke« umbenannt hatte. Eine Politfunktionärin der Linken[166] darf in Bezug auf Cottbus behaupten: »*Dennoch sind rassistische und fremdenfeindliche Positionen in Teilen der Bevölkerung nicht einfach verschwunden.*« Der Bericht fügt deren Aussage hinzu: »*Dies lasse sich insbesondere in Cottbus beobachten.*«. Erneut dürfen Menschen in Bausch und Bogen stigmatisiert und verunglimpft werden.

»*Fremdenfeindlichkeit ist das Gegenteil von Gastfreundschaft. Es gibt sie überall. Sie ist kein typisch deutsches Phänomen*«. Der Weltreisende Rüdiger Nehberg schrieb diese drei Sätze in seinem Buch »Überleben ums Verrecken«[167]. Aber es kommt noch schlimmer. Erneut wird eine demokratisch mögliche »rechte Weltanschauung« undemokratisch mit »rechtsextrem«, »rassistisch« und »rechtsextremistisch« gleichgesetzt. »Leider« ist diesmal der »Klassenfeind« abhandengekommen, aber dafür gibt es die sogenannten »Rechten«, die noch vor wenigen Jahren als »konservativ« bezeichnet wurden. Erneut sind »normale Bürger« gemeint, die sich berechtigte Sorgen um die kommunale und gesellschaftliche Entwicklung in ihrem Land machen. Erneut werden diese selbst zu Kriminellen und

---

166 http://www.maz-online.de/Brandenburg/Zahl-der-rechten-Aufmaersche-und-Kundgebungen-in-Cottbus-hat-sich-im-vergangenen-Jahr-verdreifacht
167 Rüdiger Nehberg, Piper-Verlag, 6. Auflage 2010, S. 141

Aufrührern erklärt. Eine linksradikale Ideologie feiert Triumphe ungeahnten Ausmaßes. Ein Treppenwitz der Geschichte, hofiert von den heutigen Mainstreammedien. Die Linke, vom Saulus zum Paulus.

Die rechtsextreme Szene hat in Cottbus, nicht nur im Zuschauerbereich der dortigen Regionalligamannschaft[168], eine längere Tradition. Dass ist sowohl der Polizei als auch dem Verfassungsschutz schon lange bekannt. Die Möglichkeit zur Zerschlagung besteht schon seit vielen Jahren. Sie wäre auch aus meiner Sicht dringend notwendig gewesen.

Nach der Grenzöffnung zum Osten hatte die Grenzregion mit einem starken Anstieg der Grenzkriminalität[169] zu tun. Die »kleinen Leute« haben den Preis dafür gezahlt. Empfohlen wurden durch die Politik mehr »Eigenverantwortung« und Kokolores[170] wie »künstliche DNA[171]« gegen Einbrüche. Hinzugekommen sind Flüchtlinge, die Straftaten begehen. Die Ereignisse in Cottbus sind Ausdruck eines politischen Versagens. Die berechtigten Sorgen der Bürger sollen glatt gebügelt worden sein.

Ich kann nur empfehlen, weder politisch noch medial nicht weiter Öl ins Feuer zu gießen, sondern stattdessen auf die Cottbusser Bevölkerung zuzugehen. Beschimpfungen, Verunglimpfungen und Einseitigkeiten bewirken zuverlässig das Gegenteil von dem, was man vorgibt, bewirken zu wollen: Toleranz und Vielfalt. Auch der RBB hat noch einmal nachgedacht und sich korrigiert:

Der RBB verlässt den Schützengraben

Nachdem der RBB wochenlang Stimmung gegen die Protestbewegung in Cottbus gemacht hatte, diese als Wutmenschen, »militanten Arm der rechten Szene[172]«, »Bündnis mit rechtsextremen Splittergruppen« fleißig diffamiert hat, hat man nun doch noch nach vielen Wochen entdeckt, dass man »auch mal miteinander reden könnte«.

---

168 http://www.spiegel.de/sport/fussball/energie-cottbus-im-wuergegriff-der-rechten-a-1169083.html
169 http://www.maz-online.de/Brandenburg/Trotz-Grenzkriminalitaet-Brandenburg-zieht-Polizisten-ab
170 Verstärkter Redefluss von Unsinnigen
171 https://www.steffen-meltzer.de/der-absolute-einbruchsknaller/
172 https://www.rbb24.de/politik/beitrag/2018/01/kommentar-demonstration-cottbus-bedrohung-journalisten.html

Anders als beim Besuch des Bundespräsidenten, der mit zehn auserwählten Cottbusser Bürgern, unter Ausschluss der Protestierenden[173], im kleinen elitären Kreis Geheimgespräche[174] abgehalten hatte, durften sogar »besorgte Bürger« an der Fernsehdiskussion teilnehmen.

Die Sendung[175] vom 01.03.2018 wurde allerdings nicht live übertragen, sondern zeitversetzt. Ähnlich dem DDR-Fernsehen beim Auftritt von Udo Lindenberg im Berliner »Palast der Republik«. Sicher ist eben sicher, vielleicht spricht ja doch ein »besorgter Bürger« etwas ins Mikrofon, das für die Ohren der Bevölkerung eine unzumutbare Wahrheit darstellt.
Die Sendung eröffnete mit dem Präsidenten der Cottbusser Universität. Er berichtete davon, dass ihm seine 2.000 ausländischen Studenten erzählt hätten, diese würden sich seit den Cottbusser Demonstrationen durch »Blicke« belästigt fühlen. Als wenn der intellektuelle Nachwuchs in Cottbus jemals ein Problem für die Einheimischen dargestellt hätte. Während sich Studenten durch »Blicke« bedrängt fühlen, haben sich einige Cottbusser durch messerstechende Neubewohner »belästigt« gefühlt. Die Probleme ergaben sich durch Flüchtlinge aus dem muslimischen Raum. Dann wurde eine Studentin aus Neuseeland interviewt, die meinte, dass sie Angst vor der Polizei habe. Das fand der Chef der Polizeidirektion gar nicht lustig, er reduzierte die Probleme auf »Ängste« und den inzwischen üblich gewordenen Verweis auf das »subjektive Sicherheitsbefinden«. Als wenn die Messerstechereien durch Syrer nur Einbildung gewesen wären. Ein beliebtes Spiel: Polizeichefs die zu Politikern mutieren.

Christoph Berndt vom Verein »Zukunft Heimat« durfte auch reden. Er sei gar kein Cottbusser, wieso er sich denn Cottbus für seine Proteste ausgesucht hat. Einmal davon abgesehen, dass Berndt in der unmittelbaren Nähe wohnt, eine erstaunliche Frage, wenn man an die vielbeschworene Buntheit und Toleranz sowie »Refugees welcome« denkt. Offensichtlich hört die Weltoffenheit schlagartig auf, wenn jemand mehr als 10 km von Cottbus entfernt wohnt und sich kritisch zu Wort meldet.

---

173 http://www.maz-online.de/Brandenburg/Steinmeier-redet-nicht-mit-Zukunft-Heimat
174 https://www.morgenpost.de/berlin/article213495191/Steinmeier-spricht-mit-Buergern-aus-Cottbus-ueber-Gewalt.html
175 https://www.rbb24.de/studiocottbus/politik/2018/03/cottbus-fluechtlinge-diskussion-rbb.html

Die Brandenburger Bildungsministerin Martina Münch (SPD) bemühte sich besonders aufzufallen, sie verkürzte die Konflikte zwischen Deutschen und Flüchtlingen auf »lediglich zwei Vorfälle« in der Stadt. Damit dokumentierte sie eindrucksvoll ihr Leben in einer abgeschotteten und privilegierten Blase. Die berechtigten Empörer und lautstarken Protestierer wurden durch den Moderator abgebügelt, dass es ein Unterschied sei, zu demonstrieren oder zu diskutieren.
Die Meinung auf der Straße ist selten nett und angepasst. Wer solch eine Sendung initiiert, muss mit Emotionen rechnen.

Nachdem die Hälfte der Sendezeit verstrichen war, durfte auch die AfD-Fraktionsvorsitzende im Stadtparlament einige Sätze entrichten. Sie kam von allen am wenigsten zu Wort, obwohl ihre Partei mit dem Stand vom 02.03.2018 immerhin 29 Prozent in den Umfragen[176] die meiste Zustimmung in Cottbus hat.

Dann wurde Christoph Berndt vom »rechtspopulistischen« Verein Zukunft Heimat befragt, ob er sich nicht einmal von den Nazis in seiner Protestbewegung distanzieren wolle. Der ehemalige Vorsitzende eines Betriebsrates entgegnete, dass er auf seinen Veranstaltungen keine entdeckt habe, was wiederum zu einem großen Protest der Fans von Martina Münch führte. Das war aber noch nicht alles. Er konnte nicht nur verhindern, dass ihm der Moderator das Wort abschnitt, sondern setzte zum Konter an: Er beklagte, dass bei der bunten »Demonstration gegen Hass« ein schwarzer Block mitgelaufen war. Vermutlich meinte er die Antifa, und dass man ein Schild hochgehalten habe auf dem stand: »Abschiebebehörden in Schutt und Asche legen«. Da Frau Münch auf dieser Demo selbst zugegen war, brachte sie diese Bemerkung sichtlich aus der Fassung. Ihre Gegenrede lautete »Übelste Demagogie!«.
Der Moderator lies es darauf beruhen und zeigte kein Interesse, auf den Linksextremismus einzugehen, wenn sich diese unter »die Guten« mischen. Linke Gewalt ist immer noch die »gute Gewalt« der »Zivilgesellschaft«, Antifa herzlich willkommen. Kritische Bürger dagegen müssen unbedingt als »rechts« – wenn nicht gar »rassistisch« abqualifiziert werden. Auch darf das gebetsmühlenartig und oberlehrerhaft vorgetragene

---

[176] https://www.inforadio.de/programm/schema/sendungen/int/201803/02/215315.html

Adjektiv »rechtspopulistisch« auf keinen Fall belehrend fehlen. Hier trägt die ständige Wiederholung zur Stigmatisierung bei. Den Beweis mit »Hand und Fuß« bleibt man dagegen meist schuldig, da das mit einer gewissen Mühe verbunden sein dürfte.

Als nächstes kam der »Organisator« der Cottbusser Demonstration »Leben ohne Hass«, ein Flüchtling, zu Wort. Er kritisierte das mangelnde Verständnis dafür, dass der junge Mann vor einem Diktator geflüchtet sei. Natürlich mussten auch einmal mehr »Kinder« in das Gespräch, diesmal durch den »Schutzsuchenden«, eingeführt werden. Kinder und Tiere sind bekanntermaßen sehr emotionale Themen. Deshalb sahen wir 2015 auch rund um die Uhr und auf allen Kanälen kleine Kinder, die nach Deutschland mitgeflüchtet seien, obwohl fast nur junge Männer gekommen sind. An den Empfangsbahnhöfen hatten sich Journalisten und Kameraleute gegenseitig heftig bedrängt, um von den wenigen Kindern einen Schnappschuss machen zu können.

Sein mangelndes Demokratieverständnis machte der Ausländer deutlich, indem er der einheimischen Bevölkerung eine »Gegendemonstration« vorhielt. Ein Grundrecht, das in unserer Geschichte hart erkämpft werden musste und durch totalitäre Ideologien immer in Gefahr ist. Einmal davon abgesehen, dass es sich um eine eigenständige Veranstaltung des Vereins »Zukunft Heimat« handelte und nicht um eine *Gegen*demonstration.

Noch einmal kam ein »besorgter Bürger« zu Wort. Dieser beanstandete unter anderem, dass es in Deutschland keinen einzigen tatsächlichen Flüchtling gäbe. Denn diese haben seiner Auffassung nach, mindestens sieben Ländergrenzen überschritten. Wohl zur eigenen Überraschung stimmte der Präsident der Cottbusser Uni, Jörg Steinbach, zu. »Rechtlich« sei das so richtig, »aber wir hätten auch eine moralische Pflicht gehabt«. Was allerdings »Moral« sei, bestimmte in diesem Fall einzig und allein die Bundeskanzlerin.

Gegen Ende der Sendung hatte die Sozialdemokratin Martina Münch noch einmal das Bedürfnis, dem Schlussakkord an Absurditäten einen I-Punkt aufzusetzen. Sie verglich die deutschen Vertriebenen von 1944/45 mit den »Geflüchteten« von heute. Ein historisch unzulässiger Vergleich indem man Äpfel mit Birnen vergleicht. Das beliebte Spiel mit den Emotionen, die tief in unser solidarisches Unterbewusstsein vordringen sollen, um Menschen links-grün zu indoktrinieren. Denn damals handelte es sich um Deutsche die zu Deutschen gekommen sind. Diese sind mit den heutigen »Schutzsuchenden« zum Beispiel aus Afghanistan – kulturell und soziologisch keinesfalls zu vergleichen. Dann verwies sie noch einmal auf den »Kampf gegen rechts« und unsere im 2. Weltkrieg hervorgerufene Schuld.

Da haben wir es wieder: Die Landesregierung hat in Cottbus in den letzten Jahren vieles falsch gemacht durch Unterlassen. Die Hilferufe der Kommune ans Land wurden ignoriert, die Stadt hat sich gespalten in fanatische Befürworter und Kritiker. Um davon abzulenken, muss einmal mehr der »Kampf gegen rechts« herhalten, der langsam zu einer Parole ohne Inhalt verkommt. Anstatt Probleme gar nicht erst aufkommen zu lassen, werden die bekämpft, die diese benennen. Ähnlich der Aussage der Kanzlerin gegenüber der Essener Tafel. Ein gefährliches Minenfeld für die Wahrheitsfindung kann auch die aufopferungsvolle Arbeit mit manchen Flüchtlingen sein, wie folgender Beitrag eindrucksvoll beweist.

Feind mit Fahne gesichtet

Nicht nur eine Groteske:
Höchste Gefahrenstufe in Potsdam! Der Feind lauert auf der rechten Seite der Straßenbrücke, Richtung Landtag[177]. Das kann kein Zufall sein! Er ist gekommen im auffällig unauffälligen Kampfanzug und in Schnürstiefeln. Genderungerecht überwiegend männlich, in der bei den »Rechten« beliebten militärischen Marschordnung. Zwei Alibifrauen sind auch dabei, um das Unternehmen zu tarnen. Waren sie etwa auch noch blond? Würde ja passen!

Hat nichts genützt, denn die mitgeführte Deutschland-Fahne ist in höchstem Maße verräterisch – sie entblößt das rechte Gedankengut! Und das geht schließlich in der Landeshauptstadt des rot-rot-regierten Brandenburgs, in denen nicht nur im Parlament die Linken das absolute Sagen haben, überhaupt nicht. Hier herrschen Zucht und Ordnung durch besorgte Bürger der etwas anderen Art, die nichts durchgehen lassen. Der alte linke Geist ist in der neuen Ordnung hervorragend angekommen.

Im ununterbrochenen »Kampf gegen rechts« ist alles Verdächtige unverzüglich zu beobachten, aufzuklären und zu melden! Jawoll, Meldung erstatten, Einhaltung des Dienstweges nicht vergessen! Da blüht die Blockwartseele im dritten Frühling noch einmal so richtig auf. Fahne, Alarm.

Nach einer polizeilichen Großfahndung konnte die Marschformation der 30 Bundeswehrangehörigen mit Fahne (nein, nicht mit der), festgesetzt und vernommen werden. Der Chef der Marinesoldaten, ein Fregattenkapitän, wurde einer »peinlichen Befragung« unterzogen, die sich dem linken Zeitgeist entsprechend, von der mittelalterlichen Folter unterschied.

Nach der Beurteilung der Gefechtslage wurde an die Bevölkerung und das Ordnungsamt Entwarnung gegeben. Es handelte sich um junge und ältere weiße Männer und wenige Frauen, die sich mit einem deutschen Lied auf den Lippen, auf einen internationalen Wettkampfmarsch vorbereiteten.

---

[177] http://www.maz-online.de/Lokales/Potsdam/Potsdam-Polizei-stoppt-Bundeswehr-Soldaten-auf-der-langen-Bruecke

Freilich in Brandenburg ein übles Ding. Dazu mit einem Lied? Und Fahne? Wer deutsches Liedgut – auch noch fröhlich – vor sich her singt, macht sich in Potsdam sowieso verdächtig.

Truppe mit Fahne weiter im Auge behalten, man kann nie wissen, in der Bundeswehr soll es nach UvdL[178] vor Rechten geradezu wimmeln. Präventiver Protest ... ähm Meldung an die Amadeu Antonio Stiftung über »merkwürdige Vorgänge bei der Bundeswehr« nicht vergessen. Nicht, dass sich da was zusammenbraut. Holzauge, sei wachsam!

Auch in Bernau bei Berlin wurde die Truppe mit der Fahne schon gemeldet. Dort musste ebenfalls eingeschritten werden, um dem verdächtigen Gleichschritt der schwarzrotgelben Einheit Einhalt zu gebieten.

In Brandenburg marschiert der Feind um 14:15 Uhr über die Brücke zwischen Landtag und Hauptbahnhof. Mit Fahne. Fröhlich. Singend. Es geschah am helllichten Tag. Weiter melden!

---

[178] Ursula Gertrud von der Leyen, Bundesministerin der Verteidigung

So schaffen wir das nicht!

Autorin: Rebecca Sommer

Ich bin Humanistin und Menschenrechtlerin. Die ersten Jahre glaubte ich, dass die Menschen, die hierherkommen, wirkliche Flüchtlinge sind, froh in Sicherheit zu sein, und daher den Willen haben werden, sich hier anzupassen und sich zu integrieren. Aber mit der Zeit, Stück für Stück, kam das böse Erwachen. Sicherlich war einer der Wendepunkte, wie bei vielen von uns, Silvester 2015 in Köln. Da musste ich mir letztendlich eingestehen, dass dieses Verhalten zu der überwältigenden Mehrheit der Muslime, mit denen ich zu tun hatte, passt.
Ich versuchte bis dahin, vor mir die sich immer wiederholenden Verhaltens- und Gedankenmuster, ihre Weltanschauung, die auf ihrer Religion, dem Islam, und ihrer Kultur basieren, irgendwie zu rechtfertigen, z. B damit, dass sie eben neu sind. Und ich glaubte, dass diese mittelalterlichen Ansichten sich mit der Zeit ändern werden. Ich vertraute sehr auf unsere freiheitlichen, gleichberechtigten europäischen Werte, und ich glaubte naiv, dass jeder Mensch sich für sie begeistern und sie übernehmen werde. Aber ich musste mir, in meinem Ehrenamtsumfeld sich wiederholende Erlebnisse über die Jahre mit ansehend, eingestehen, dass, sobald es muslimische Geflüchtete betrifft, diese mit ganz anderen Werten groß geworden sind; dass sie seit ihrer Kindheit einer Gehirnwäsche unterzogen und mit dem Islam indoktriniert wurden und mit Hochmut und Arroganz auf uns Ungläubige herabschauen. Ich nenne es «das Kopftuch im Kopf».

Ein Beispiel, was mir half, meine Augen zu öffnen, geschah 2016, als ich die Wahrheit über eine Gruppe von syrischen Flüchtlingen erfahren musste, die ich schon länger begleitete. Sie gehörten inzwischen zu meinem Freundeskreis. Ich half ihnen durch ihre Asylverfahren, regelte ihre Behördenangelegenheiten, besorgte ihnen Wohnungen, Möbel, Computer, Fahrräder, Bekleidung, Ausbildung, Kurse, Arbeit, Stipendium, und opferte unzählige Stunden von meiner Privatzeit für viele einzelne Fälle. In einem bestimmten Moment habe ich schließlich bemerkt, dass diese

Leute mit mir ein falsches Spiel, also Taqiyya[179] spielten. Sie haben mich getäuscht, und ich wurde meinerseits enttäuscht.

In der Zwischenzeit habe ich mir Ordner mit den Fakten all jener Fälle, die ich je bearbeitet habe, angelegt, und ich beobachte den Werdegang von Flüchtlingen, die ich begleitet habe oder immer noch begleite, viel kritischer und genauer.

Das Ergebnis ist erschütternd

Viele arbeiten immer noch nicht, sprechen immer noch kaum Deutsch, verbleiben unter sich, haben kaum oder gar keine deutschen Freunde. Andere wurden zu Straftätern. Oder sie radikalisierten sich. Oder man findet später heraus, dass sie Al-Nusra- oder ISIS-Kämpfer waren, die diese Organisationen immer noch bewundern.

Ich führe die angefangenen Fälle zwar weiter, nehme aber nur noch neue Fälle auf, wo es sich meiner Ansicht nach um wirkliche Flüchtlinge handelt, die einen Grund haben, in unseren säkularen Staat zu kommen, wo Frauen und Männer per Gesetz gleichberechtigt sind, wo Schweinefleisch gegessen wird, wo wir sogar nackt am Strand sitzen dürfen. Diese Freiheit ist kostbar und sehr verletzlich.

Und ich helfe ganz besonders gerne Frauen. Da sind einige, die sich jetzt mit ihrer neuen finanziellen Sicherheit, die sie hier in Deutschland genießen, von ihren Ehemännern trennen wollen. Sie wurden zwangsverheiratet und mussten ein Leben lang diesen Mann, den sie innerlich hassen, mit einem Lächeln bedienen. Es gibt viel psychologische Gewalt und Vergewaltigung in diesen muslimischen Ehen. Die Frau hat keinen Menschenwert, sie ist Sexobjekt und keine Partnerin, sie ist Arbeitstier und Gebährmaschine. Das ist ihre Aufgabe als gute Muslima. So, wie die meisten Muslime keine Achtung vor uns haben, so haben sie keine Achtung vor ihren Frauen. Nicht alle natürlich – ich kenne da auch ganz süße Paare, aber doch die meisten. Aber ich habe meine Fakten.

---

179 Rituelle Pflichten dürfen missachtet werden. Tarnen und Täuschen ist unter bestimmten Voraussetzungen erlaubt.

Meine Arbeit in den Flüchtlingsheimen

Dort treffen Menschen vieler Regionen, Kulturen und Religionen aufeinander, vor allem muslimische Männer, darunter Personen, die durch Muslime unterdrückt, verfolgt, vergewaltigt, gefoltert wurden. Ganze Dörfer sind niedergebrannt worden. Am häufigsten kommt es aber zur Unterdrückung oder zumindest zur Missachtung von Andersgläubigen, von Nichtgläubigen, durch Muslime. Viele scheinen zu glauben, dass sie eine Art »Übermenschen« sind und alle, die sich nicht zum Islam bekennen, werden als unterlegen betrachtet.

Zum Beispiel gibt es Situationen wo die Ungläubigen oft nicht gleichzeitig mit ihnen die Küche oder den Waschraum benutzen sollen, sie werden einfach arrogant oder sogar aggressiv verjagt. Es gibt aber wie immer auch gegenteilige Situationen, wo sich z. B. Frauen aus unterschiedlichen Sprach-und Religionsgruppen einfach so in der Küche befreundet haben und sich sogar zum Kochen verabreden.

Immer wieder belästigen muslimische Männer Frauen, auch allein reisende Musliminnen, und wir hatten Vorfälle, wo der Wachschutz in solche Taten involviert war.

Belästigungen von freiwilligen Helferinnen werden der Polizei nicht angezeigt

Es kommen immer wieder mal Fälle von Belästigungen mit freiwilligen Helferinnen vor, aber keine von uns hat je diesen Vorfall gemeldet, weil keine als Feindin der Flüchtlinge angesehen werden möchte und auch keine Probleme in den Heimen machen wollte. In diesen Fällen wirkt der gleiche Mechanismus, der bei mir wirkte, das ständige Rechtfertigen: er ist neu, er hat keine Ahnung, er versteht unsere Kultur nicht. Und auf diese Weise wird solches Verhalten gerechtfertigt, ohne dass es mit dem Überlegenheitsgefühl verbunden wird, mit dem dank des Islam diese Männer den Ungläubigen und Frauen gegenübertreten. Deutlich wird dies vor allem den europäischen »Nutten« gegenüber, denn genau mit so einem Bild in ihren Köpfen kommen die Männer aus ihren Heimatländern hierher.

In meiner Gruppe kommen immer wieder mal Belästigungen vor, vor allem den Freiwilligen gegenüber, die den Flüchtlingen Deutschunterricht geben und die mehrmals die Woche mit ihnen Kontakt haben. Ein

Beispiel: Nachdem eine Ehrenamtliche drei Monate lang zwei Mal die Woche 1 ½ Stunden Deutschnachhilfe an einen Syrer gegeben hatte, war sie überzeugt, dass alles super läuft und wollte einfach ganz normal und menschlich-herzlich sein und nahm eine Einladung bei ihm zum Essen an. Sie dachte, er will sich für ihre ehrenamtliche Unterstützung bedanken. Er jedoch dachte, die Hure will Sex. Es war der Frau nicht klar, dass sie von vielen Männern aus diesem Kulturkreis nur als Ungläubige, Unsittliche, immer dem Mann zur Verfügung stehendes Sex-Objekt angesehen wird, weil die meisten Flüchtlinge gerade am Anfang sehr nett und höflich und respektvoll scheinen. Und dann passierte die unangenehme Überraschung, als der bis jetzt freundliche, höfliche Flüchtling sie plötzlich an den Haaren ins Bad zerrte, als sie wieder gehen wollte. Denn er kann es nicht fassen, dass sie jetzt gehen wird: Wieso ist die Hure auf sein Zimmer alleine gekommen?

Keine Fachkräfte

Die überwältigende Mehrheit der so genannten Flüchtlinge und Immigranten, auch jener vor 2015, sind Männer. Jedoch in den letzten Jahren hatten wir viele Fälle der Familienzusammenführung, und aus diesem Grund bilden die Lobbys der Flüchtlinge Mythen, dass nur Familien, Frauen und Kinder vor den Bomben nach Deutschland geflohen seien. Es kamen bis 2015 während meiner Tätigkeit fast ausschließlich nur junge Männer, ich half einigen, ihre Verwandten nach Deutschland zu holen und weiß, dass solche Prozeduren intensiv die ganze Zeit betrieben werden. Viele nach Deutschland geholte Frauen sind inzwischen schon wieder schwanger oder bekamen ihr nächstes Kind in Deutschland. Was das Bildungsniveau der syrischen Flüchtlinge angeht, die den Hauptanteil der muslimischen Flüchtlinge bilden, die zu uns seit dem Jahr 2012 gekommen sind, dann muss ich leider feststellen, dass die Mehrheit von ihnen gar keine adäquate Ausbildung hat. Ich weiß, dass die Presse am Anfang schrieb, dass von dort hoch ausgebildete Leute und Spezialisten in unterschiedlichen Fächern kämen, aber das ist einfach nicht wahr. Ich habe selbst solche Behauptungen verkündet, glaubte ich doch auch, was die Flüchtlinge mir erzählten. Die Wahrheit ist, dass solche Informationen von allen wiederholt wurden, aber nur wenige Journalisten haben Flüchtlinge überhaupt je zu Gesicht bekommen. Das zusätzliche Problem ist, dass, wenn diese Leute wirklich irgendeine Ausbildung haben, dann ist sie oft nicht kompatibel mit unserem System, und sie müssen fast von vorne anfangen.

Neue Immigranten aus muslimischen Ländern – eine Bedrohung für die hier lebenden, liberalen Muslime

Wir haben in Deutschland besonders viele Frauen mit arabischem, kurdischem oder türkischem Migrationshintergrund, die aus muslimischen Familien kommen, die hier seit vielen Jahren leben und sich ihr Recht zur Selbstbestimmung innerhalb ihrer muslimischen Familienstruktur erkämpft haben. Ich habe Freudinnen und Bekannte, die mussten Ehrenmorden entgehen, und leben mit einer neuen Identität auf der Flucht bis heute vor der Familie, die sie ermorden würde. Mitten unter uns hier in Deutschland. Sie sind gebildet, sind Ärztinnen, Künstlerinnen, Lehrerinnen, Sozialarbeiterinnen, Professorinnen, und sie bedecken ihre Haare nicht. Sie leben mit ihren Freunden zusammen ohne zu heiraten. Sie nehmen sich ihre Freiheit, so wie es bei uns normal ist. Und die erzählen, dass in Ballungsgegenden, wo viele Muslime leben und jetzt die vielen Flüchtlinge aus arabischen Ländern hinzukommen, sie wieder weniger Freiheiten haben. Wenn solche fundamentalen Muslime sie als eine Frau aus ihrem Kulturkreis erkennen, sprechen sie sie ständig an, kritisieren ihre zu westlichen Kleider und beschimpfen und bedrohen sie sogar. Auch Flüchtlingsfrauen machen das und ermahnen sie, ein Kopftuch zu tragen, sich »sittlich« zu kleiden. Wir als Land hingegen zahlen viel zu oft genau diesen Leuten für ihre mangelnde Integration hohe Sozialhilfen und sehen uns hilflos an, wie sie schon integrierte Menschen bedrohen und angreifen.

Die Universität Hamburg musste am Anfang letzten Oktobers einen Verhaltenskodex mit 10 Punkten zur persönlichen und religiösen Freiheit veröffentlichen, weil die muslimischen Studenten auf schreckliche Weise Frauen, die keine Kopftücher trugen, angriffen[180].

Vor allem der politische Islam in Deutschland ist sehr bemüht, wie man sagt, immer tiefer den Fuß in die Tür zu tun. Muslime versuchen ununterbrochen, sich als Opfer darzustellen, beklagen sich, dass sie beleidigt und diskriminiert werden, der Westen an allem Schuld ist, was dazu führt, dass alle ihnen nachgeben.

---

180 https://www.welt.de/print/welt_kompakt/hamburg/article169789889/Uni-Knigge-fuer-Glaeubige.html

Das ist ein Fehler und falsche Toleranz, geboren aus dem Wunsch, dass niemand sich in Deutschland verfolgt fühlen soll. Aber niemand scheint zu bemerken, dass dadurch unsere Werte und wir es sind, die unsererseits von Muslimen diskriminiert werden.

Kriminalität durch Flüchtlinge

Wir haben tatsächlich ernsthafte Probleme. Ich kann nur von meiner Region, wo ich mich aufhalte, und über Informationen aus den Nachrichten reden. In Hamburg und Schleswig-Holstein haben wir einen arabischen Familienclan, der die Gegend in Atem hält. In Berlin haben wir einen Familienclan aus dem Libanon, der sich laut Experten in nur 20 Jahren auf über 1.000 Personen vergrößert hat und der hauptsächlich, aber nicht nur, im Drogengeschäft tätig ist. Es hat sich dadurch eine Paralleljustiz entwickelt, wo unser Rechtssystem nicht mehr hinterherkommt. Richter, Anwälte, Polizei, es scheint, sie alle haben Angst vor denen. Die Behörden haben jegliche Kontrolle verloren.

Aktuell handelt es sich um die dritte Generation in den Berliner Clans. Für Berliner sind sie extrem gefährlich. Sie haben eine Kultur des Hasses und der Verachtung – Insidern zufolge begehen sie ihre Taten kaltblütig und ohne Emotionen. Sie sind skrupellos und gehen brutal vor, und wieder einmal ist das durch eine muslimisch-religiöse Ideologie unterstützt, was aber, das muss man fairerweise sagen, von vielen anderen moderateren Muslimen in dieser Form abgelehnt wird. Auch Flüchtlinge werden von den Clans rekrutiert. Schon 2012 sah man diese Schlitten von Autos vor den Flüchtlingsheimen, und man wunderte sich, welche Verwandten das wohl sind, die da den einen oder anderen abholen oder ansprechen. Bald fanden wir Ehrenamtlichen und Sozialarbeiter der Heime heraus, dass es keine Verwandten waren, sondern Libanesen, die die jungen Flüchtlinge für das Erledigen der Drecksarbeit mobilisierten. Die haben überall Geldwäschereigeschäfte, Bäckereien, Pizzerien, Friseurläden, das Lädchen um die Ecke, Spielsalons, Shishabars, wo die Flüchtlinge schwarzarbeiten, und sie werden für Drogenkurierdienste genutzt.

Wir haben auch Balkan-Clanstrukturen. Viele kommen immer wieder als Asylsuchende, sitzen dem Staat auf der Tasche, und viele bleiben einfach. Zu ihren Tätigkeiten gehören Passfälschungen und Mädchen-Sexsklavereihandel, also Zuhälterei. Unter ihnen sind 12-jährige Mädchen, die als Zwangsbräute ge- und verkauft werden. Viele von diesen Familienclans arbeiten auch mit Vergewaltigungen, dann Erpressung und produzieren Kinderpornos. Ich habe einen 14-jährigen Schützling aus Serbien, die mehrfach von mehreren erwachsenen Männern vergewaltigt und gefilmt wurde. Dieser Film kursiert im Internet! Ich kannte sie schon als 10-jähriges Kind und es war für mich ein schrecklicher Schlag. Und ich kenne weitere Fälle von solchem sexuellen Missbrauch. Ich verschickte Briefe an die Presse. Ohne Ergebnis. Die Polizei tat sich schwer; ich lernte daraus, dass Mädchen ohne eine Stimme von außen oder ohne eine Familie, die zu ihnen steht und die ihnen hilft, kaum eine Chance haben, aus diesen Situation herausgeholt zu werden. Zusätzlich bilden die Immigranten einen riesigen Anteil an Personen, die in Konflikt mit dem Gesetz geraten.

Schlussfolgerungen

Der politische Islam muss mit allen Mitteln verhindert, anstatt weiterhin hofiert werden. Dazu gehören nicht wenige Moscheen. Zuerst benötigen wir Gesetze, was in den Moscheen gepredigt werden darf, vor allem aber, was nicht. Deshalb sollte man es nicht erlauben, einfach so weitere Moscheen zu bauen, bevor man die schon existierenden nicht aufmerksamer prüft und beobachtet und vor allem genauer darauf schaut, wer diese finanziert. In vielen Moscheen werden die Menschen dazu aufgefordert, Ungläubige abzulehnen, sich nicht zu integrieren. Das haben zuletzt die Berichte des ARD-Journalisten Constantin Schreiber aus vielen Moscheen klar gezeigt. In anderen Moscheen werden Menschen sogar radikalisiert. Experten warnen davor, seit Jahren. Moscheen werden mit Mitteln aus der Türkei, Iran, Saudi-Arabien gebaut, die Imame auch von drüben bezahlt. Viele können nicht einmal Deutsch. Aber die Politik scheint das nicht zu interessieren. Weiterhin bin ich für ein Kopftuchverbot in Schulen für Lehrer und Schüler, und im öffentlichen Dienst.
Ich fürchte, dass wir eventuell schon bei den nächsten Wahlen in vier Jahren ein neues Phänomen sehen werden. Muslime gründen früher oder später ihre eigene Partei. Mit Hilfe vor allem von Linken, Grünen und eigentlich fast allen Parteien, die sie hofieren, werden sie Gesetze zu ihren religiösen Gunsten verändern, an die wir uns dann anpassen werden müssen. Wie wir wissen, folgen viele Muslime der Prämisse, die

Ungläubigen muss man bekehren, mit einer Steuer belegen, oder mit anderen Mitteln unterwerfen. Viele Muslime, allem voran der politische, von Staaten gesteuerte Islam, überlegen sich, wie sie ihre Interessen durchsetzen können – und verbergen es auch nicht. Wenn es auf diesem Weg geschieht, werden sie weiter an Macht in Deutschland gewinnen. Wenn wir nicht schnell aufwachen, endet die ganze Situation tragisch.

Die mediale Erzeugung
von »Schuldgefühlen« und »Mitleid«

Autor: Steffen Meltzer ff.

Eine Mutter ist vor dem Krieg in Syrien geflüchtet. Ihre Kinder hat sie zurückgelassen, berichtet sie am 02.02.2018 im Express[181]. Ihre Kinder befänden sich verarmt und in Lebensgefahr im Nahen Osten. Die deutsche Politik würde verhindern, dass die Kinder nach Deutschland kommen könnten. Der Bericht liest sich wie eine Anklage gegenüber Deutschland. Demnach sind *wir* dafür verantwortlich, dass Mutter und deren Kinder getrennt seien. Gleichzeitig suggeriert der Artikel, dass in Syrien noch kein Frieden herrschen würde. Auch das ist falsch. In Syrien sind große Landesteile wieder befriedet, das normale Leben findet statt, der Wiederaufbau hat begonnen. Warum nicht in diese Gebiete ausweichen, anstatt in Deutschland zu verbleiben?

Inzwischen hat der Bundestag festgelegt, dass eine Familienzusammenführung für Flüchtlinge mit subsidiärem Schutz bis zum Sommer 2018 ausgesetzt wird. Danach will man pro Monat 1.000 Familienangehörige ins Land lassen. Eine Milchmädchenrechnung. Wir wissen gar nicht, wer tatsächlich zur »Familie« gehört. Bei Menschen, die hier mit mehreren Identitäten unterwegs sind, ihre Ausweispapiere verloren, vernichtet oder gefälscht haben, nahezu unmöglich. Es ist faktisch auch nicht realisierbar, den 1.001 »Geflüchteten« abzuweisen, das ist ebenso ein aktionistisches Vorhaben, wie die beschlossene (rhetorische) Obergrenze, um maximal 220.000 Flüchtlinge pro Jahr aufzunehmen. Der Familiennachzug zählt darüber hinaus nicht zur Flüchtlingsobergrenze; ebenso wenig »Fachkräfte«, die man über ein noch zu beschließendes Einwanderungsgesetz nach Deutschland locken will. Dieses Vorhaben ist in der GroKo von CDU, CSU und SPD beschlossen. Damit hat sie die Argumentation, jetzt kämen die Fachkräfte, selbst ins Lächerliche überführt, war das doch bei der Flüchtlingswelle 2015/2016 ein Hauptargument zur Aufnahme der vielen jungen Männer.

---

181 https://www.express.de/duesseldorf/appell-an-politik-verzweifelte-fluechtlinge---lasst-uns-unsere-familien-darausholen---29604062

Solche Zeitungsgeschichten werden sich in den nächsten Monaten noch zu tausenden über uns ergießen. Gerade Kinder werden in Medien und Politik besonders gern missbraucht, um an die emotionale Hilfsbereitschaft unseres Unterbewusstseins zu appellieren. Wir sind soziale Wesen, die Glückshormone ausschütten, wenn wir anderen helfen können. Auf diesen Trigger drückt man sehr zielgerichtet mit großer manipulativer Absicht.

So versucht man, eine »öffentliche Stimmung« aufzubauen, damit die Mehrheit der Bevölkerung doch noch für den »Familiennachzug« stimmt. Hier geht es aus meiner Sicht ganz knallhart darum, Deutschland mit weiteren »Flüchtlingen« zu fluten. Es ist ein Geschäft, »Humanität« ist nur vorgeschoben. Man benötigt billige Arbeitskräfte, es geht um geopolitische und wirtschaftliche Interessen, vor allem in Syrien und Afghanistan. Der Plan aber wird nicht aufgehen können. Das Bildungsniveau und die kulturelle Prägung werden für eine Industrienation wie Deutschland nur in Ausnahmefällen ausreichend sein. Das beweisen schon jetzt die vielen gescheiterten Initiativen von Firmen und Kommunen, diese neuen Arbeitskräfte in Lohn und Brot zu bringen. Sinnvoller wäre es, den Menschen vor Ort zu helfen und ihnen dort eine Lebensperspektive zu bieten. Einschließlich der dortigen Familienzusammenführung der Eltern, die ihre Kinder zurückgelassen haben.

Ob die Geschichte in der genannten Zeitung stimmt, lässt sich nicht nachprüfen. Falls doch, sind die Kinder die wahren Opfer, das sollten wir nicht vergessen. Eine Mutter ist keine gute Mutter, wenn sie ihre Kinder zurück lässt. Das trifft ebenso auf Väter zu, die Frau(en) und Kinder im Kriegsgebiet im Stich lassen. Kinder können nichts dafür, was Erwachsene tun oder unterlassen. Die Lösung kann zum Beispiel nur die Zusammenführung in den zahlreichen befriedeten Gebieten Syriens sein, in denen kein Krieg mehr herrscht. Deshalb gibt es den subsidiären (eingeschränkten) Schutz, das ist der Kern der Sache. Das darf man nicht durch die Hintertür aushebeln.

Besser machte es ein syrischer Landsmann. Nun möchte er doch wieder nach Aleppo zurückkehren[182] und die zerstörte, aber inzwischen wieder

---

182 https://www.welt.de/politik/ausland/article173285298/Fluechtlinge-Dies-ist-unser-Land-Warum-es-Syrer-zurueck-in-die-Heimat-zieht.html

friedliche, Stadt aufbauen. Ich meine, das ist eine hervorragende Entscheidung. Die zurück gelassenen Frauen und Kinder werden das allein nicht tun können. Ganz im Sinne einer Familienzusammenführung, die auch davor schützt, dass Kinder Opfer von Straftaten werden:

Sexueller Missbrauch einer Vierjährigen, Täter kommt davon

Es geschah am helllichten Tag. Ein angeblich 13-jähriger Afghane wurde durch die Caritas an eine Pflegefamilie vermittelt. Dort lebte er 14 Monate und spielte besonders gern mit den Kindern der Berliner Pflegeeltern. Der Alptraum begann, als die Eltern am 25. Juli 2017 aufgrund eines Termins ihre Kinder mit Mahdi A. mehrere Stunden allein ließen.
Bei ihrer Rückkehr berichtet das Mädchen, dass der »Flüchtling« mit ihr »Doktor« gespielt hätte. Die Mutter ist entsetzt und begibt sich in die Klinik für Kinder- und Jugendmedizin in Berlin-Buch zu einem Arzt, der das Kleinkind untersucht. Dessen ärztliches Attest bezeugt einen »dringenden Verdacht auf sexuellen Missbrauch«.
Aber das war noch nicht alles, es soll sich bei dem »Doktorspiel« nicht um die erste Sexualstraftat von Mahdi A. gehandelt haben. Ein anderer Afghane, den die Eltern ebenfalls in ihre Familie aufgenommen hatten, soll bei den Missbrauchsfällen zugeschaut haben.
Nun beginnen die Mühlen der Polizei und Justiz zu mahlen. Mit 13 Jahren wäre der Täter strafunmündig. Das Alter wird jedoch vom LKA Berlin stark angezweifelt. Der »Geflüchtete« wirkt älter, hat einen Bartansatz und ist bereits 165 cm groß. 15 Jahre wird als »wahrscheinlich« angenommen.

Die Durchschnittsgröße bei einem afghanischen Mann beträgt exakt 165 cm[183], (Deutsche: 180 cm). Männer wachsen bis zum 21. Lebensjahr. Allein dieses »interkulturelle Wissen« hätte Anlass sein können, eine Altersfeststellung durchzuführen.
Die Ermittler des LKA sahen das offensichtlich ähnlich und beantragen bei der Staatsanwaltschaft als »Herr des Strafverfahrens« eine Altersfeststellung. Mit einem Handscanner[184] (wie bereits im Buch berichtet) des Fraunhofer-Instituts ist diese Aufgabe ohne großen Aufwand zu realisieren. Von einem »Grundrechtseingriff« kann keine Rede sein, ebenso wenig von »gesundheitlichen Risiken«.

---

183 https://www.laenderdaten.info/durchschnittliche-koerpergroessen.php
184 https://www.medica.de/cgi-bin/md_medica/lib/pub/tt.cgi/Per_Ultraschall_zur_Gewissheit_Nachweis_von_Vollj%C3%A4hrigkeit_via_Handscanner.html?oid=88193&lang=1&ticket=g_u_e_s_t

Der Aufwand hätte aus meiner Sicht in keinem Verhältnis zum Nutzen gestanden, es geht um die (Straf-)Verfolgung einer schweren Straftat.
Leider sah das die zuständige Staatsanwaltschaft völlig anders. Sie stellte nicht nur das Strafverfahren ungewöhnlich schnell bereits am 12. Dezember 2017 gegen den Sexualtäter ein, sondern lehnte auch eine Altersschätzung ab. Die Begründung: »Eine Altersuntersuchung wäre zu ungenau«. Auch hätten die Aussagen des vierjährigen Kindes »keine verwertbaren Informationen[185]« ergeben. Gleichzeitig wird eingeräumt, dass kein anderes Familienmitglied für den Missbrauch in Frage kam. Der Mond wird es nicht gewesen sein, der zum Fenster hereingeschienen hat. Dass ein Kleinkind keine Aussagen machen kann, die strafrechtlich zu verwerten sind, ergibt sich von selbst. Bedeutet das, dass Verbrechen an Babys und Tötungsdelikte zur Einstellung der Strafverfahren führen? Denn weder ein Baby noch ein Toter können zum Tathergang etwas verbal beitragen. Auf mich wirken diese Aussagen stark befremdlich.

Bei der »Einreise« nach Deutschland wurde der Afghane aufgrund fehlender Papiere von Beamten auf das Geburtsdatum 01.01.2004 datiert. Später beim Bundesamt für Migration und Flüchtlinge (BAMF) gab er an, am 9. Juni 2004 geboren zu sein.

Der Täter kam davon und flüchtete nach Schweden. Ohne Helfershelfer aus der Asylindustrie ist dies nur schwer vorstellbar. Dort lebt er unter einem anderen Namen und soll sein Geburtsjahr auf 2005 festgelegt haben. Bei manchen Afghanen scheint zu gelten, je länger diese leben, desto jünger werden sie gegenüber Behörden.
Ein sehr großer Anteil »unbegleiteter minderjähriger Flüchtlinge« gibt ein falsches Alter an. In Deutschland geht man von 43 Prozent aus, die volljährig sind anstatt minderjährig[186].
Diese Flüchtlinge erhalten einen besonderen Status. Sie können nicht abgeschoben werden und erhalten jede Menge Sonderleistungen, die volljährige Zuwanderer nicht bekommen. Es gibt einen ganz klaren materiellen Anreiz, um als »minderjährig« einzureisen. Es handelt sich dabei um nichts anderes als Betrug gegenüber dem Aufnahmeland.

---

185 http://www.tagesspiegel.de/berlin/nach-missbrauch-einer-vierjaehrigen-ermittlungen-gegen-13-jaehrigen-wurden-eingestellt/20875020.html
186 http://www.faz.net/aktuell/politik/inland/fluechtlinge-viele-angeblich-minderjaehrige-sind-ueber-18-jahre-15305789.html

Die Altersfeststellung obliegt Beamten durch eine wohlwollende »Inaugenscheinnahme«. Von der Möglichkeit einer genauen Feststellung des Alters wird nur sehr selten Gebrauch gemacht, obwohl die Möglichkeit ohne großen medizinischen und materiellen Aufwand bestehen würde. Eine Lobby aus dem Präsidenten der Bundesärztekammer, der Zentralen Ethikkommission, Verbänden wie die des Kinderhilfswerkes, der Asylindustrie und faktisch alle Chefetagen der zuständigen Behörden verhindert bisher erfolgreich diese Maßnahmen. Die Scheinargumente lauten, dass von dem Bemühen einer Altersfeststellung eine »gefährliche Stimmungsmache« ausgehen würde. Außerdem würde ein »Eingriff in das Menschenwohl« der Flüchtlinge vorliegen. Wie »wohl« wird sich das vierjährige Kind bei dem sexuellen Missbrauch gefühlt haben? Diese Ausflüchte sind zynisch. Immer wenn die sachlichen Argumente ausgehen, wird der »Kampf gegen rechts« hervorgezaubert, da man ja den »Rechten« nicht in die Karten spielen wolle. Aber genau das passiert, wenn Probleme nicht ernsthaft angegangen und ehrlich diskutiert werden dürfen, wenn es Sprech- und Denkverbote gibt. Im selben Zusammenhang wird dann die Rückführung von Afghanen in ihr Heimatland als »staatlich abgesegnetes Unrecht, Menschenhandel in großem Maßstab« diffamiert. Dahinter können sich nach meiner Wahrnehmung nur tatsächliche intolerante und radikale Ansichten verbergen. Das was man vorgibt zu bekämpfen, ist man dadurch selbst.

Nutznießer solcher politischen Attacken war in diesem Fall ein Sexualtäter, der ein Verbrechen an einem Kleinkind begehen konnte, ohne dass dieses Verhalten strafrechtlich sanktioniert wurde. Die Möglichkeit hätte meines Erachtens bestanden, man wollte davon keinen Gebrauch machen. Die Schweden sollten auf den »Schutzsuchenden« sehr gut aufpassen und es besser machen, als die deutsche Bürokratie.

Wenden wir uns nun einer weiteren Problematik zu, dem Gutachterunwesen. Das Problem sitzt dabei nicht immer vor dem Schreibtisch.

Im Sumpf der Gutachter

»Gefängnispsychologin stellt fest, Selbstmordattentäter ist nicht selbstmordgefährdet« (Überschrift in DIE WELT[187])

Der potentielle Selbstmordattentäter Dschaber al-Bakr wurde im Oktober 2016 in Sachsen durch eine Gefängnispsychologin als »nicht suizidgefährdet« eingestuft. Kurze Zeit später nahm sich der Insasse in der Untersuchungshaft das Leben. Wer, wenn nicht ein Selbstmordattentäter ist selbstmordgefährdet?

Es heißt schließlich nicht umsonst: »Vor Gericht und auf hoher See, bist du in Gottes Hand«. Vor allem wenn es um das Gutachterunwesen an deutschen Gerichten geht. Nicht erst seit dem Fall Gustl Mollath[188] ist bekannt, was sich dort für Experten tummeln dürfen. Wenn man besonderes Pech hat, gerät man an einen Hochstapler, der höchstrichterlich berufen wird, um Gutachten zu erstellen. Der Hochstapler schreibt dann tiefenanalytische Befunde über die Psyche und der damit verbundenen Persönlichkeitsstruktur des Klienten, natürlich mit Zukunftsprognose. Das kann für einen Betroffenen fatale Folgen haben. Der Richter senkt oder hebt dann den Daumen, was Auswirkungen bis an das Lebensende eines Menschen haben kann. Grauslich, nicht wahr?

Ein anschauliches Beispiel war hierbei der gelernte Postbote Gert Postel alias Dr. med. Dr. phil. Clemens Bartholdy, u.a. leitender Oberarzt im Fachkrankenhaus für Psychiatrie bei Leipzig. Dort fertigte der Briefträger mindestens 23 psychiatrische Gerichtsgutachten an und hielt Vorträge vor Medizinern, ohne jemals Verdacht zu erregen. Keines seiner Gutachten wurde jemals als mangelhaft oder fehlerhaft erkannt, alle sind in die Rechtsprechung der Richter eingeflossen. Nach Aussage seines Rechtsanwaltes war Postel sogar im Gegenteil, ein sehr gefragter Gutachter[189]. Er verdiente damit ganz »offiziell« 44.000 DM. Alle Gutachten haben übrigens bis heute Bestand, da die damit verbundenen Gerichtsurteile rechtskräftig sind.

---

187 https://www.welt.de/politik/deutschland/article158742822/Was-wir-zum-Fall-al-Bakr-wissen-und-was-nicht.html
188 https://de.wikipedia.org/wiki/Gustl_Mollath
189 https://www.welt.de/print-welt/article564910/Betrueger-Gert-Postel-verdiente-44-000-Mark-mit-Gutachten.html

»*Eine intellektuelle Herausforderung sei diese Arbeit nicht gewesen. Sie können mittels der psychiatrischen Sprache jede Diagnose begründen und jeweils auch das Gegenteil und das Gegenteil vom Gegenteil – der Fantasie sind keine Grenzen gesetzt. Es gebe nur drei psychiatrische Krankheitsbegriffe: die Psychose, die Depression und die Borderline-Erkrankung. Bestimmte Symptome unter bestimmte Begriffe zu subsumieren, kann auch jede dressierte Ziege'*«, dozierte Postel[190].

Auch habe er psychiatrische Kunstbegriffe neu erfunden: die »*bipolare Depression dritten Grades*[191]«. Er wusste, dass in Psychiatriekreisen Fragen als inkompetent gelten. Auch in seiner Probezeit als Oberarzt erhielt Postel vom Leiter des Krankenhauses sehr gute Noten. Später wurde ihm von der Landesregierung eine Stelle als Chefarzt am sächsischen Landeskrankenhaus Arnsdorf angeboten. Außerdem wurde Postel unter anderem Weiterbildungsbeauftragter der sächsischen Landesärztekammer im Bereich Psychiatrie.

Als Gerd Postel von seinen honorigen Kollegen gefragt wurde, worüber er promoviert habe, antwortete dieser: »*Über die Pseudologia phantastica*[192] *am Beispiel der literarischen Figur des Hochstaplers Felix Krull nach dem Roman von Thomas Mann und die kognitiv induzierten Verzerrungen in der stereotypen Urteilsbildung*«. Zu bemerken ist, dass der letzte Halbsatz lediglich eine Aneinanderreihung leerer Begriffe darstellt. Postel schlug damit bei seinem gleichlautenden Bewerbervortrag immerhin 39 Ärzte aus dem Feld.

Briefträger Postel ist aber kein Einzelbeispiel, wenn es darum geht, sich mit pseudowissenschaftlichem Kokolores wichtig zu tun. Tragisch und verwerflich wird es vor allem dann, wenn dadurch anderen Menschen großer Schaden zugefügt wird.

Wie etwa bei Gustl Mollath. Auch hier wird man bei der Suche nach den mutmaßlichen zweifelhaften Gutachten schnell fündig. Der stellvertretende Vorsitzende der Walter von Baeyer Gesellschaft für Ethik in der Psychiatrie, Prof. Dr. med. Dr. phil. K. Dieckhöfer, bewertet in einem Schreiben an die Justizministerin von Bayern und an die Fraktionen des bayerischen Landtages die forensischen Gutachten, die Herrn Mollath als psychisch er-

---

190 http://www.focus.de/wissen/mensch/psychologie/tid-15095/falsche-aerzte-gert-postel-das-kann-auch-eine-dressierte-ziege_aid_423648.html
191 Gerd Postel war am 09.01.2001 nach 32 Monaten Haft entlassen worden, http://www.gert-postel.de/zeitungsberichte/mopo.htm
192 Krankhaftes Lügen

krankten Menschen abstempeln und dazu beigetragen haben, diesen gegen seinen Willen in eine psychiatrische Klinik zwangseinzuweisen. Hier Auszüge der bemerkenswerten Wortwahl, die er in der Bewertung zu diesen Gutachten verwendet:

- »*unwissenschaftlich*«
- »*verbiegt wissenschaftlich fundiertes Denken in der Psychiatrie und stellt ebenfalls in seinem diagnostischen Ergebnis ein Falsch- bzw. Gefälligkeitsgutachten dar*«
- »*versteigt sich sogar schließlich zu weiteren wissenschaftlich unzulässigen Vermutungen*«
- »*entsprechen keinem wissenschaftlichen Standard*«
- »*geradezu grotesk erscheint die Behauptung des Gutachters ...*«
- »*Ausführungen nur als hilfloses Wortgeplänkel bezeichnen, um dem Gutachten einen pseudowissenschaftlichen Anstrich zu geben*«
- »*Das Gutachten vom 25.07.2005, das zur Unterbringung des Herrn Mollath geführt hat, ist ein Falschgutachten, das auch insofern jeden wissenschaftlichen Standard vermissen lässt.*«

Das betreffende Gutachten über die Gutachten zu Herrn Mollath findet man auf der Homepage der Anwaltskanzlei Strate, siehe Link[193], so dass sich der interessierte Leser einen Gesamtüberblick und einen eigenen Eindruck bilden kann. Wir alle wissen, was dieser Fall für eine Wendung genommen hat. Gustl Mollath wurde aus der psychiatrischen Klinik entlassen und später, am 14.08.2014, in einem Wiederaufnahmeverfahren freigesprochen. Er hat jedoch wegen einiger im Raum stehen gebliebener Restvorwürfe Revision eingelegt. Die vorsitzende Richterin Elke Escher stellte abschließend fest, dass Herr Mollath zu Unrecht in der Psychiatrie gewesen sei.

Die erfahrene Psychologin Andrea Jacob berichtet[194], dass sie 300 Gutachten in den letzten sechs Jahren analysiert habe und kein einziges wäre verwertbar gewesen. Auch eine Studie der Fern-Universität Hagen wertete 116 Gutachten im Oberlandesgerichtsbezirk Hamm aus: »Erhebliche

---

193 http://www.strate.net/de/dokumentation/
194 https://www.youtube.com/watch?time_continue=9&v=YnhHDODc_jU

handwerkliche Fehler« bei der Erstellung rechtspsychologischer Gutachten haben Prof. Dr. Christel Salewski und Prof. Dr. Stefan Stürmer dabei ausgemacht. Sie spürten zahlreiche defizitäre psychologische Fundierungen des handwerklichen Vorgehens und den Einsatz fragwürdiger Diagnoseinstrumente auf: »Tatsächlich erfüllt nur eine Minderheit der Gutachten die fachlich geforderten Qualitätsstandards«, so Prof. Salewski[195]. Diese wurden meistens von Diplom- bzw. »Master of Science (M. Sc.)«- Psychologen verfasst. Es geht um schwerwiegende Qualitätsmängel, 35 Prozent der Gutachten hätten methodisch problematische Verfahren und unsystematische Gespräche, ungeplante Beobachtungen, keine oder ungenügende Tests bzw. testähnliche Verfahren verwendet. Die Ergebnisse wären alarmierend: etwa ein Drittel bis zur Hälfte der Gutachten seien fehlerhaft[196].

Norbert Blüm schrieb in seinem 2014 erschienenen Bestseller-Buch[197], dass nirgends so viel gelogen wird wie vor deutschen Familiengerichten. So habe eine Tochter ihren Vater der Vergewaltigung bezichtigt. Dieser kam daraufhin für fünf Jahre ins Gefängnis, denn zwei Gutachter hatten die Aussage des leiblichen Kindes bestätigt und als »wahr« eingeordnet. Erst siebzehn Jahre später widerlegt ein Rechtspsychologe die oberflächlichen Gutachten seiner Kollegen. Die Tochter widerruft letzten Endes ihre Beschuldigung, natürlich unter Tränen. Auch der nächste Fall ist bekannt und dokumentiert: Eine Lehrerin beschuldigte ihren Kollegen der Vergewaltigung. Dieser wurde zu fünf Jahren Gefängnisaufenthalt verurteilt. Nach seiner Entlassung stellte sich heraus, dass das vermeintliche Opfer eine geltungssüchtige und notorische Lügnerin ist, die durch Münchhausen- und Horrorgeschichten bereits seit vielen Jahren in Erscheinung getreten war. Den beiden gerichtlich bestellten Gutachtern ist jedoch nichts aufgefallen. Die Frau bekam aufgrund der falschen Beschuldigung ebenfalls eine fünfjährige Haftstrafe; für das wirkliche Opfer kam dessen Rehabilitation zu spät. Kurz nach der Haftentlassung verstarb er an einem Herzinfarkt. Die Klage der Tochter des Lehrers auf Schmerzensgeld hatte keinen Erfolg.

---

195 Prof. Dr. Christel Salewski, et al., geschäftsf. Institutsdirektor Qualitätsmerkmale in der familienpsychologischen Begutachtung, Untersuchungsbericht.
196 http://www.fernuni-hagen.de/universitaet/aktuelles/2014/07/01-am-rechtspsychologie.shtml
197 Norbert Blüm: Einspruch!: Wider die Willkür an deutschen Gerichten. Eine Polemik
Gebundene Ausgabe – 15. September 2014, Verlag Westend

Welche bedauerlichen Beispiele gibt es noch?

Erinnern Sie sich noch an die Affäre der vier hessischen Steuerfahnder? Diese wurden durch falsche psychiatrische Gutachten, gegen ihren Willen, zwangspensioniert. »Das Land hatte die Steuerfahnder zwischen 2007 und 2009 aufgrund falscher Expertisen eines Frankfurter Psychiaters, der den Beamten unheilbare »paranoid-querulatorische« Störungen attestierte, zwangsweise in den Ruhestand geschickt[198]. Was war der vermeintliche Grund ihrer Verbannung in die Wüste? Sie wollten 2001 mit zahlreichen anderen Kollegen eine Amtsverfügung »von oben« nicht hinnehmen, die ihrem Erachten nach zahlreiche sehr wohlhabende Steuersünder verschonte. Noch Fragen?

Da ist außerdem Dirk L.: Auch dieser hessische Polizeibeamte wurde zum Amtsarzt geschickt, der ihm nach einer Knieuntersuchung (!) ein »streitsüchtiges bis querulatorisches Verhalten« attestierte. Die »Untersuchung« habe keine 10 Minuten gedauert, das Knie spielte dabei übrigens, Überraschung (!), keine Rolle. Der ursprüngliche Ausgangspunkt der Zerwürfnisse war dieser: Der Polizist hatte lediglich versucht, einen sogenannten qualifizierten Dienstunfall anerkannt zu bekommen. Ein Straftäter hatte den Beamten bei einer Festnahmehandlung in die Hand gebissen[199] und diesen erheblich verletzt. Das wirkt fast so, als könne man psychologische Gutachten gezielt dafür einsetzen, um unliebsame Zeitgenossen plattzumachen. Das Thema scheint mir sehr aktuell zu sein.

Man sollte Gutachter nicht überschätzen, kein Mensch, weder ein Psychiater noch Psychologe, ist in der Lage, in einen anderen Menschen hineinzuschauen, um wirklich zu beurteilen, was in diesem vorgeht. Die öffentliche Empörung ist immer sehr groß, wenn wieder einmal ein ehemaliger Vergewaltiger, Totschläger oder Pädophiler als »geheilt« entlassen wurde und nichts anderes zu tun hat, als wenige Tage nachdem er sich in der Freiheit befindet, seinem triebhaften Verhalten nachzugeben und neue Straftaten zu begehen. Nach einer Prüfung stellt sich dann heraus, dass diese Personen eine gutachterlich günstige Prognose

---

[198] http://www.fr-online.de/steuerfahnder-affaere/steuerfahnder-affaere-ex-steuerfahnder-waren-gesund,1477340,21128716.html
[199] http://behoerdenstress.de/author/lauer/

erhalten hatten, die zur Entlassung aus dem Strafvollzug führten. Wenn dann diese ehemaligen Strafgefangenen interviewt werden, geben diese nicht selten an, den Gutachter und behandelnden Psychologen bewusst getäuscht zu haben, was offensichtlich auch gut und relativ leicht gelang.

Mehr dazu in meinem Kapitel »Drei Todesfälle, viele Gutachter und kein Knast« ab S. 207. Fortsetzen wollen wir mit einer kleinen Reise in die Welt der Gutachten, mit Diplom-Psychologin Katharina Kulisz:

Kleiner Ausflug in die Psychologie der Gutachten

Autorin: Katarina Kulisz

Die Psychologie ist eine Wissenschaft vom menschlichen Erleben und Verhalten (Handeln). Eine Wissenschaft, die also als Forschungsgegenstand den Menschen hat. Daher ist die Forschungssituation in der Psychologie eine grundsätzlich andere als in anderen Wissenschaften. In der Chemie beispielsweise können Forscher auf den Gegenstand einwirken und dann die Auswirkungen ihrer Intervention beobachten. Die Psychologie hat jedoch einen denkenden und fühlenden Menschen vor sich. So ist eine Forschungssituation auch immer eine soziale Situation. Folglich, ist es in der Psychologie in der Regel nicht möglich, die Auswirkungen einer Veränderung unmittelbar zu erfassen.

Jede Wissenschaft hat ihre Methoden, so auch die Psychologie. Psychologische Methoden müssen dabei bestimmten Anforderungen genügen, die in Form sogenannter Gütekriterien erfasst sind (hier Buchempfehlung: Testtheorie und Testkonstruktion, von Michael Eid, Katharina Schmidt Reihe: Bachelorstudium Psychologie – Band 20).

Als Aufgaben und Ziele der Psychologie gelten: Beschreibung, Erklärung, Vorhersage und Veränderung. Der Gegenstand der Psychologie lässt sich damit wie folgt spezifizieren: Menschliches Erleben und Verhalten (Handeln) zu beschreiben, zu erklären, vorherzusagen und ggf. auch zu verändern. Inwieweit auch die Bewertung zu den Aufgaben und Zielen der Psychologie zählt, wird kontrovers diskutiert.

Nun betrachten wir jedoch eine spezielle Disziplin der Psychologie:

Die Rechtspsychologie

Häufig werden in dieser Disziplin zwei Fragestellungen betrachtet, die an Rechtspsychologen von Seiten des Gerichts herangetragen werden: Die Frage der Aussagefähigkeit sowie die der Glaubhaftigkeit.

Bei der Beurteilung der Aussagefähigkeit einer Person wird die Fähigkeit bewertet, einen Sachverhalt zutreffend wiederzugeben. Auch wenn Aussagen von Zeugen nach deren bestem Wissen und Gewissen gemacht werden, sind diese dennoch keine objektiven Abbildungen des beobachteten Geschehens, sondern rein individuelle Erinnerungen. Diese wiederum können durch viele Faktoren beeinflusst sein:

So gibt es beispielsweise Wahrnehmungseinflüsse. Hierbei wird geprüft, ob die Wahrnehmungsfähigkeit des Zeugen oder der Zeugin ausreichend sind, um einen dargestellten Sachverhalt auch wirklich so wiederzugeben, wie er tatsächlich gesehen oder gehört worden ist.

Daneben gibt es auch noch die Einflüsse des Vorwissens, denn unsere Wahrnehmung ist nicht nur ein reiner »bottom-up«-Prozess der Informationsverarbeitung, der bei den Sinnesrezeptoren anfängt. Bottum-up bedeutet: die Denkweise geht vom Konkreten, Speziellen hin zum Allgemeinen, Übergeordneten. Der Top-down Prozess bezeichnet die umgekehrte Richtung. Die Wahrnehmung ist auch ein »top-down«-Prozess, welcher durch Vorwissen (Schemata, Stereotypen) Einfluss auf die Verarbeitung der Rezeptorinformationen nimmt. So haben wir beispielsweise bestimmte Erwartungen, wie manche Situationen ablaufen, und diese Erwartungen nehmen Einfluss auf das, was wir wahrnehmen.

Eine wichtige Rolle spielen auch die Einflüsse des Gedächtnisses. Das menschliche Gedächtnis ist kein passiver Speicher, aus dem Informationen unverändert und permanent abgerufen werden können. Im Gegenteil, unser Gedächtnis geht aktiv mit Informationen um. Es bewertet diese, es strukturiert sie um, es knüpft Verbindungen, es kommt zu Überlagerungen (Interferenzen), es vergisst manches – und vielleicht am gravierendsten: Es kann Erinnerungen konstruieren, die so in der Wirklichkeit gar nicht stattgefunden haben. Ein anderer Faktor ist die sogenannte Suggestion. Dabei werden einer Person im Nachgang Informationen über ein Ereignis vermittelt.

Nehmen wir einmal das Beispiel einer Zeugenaussage. Dem Zeugen wird folgende Frage gestellt: »War das Auto dunkelgrün oder rot?«. Allein durch diese eingeschränkte Auswahlmöglichkeit wird der Zeuge in seiner Antwort manipuliert. Die Art der Fragestellung nimmt Einfluss auf die Antwort des Zeugen, der zwar eigentlich ein dunkelblaues Auto gesehen hatte, aber nun dunkelgrün sagt, da dies die am besten passende unter den vorgegebenen Antworten ist.

Auch Gegenüberstellungen können durchaus manipuliert werden.

Große Zweifel an der Verlässlichkeit von Augenzeugen lässt z. B. eine Studie von Stadler aus den frühen neunziger Jahren aufkommen. In einem Experiment sollten Zeugen bei einer Gegenüberstellung den Tatverdächtigen identifizieren. Das Besondere an diesem Experiment war, dass neben einer Reihe von zivil gekleideten Polizisten ein Tatverdächtiger aus einem anderen Verurteilungsfall positioniert wurde. Die Zeugen sollten diesen nicht identifizieren können, da sie ihn bei der Gegenüberstellung zum ersten Mal sahen. Trotzdem wurde er überdurchschnittlich häufig als Täter erkannt. Wie ist so etwas möglich?

Erklären lässt sich dieser Sachverhalt recht simpel. Eine Tatverdächtige Person, so wie der Täter aus einem anderen Straffall, verhält sich sicherlich anders bei dieser Konfrontation als die hinzugestellten Polizisten, für die das möglicherweise eine öfter vorkommende Dienstaufgabe ist. Die Andersartigkeit des Verhaltens zieht die Aufmerksamkeit des Zeugen auf sich, so dass es leicht zu der falschen Beschuldigung kommen kann.

Neben den vielfältigen Fehlermöglichkeiten, mit denen selbst gewissenhafte Zeugenaussagen behaftet sein können, kommt noch das Risiko hinzu, dass Zeugen aus den verschiedensten Gründen heraus bewusst die Unwahrheit sagen. Um genau diese Glaubhaftigkeit einer Zeugenaussage zu beurteilen, hat die Rechtspsychologie eine Vielzahl von Kriterien entwickelt, von denen hier nur zwei angesprochen werden sollen: Die Inhaltsanalyse und die Konstanzanalyse.

Zunächst zur Inhaltsanalyse, die eine kognitive Höchstleistung sein kann. Worum geht es allerdings bei der Inhaltsanalyse? Sie geht davon aus, dass ein Zeuge, der die Wahrheit sagt, die erlebten Ereignisse aus dem Gedächtnis rekonstruieren kann. Ein Zeuge, der die Ereignisse »nur« erfindet, muss mit hohem kognitivem Aufwand Schemata des Ereignisablaufs einer Tat aktivieren. Aus diesem Grund ist er oft nicht mehr genügend in der Lage, das Tatgeschehen entsprechend genau und unter Einbeziehung der eigenen psychischen Erlebnisse wiederzugeben.

Wichtig ist auch die sogenannte Konstanzanalyse.
Hierbei werden Übereinstimmungen, Gegensätzlichkeit, Auslassungen und Ergänzungen in den einzelnen, verschiedenen Aussagen zu einem

Sachverhalt begutachtet. Rein fiktive, erfundene Ereignisse können meist über einen längeren Zeitraum in gleicher Güte generiert und aufrechterhalten werden, da der Zeuge für sich Regeln hat, anhand derer er die Geschichte zusammenbastelt. Anders hingegen sieht es bei tatsächlich erlebten Ereignissen aus. Aufgrund von Gedächtnisprozessen kommt es hierbei zu einer größeren Anzahl von Variationen in den Aussagen, denn der Zeuge greift nicht auf Regeln des Ablaufs zurück.

Was ziehen wir also für Konsequenzen aus dem oben Geschilderten?

Das Gutachten eines Rechtspsychologen kann weder die Glaubhaftigkeit eines Zeugen noch die Prognose des künftigen Verhaltens eines Straftäters mit 100%iger Genauigkeit beurteilen, geschweige denn vorhersagen. Solche absoluten Vorhersagen sind allerdings selbst für weit weniger komplizierte technische Systeme nicht möglich. Das Resultat ist somit, dass alles eine Frage der Wahrscheinlichkeiten bleibt. Die getroffene Entscheidung und das damit verbleibende Restrisiko müssen schlussendlich vom Gericht selbst getragen werden.

Meine Buchempfehlungen zum Thema

- Föhl, M. (2001). Täterprofilerstellung. Ein methodenkritischer Vergleich aus rechtspsychologischer Perspektive. Frankfurt: Verlag für Polizeiwissenschaft. Ein interessantes Buch für all diejenigen, die einen Einblick in die Arbeit des Profilings, d.h. der Täterprofilerstellung gewinnen wollen.
- Kröber, H.L. & Steller, M. (2000). Psychologische Begutachtung im Strafverfahren. Indikationen, Methoden, Qualifikationsstandards. Darmstadt: Steinkopff. Dieses Buch bietet einen ausführlichen Überblick der relevanten psychologischen Bereiche bei der Begutachtung in Strafverfahren.
- Kury, H. & Obergfell-Fuch, J. (in Vorbereitung). Rechtspsychologie. Stuttgart: Kohlhammer. Die Psychologie-Lehrbücher des Kohlhammer-Verlags sind immer für den ersten Einstieg in eines der psychologischen Teilgebiete geeignet.
- Milne, R. & Bull, R. (2003). Psychologie der Vernehmung. Die Befragung von Tatverdächtigen, Zeugen und Opfern. Bern: Huber. Dieses

Buch thematisiert die Schwierigkeit, Befragungen so durchzuführen, dass die Antworten auch möglichst nah an dem realen Geschehen liegen. Die effektivste Methode der Befragung sowie deren psychologische Grundlagen werden in knapper Form geschildert.

II.

Subjektives Unsicherheitsempfinden berechtigt

Das subjektive Sicherheitsgefühl

Autor: Steffen Meltzer

Ein ganz besonderes Phänomen ist das subjektive Sicherheitsgefühl. So fühlen sich manche Bevölkerungsteile, zum Beispiel ältere Bürger, in besonderer Weise Gefahren ausgesetzt, obwohl diese am seltensten als Opfer von Straftaten betroffen sind. Der Konsum bestimmter Medien wirkt sich auf das subjektive Sicherheitsgefühl direkt aus. Wird oft und ausführlich von schweren Straftaten auflagen- bzw. einschaltquotenwirksam berichtet, werden die Konsumenten zunehmend verunsichert.

»Es gibt kein Verbrechen, das ich mir unter bestimmten Voraussetzungen nicht selbst zutrauen würde.«
Dieses Zitat von Goethe bestätigten 38 Prozent der Deutschen bei einer repräsentativen Umfrage der Forschungsgruppe »Wahlen des ZDF«. Kleine Schummeleien im Alltag, sogenannte Notlügen, um eigenes Versagen zu verdecken, die Mitnahme von Pfennigartikeln aus dem Unternehmen, der private Anruf auf Firmenkosten oder das Ausdrucken von privaten Schreiben. Keiner werfe den ersten Stein. Aber ungesühnte kleine Vergehen ermutigen zu größeren Sünden. Am Ende muss kein Verbrechen stehen, es ist aber auch nicht ausgeschlossen.
Bei einem Übergriff eines Straftäters auf sein Opfer ist es wichtig, die bedrohliche Lage zu bewältigen, ohne sich selbst erheblich zu gefährden. Deshalb ist es überlebensnotwendig zu wissen, wie Straftäter denken und handeln könnten.
Sehen wir uns erst einmal ein schreckliches Ereignis an: Bemerkenswert ist, dass Gewalttäter oft ein unauffälliges, gutbürgerliches Leben führen und von der Gesellschaft nicht als gefährlich wahrgenommen werden. So wurde im November 2011 beispielsweise bei der Festnahme eines Polizistenmörders in dessen Wohnung eine ganze Waffensammlung – darunter eine Uzi sowie eine Skorpion-Maschinenpistole – sichergestellt. Zwar berichteten Bekannte des Täters von einer ausländerfeindlichen Haltung, jedoch hatte niemand damit gerechnet, dass er tatsächlich einmal gewalttätig werden würde.
Getarnt durch eine bürgerliche Erscheinung können diese Menschen blitzschnell zuschlagen, wenn sie auch zunächst freundlich wirken. Betrachten wir zunächst einmal einige relevante Persönlichkeitsstörun-

gen, die dazu beitragen andere Menschen auszubeuten, zu bestehlen, zu betrügen, umzubringen oder zu verletzen.

»Haben Sie Angst vor Kriminalität? Dann wählen Sie eine andere Tageszeitung!«, sagte einst Bertolt Brecht. Laut einer Studie von 1999, in welcher Zeitungsleser aus Bonn befragt wurden, steht das individuelle Sicherheitsgefühl tatsächlich in einem Zusammenhang mit der favorisierten Tageszeitung. So befürchteten 15,6 Prozent der FAZ-Leser, Opfer einer Straftat zu werden, wohingegen BILD-Leser diese Befürchtung zu 40,5 Prozent hegten. Ängste sollte man jedoch tunlichst beachten. Das hat auch der Innenminister von Nordrhein-Westfalen, Herbert Reul von der CDU erkannt. So haben Messerattacken enorm zugenommen. In Berlin werden sieben solcher Delikte pro Tag verzeichnet. Leipzig verzeichnet bei Körperverletzungsdelikten mit Messer von 2011 bis 2017 eine Steigerung von 300 Prozent. In NRW kam es seit September 2017 zu 527 Messer-Angriffen.
Reul ging in »ZDF heute in Deutschland« vom 16.03.2018 auf die dramatische Steigerung von Messerattacken ein:

»Polizisten schützen wir dadurch, dass wir sie mit Schutzwesten ausstatten. Und Bürgerinnen und Bürger werden einfach sensibler sein müssen. Man muss nicht unbedingt Menschen nah an sich heranlassen.«

Heißt decodiert, wer nicht zuhause bleibt, ist selbst schuld, wenn er ein Messer zwischen die Rippen bekommt. Eine Statistik wird vorsichtshalber über Delikte mit dem Messer erst gar nicht geführt, sonst würde man auf eine dramatische Steigerung der Zahlen kommen. Auch eine Art, mit Straftaten umzugehen. Ich nenne es gelinde »subjektiv«.Selbst in Brandenburg nimmt man es da genauer. Dort stieg der Anteil der Straftaten unter Einsatz eines Messers seit 2014 von 260 Fällen auf über 400 im Jahr 2017. Natürlich fehlte vom Brandenburgischen Innenministerium nicht der überall gebetsmühlenartig vorgetragene obligatorische Hinweis, dass zu über 50 Prozent Deutsche die Täter wären[200]. Das mag zwar sein, jedoch ist mir neu, dass in diesem Bundesland neuerdings ca. die andere Hälfte der Bevölkerung durch Ausländer gestellt wird. Da-

---

[200] RBB«Brandenburg aktuell« 19:30 Uhr vom 05.04.2018

mit sollte auch klar sein, dass manche Neubürger schneller das Messer zücken als Deutsche. Auch eine Frage der »sozialen Prägung« im Konfliktfall. Da hilft auch der weitere erneute Hinweis nicht weiter, dass die meisten Opfer »nur« andere Ausländer in Flüchtlingsheimen wären.

Straftaten in der Statistik

Wenn Politiker erklären, es gäbe keine einhundertprozentige Sicherheit (sachlich richtig), obwohl zuvor übereifrig und jahrelang Stellen bei der Polizei mit dem wohlklingenden Namen »Polizeistrukturreform« abgebaut wurden, darf man zu Recht skeptisch sein. Dann geht es bei diesen Bekundungen oftmals weniger um die »innere Sicherheit« als vor allem darum, eigene Fehler zu vertuschen und mit »Ratschlägen« gegenüber der Bevölkerung, mit dem Ziel der Wiederwahl, zu glänzen. Ich halte auch nichts davon, Straftaten unter medialem Verschluss zu halten, um Menschen »nicht zu beunruhigen«. Nur weil beispielsweise ein umherziehender Exhibitionist offenkundig dunkler Hautfarbe war, darf das kein Grund sein, diese Meldung der Presse zu verweigern, selbst wenn die Gefahr einer Stigmatisierung vorhanden ist. Der gebotene Schutz unserer Kinder sollte gegenüber der Gefahr einer ideellen Pauschalisierung immer Vorrang haben, da ansonsten radikale Kreise sich des Themas annehmen. Das ist keinesfalls wünschenswert und gefährdet darüber hinaus unsere Rechtsordnung.
Viele verschiedene Einflüsse tragen zu einem »subjektiven Sicherheitsgefühl« bei. Wir wollen das Thema einmal aus den unterschiedlichsten Blickwinkeln betrachten. Manchmal wird die Gefahr übertrieben, aber noch viel öfter untertrieben. Selbst Kuriositäten lasse ich dabei nicht aus.

Konjunktur für Wahrsager und Hellseher bei Staatsanwaltschaft und Polizei

Haben Sie heute schon mit Ihrem Wahrsager gesprochen? Warum eigentlich nicht. In der Ermittlungsarbeit der Polizei zum Beispiel, hat der Umgang mit Wahrsagern, Hellsehern bzw. Kriminaltelepathen eine lange Tradition. Das Thema ist seit den zwanziger Jahren des vorigen Jahrhunderts in der Polizeiarbeit bekannt.
Der erste Fall bei der Hinzuziehung eines Hellsehers zur polizeilichen Ermittlungsarbeit, wurde in Deutschland 1919 dokumentiert. Auch in der Weimarer Republik war es gang und gäbe, Parapsychologen bei der Aufklärung von Verbrechen einzubeziehen. In Österreich (Wien) entstand 1921 gar ein »Institut für kriminaltelepathische Erforschung[201]«, das man allerdings später wieder schloss.

Der Potsdamer Jurist, Albert Hellwig[202] (1880-1951) archivierte unzählige, bis heute unerforschte Einzelfälle, in denen »Übersinnliche« mit der Polizei zusammen gearbeitet haben. So soll die Wahrträumerin Minna Schmidt[203] angeblich den Fundort von zwei der Leichen, nach einem Doppelmord an zwei Bürgermeistern in Heidelberg, richtig benannt haben.

Auch heutzutage erreichen Kriminalserien im TV[204] und diverse Zeitungsmeldungen, in denen Personen mit übersinnlichen Kräften agieren, höchste Einschaltquoten. Vorzugsweise sind die Leichen weiblich und jung; das steigert das emotionale Interesse.

So wie beim Tötungsdelikt im Dezember 2017 in Kandel. Obwohl klar war, dass der Afghane das 15-jährige Mädchen mit einem 20 cm langen Küchenmesser bestialisch erstochen hatte, erfolgte der Haftbefehl durch die Staatsanwaltschaft nur wegen Totschlags[205]. Bekannt war, dass

---

201 https://www.psiram.com/de/index.php/Kriminaltelepathie
202 https://de.wikipedia.org/wiki/Albert_Hellwig
203 https://books.google.de/books?id=7U60CAAAQBAJ&pg=PA26&lpg=PA26&dq=minna+schmidt+zwei+leichen&source= bl&ots=ys_3jSGcaV&sig=izKvZSVnRTYvg93w6IK4kGq1oNo&hl=de&sa=X&ved=0ahUKEwin1qGeiszYAhXG_ywKHY93Ak4Q6 AEISzAK#v=onepage&q=minna%20schmidt%20zwei%20leichen&f=false
204 https://www.focus.de/wissen/das-steckt-wirklich-hinter-dem-beruechtigten-csi-effekt-csi-effekt-ist-man-ein-besserer-verbrecher-wenn-man-krimis-anschaut_id_8232604.html
205 https://www.n-tv.de/panorama/Verdaechtiger-ist-Fx-Freund-des-Mordopfers-article20204319.html

der Täter im Vorfeld der Tat das Mädchen auf dem Schulhof geschlagen hatte[206], dieser ihr nachstellte und sie bedrohte. Er wolle den Teenager abpassen[207]. Doch die Ermittler berichteten, man habe sich am Tatort »zufällig« getroffen. Außerdem könne es sein, dass der Tötung ein Streit vorangegangen wäre, wurde auf der Pressekonferenz zu Ungunsten des Opfers kommuniziert[208]. Das hellseherische Phänomen des angeblichen Totschlages musste Wochen später ganz irdisch geheilt werden. Nun ermittelt neuerdings auch der Chef des Strafverfahrens wegen »Mordes«.

Wahrsager in der Berichterstattung scheinen auch in der Gegenwart wieder Konjunktur zu haben. So berichtet ein Medium, Entschuldigung, berichteten die Medien im November 2017, dass auf den Hals des Bürgermeisters von Altena mit einem 34 cm langen Messer eingestochen wurde. Die Staatsanwaltschaft würde wegen versuchten Mordes (niedrige Beweggründe, Heimtücke) ermitteln. Als der Bürgermeister anstatt Krankenhausaufenthalt und Notoperation putzmunter im TV[209] mit lediglich einem Pflaster auftauchte, schienen die heiligen Geister verflogen bzw. verstummt. Ganz realitätsnah musste man später kleinlaut einräumen, dass man sich zufällig an einem Imbiss begegnet sei und das Messer lediglich an den Hals gehalten wurde. Eine leichte Schnittwunde konnte geklebt werden[210]. Der stark betrunkene Täter wäre mit der Flüchtlingspolitik nicht einverstanden gewesen. Die Staatsanwaltschaft räumt zwar »Spontanität« ein, man müsse aber wegen »versuchten Mordes« ermitteln.[211] Nun ja, drei Juristen – vier Meinungen. Ich bin jetzt schon gespannt, was von diesen Vorwürfen übrig bleibt.

Fassen wir die Medienberichte zusammen: »Totschlagsverdacht« bei dem Verbrechen eines Flüchtlings gegen ein 15-jährigens Mädchen. »Mordverdacht« (Versuch) durch einen Betrunkenen und einen Kratzer am Hals. Hier können nur Überirdische am Werk sein.

---

206 http://www.pfalz-express.de/fassungslosigkeit-und-entsetzen-kandel-trauert-um-erstochene-15-jaehrige/
207 http://www.faz.net/aktuell/gesellschaft/kriminalitaet/staatsanwaltschaft-geht-von-mord-in-kandel-aus-15401898.html
208 http://www.maz-online.de/Nachrichten/Panorama/15-jaehriger-Messerstecher-muss-in-U-Haft
209 http://www.ardmediathek.de/tv/WDR-aktuell/Nach-dem-Attentat-auf-B%C3%BCrgermeister-in-A/WDR-Fernsehen/Video?bcastId=7293644&documentId=47925940
210 http://www.spiegel.de/politik/deutschland/nordrhein-westfalen-messerattacke-auf-den-buergermeister-von-altena-andreas-hollstein-a-1180601.html
211 http://www.sueddeutsche.de/politik/altena-staatsanwaltschaft-ermittelt-wegen-versuchten-mordes-1.3768952

Noch ein Blick in die Geschichte

Nach dem 2. Weltkrieg scheuten sich selbst Staatsanwaltschaften nicht, »wissenschaftliche Ermittlungsexperimente« mit Personen zu veranstalten, die dem Okkultismus nachgingen.

Ein aufsehenerregender Fall steht diesbezüglich im Zusammenhang mit der Entführung des Arbeitgeberpräsidenten Hanns-Martin Schleyer, im Herbst 1977, durch Mitglieder der RAF. Ein Polizeipsychologe und ein Beamter der Bundeswehrschule für »Psychologische Verteidigung« in Euskirchen suchten daraufhin den Utrechter Hellseher Gérard Croiset[212] auf. Beide Ermittler zeigten sich von den Aussagen des Meisters sehr beeindruckt. Polizeikräfte observierten daraufhin ein bestimmtes Kölner Wohngebiet, nachdem Croiset Vermutungen über den Aufenthaltsort Schleyers angestellt hatte.

In einem anderen Fall wurde der Bahrenfelder Unternehmer Süleyman T. durch drei Schüsse in den Kopf ermordet. Die Polizei war bis 2008 immerhin 500 Hinweisen nachgegangen, ohne einer heißen Spur auf den Grund gehen zu können. Deshalb wurde der iranische Geistheiler Dawoud Z. eingeflogen. Die Beamten der SOKO »061« trafen sich mit dessen Vermittlerin daraufhin im Hotel »Interconti«. Immerhin half die Polizei bei der Visabeschaffung für den großen Maestro. Nach seiner Ankunft in Hamburg erhielt er die Daten von neun Mordopfern, den Namen ihrer Mütter plus Fragen zur Mordserie. In der eigens dafür angemieteten Wohnung will er daraufhin über ein Medium in den mystischen Kontakt mit dem Getöteten getreten sein.

Der Täter sei jung und »Südländer« mit braunen Augen und schwarzen Haaren, vermutlich Türke. Das Opfer habe Kontakt zu einer Motorrad-/Rockerbande gehabt. Die Hauptperson hieße »Armin« und trage ein Kopftuch[213], außerdem spiele ein »Mustafa Horgh« eine wichtige Rolle. Die Tat wäre eine Ungerechtigkeit, im Hintergrund wären außerdem »Drogen und andere wichtige Sachen« im Spiel gewesen. Allein die Eingabe des Namens »Armin« in das polizeiliche Auskunftssystem brachte 153 Treffer.

---

212 http://www.sueddeutsche.de/politik/altena-staatsanwaltschaft-ermittelt-wegen-versuchten-mordes-1.3768952
213 http://www.spiegel.de/politik/deutschland/polizei-suchte-mit-geisterbeschwoerer-nach-den-nsu-moerdern-a-838795.html

Heutzutage versuchen einige Untersuchungsausschüsse Licht in das diesseitige Dunkel zu bringen. Nicht wenige spitze Zungen behaupten, dass nur noch übersinnliche Kräfte für eine vollständige Aufklärung der NSU-Morde und die Rolle diverser Behörden sorgen könnten. Zu stark sei die Blockadehaltung der Behörden[214]. So beklagen Abgeordnete des NSU-Ausschusses in Brandenburg stets, dass die Akten zu spät oder gar nicht geliefert werden und wenn, dass sie bis zur Unkenntlichkeit geschwärzt sind. Menschlich unerklärbare Freiheiten hätten Rechtsextreme selbst in der brandenburgischen Justizvollzugsanstalt besessen. So schallte rechtsradikale Musik über die Knastflure, es gab braune Bücher zu lesen, auch ein Praktikum in einem rechtsradikalen Laden im entfernten Sachsen wäre kein Problem gewesen. Illegaler Sprengstoffbesitz? Kein Problem, die Ermittlungen wurden eingestellt bzw. die Tat erst gar nicht verfolgt[215]. Übersinnliche Kräfte scheinen zu wirken, wenn in Brandenburg der »Kampf gegen rechts« auf der Agenda ganz oben steht, aber hintenherum für Einzelne das Gegenteil praktiziert wird.

Auch in der Schweiz ist man fleißig. Hier plädiert ein Staatsanwalt für den Einsatz telepathischer Fähigkeiten bei der Ermittlung und Aufklärung von Verbrechen[216]. In einer Dissertation wird der Einsatz »gewaltloser Alternativen« in einem Verhör zur Rettung von Menschenleben vorgeschlagen. Genutzt werden können demnach im polizeilichen Verhör »Telepathie, Hellsehen, Psychometrie, Medialität und Pendeln«. Außerdem regt der Jurist eine »Hellsehige Spezialeinheit« der Polizei an und empfiehlt hierfür spezielle Eignungstests. Allerdings konnte auch die Schweiz den Fall des Terroristen Amri[217] nicht verhindern. Nachdem er dieses Land verlassen hatte, reiste er nach Deutschland ein. Hier konnten auch seine 14 Identitäten, Kontakte zur Salafistenszene und Drogenhandel für keine Verhaftung sorgen.

Aber auch an deutschen Gerichten scheinen im Gutachterwesen einige Wahrsager und Hochstapler[218] unterwegs zu sein, wie immer wieder

---

214 http://www.pnn.de/brandenburg-berlin/1238557/
215 http://www.pnn.de/brandenburg-berlin/1249128/
216 https://www.blick.ch/news/schweiz/umberto-pajarola-staatsanwalt-im-fall-hildebrand-hat-ein-paar-vorschlaege-fuer-die-polizei-hellsehen-telepathie-und-pendeln-id2473033.html
217 http://www.sueddeutsche.de/politik/terroranschlag-in-berlin-der-bericht-zum-fall-amri-ist-eine-chronik-des-versagens-1.3706860
218 https://www.steffen-meltzer.de/deutschland-deine-gutachter/

einige »Expertisen« beweisen, in deren Folge sogar Menschenleben zu beklagen sind.

Dagegen wird in den Niederlanden das Dunkelfeld erhellt. Jedenfalls im metaphysischen Sinne. Dort wird die Umschulung zum »spirituellen Telefonratgeber[219]« mit Steuergeldern bezahlt. Die Kosten übernimmt das Arbeitsamt. In Deutschland sind wir schon zwei Schritte weiter; in vielen Institutionen scheint ein höherer Geist zu herrschen, der mit der Realität nichts mehr gemein hat.

---

219 https://www.focus.de/finanzen/karriere/beruf-mit-zukunft-niederlaendisches-arbeitsamt-bezahlt-umschulung-zum-hellseher_id_4748032.html

Reichsbürger – das lange unterschätzte Phänomen

Hilferingend wurde ich in der Vergangenheit mehrfach von Behördenmitarbeitern gebeten, etwas gegen die Reichsbürgerproblematik zu tun. Wenn ich dann fragte, »Was habt ihr bisher an Informationen erhalten?«, wurde stets auf die in Brandenburg erschiene Broschüre, »Reichsbürger – Ein Handbuch«[220] verwiesen. Dieses kostenlose Exemplar habe ich selbst studiert. Es beinhaltet gute Informationen und Analysen. Ein Brandenburger LKA-Psychologe widmet sich auf über 50 Seiten[221] möglichen Erkrankungen und Persönlichkeitsstörungen. Allerdings halte ich diesen Teil der Analyse für die praktische Anwendung für wenig hilfreich.

Zudem sind mir keine tatsächlichen Studien über den geistigen Zustand von »Reichsbürgern« bekannt, die diese Bezeichnung verdienen. Es wurden lediglich einige Daten, zum Beispiel des Alters, sozialer Herkunft, Beruf etc. erhoben. Diese stammen aus einer unveröffentlichten »Untersuchung«, zu einer polizeilich auffällig gewordenen »Reichsbürgerpopulation«, von keinesfalls repräsentativen, 121 »Reichsbürgern«[222].

Hier wäre dagegen der in anderen Zusammenhängen gern verwendete Begriff, »Einzelfälle« anstatt »Population« zutreffender. Ich kann mir auch nicht vorstellen, dass dieser Personenkreis in ausreichend großer Anzahl mit freiwilligen medizinischen Untersuchungen/Explorationen einverstanden wäre. Dass bei einigen eine querulatorische Persönlichkeitsstörung vorliegen könnte, bedarf keiner besonderen tiefenpsychologischen Analyse. Bei der oben angeführten »Population« verweist der LKA-Mitarbeiter außerdem auf den angeblich »hohen« Frauenanteil von 20 Prozent (S. 44 der Broschüre). Dabei bewegt sich dieser sogar weit unterhalb der durchschnittlichen weiblichen Kriminalitätsrate in Deutschland von 26,5 Prozent[223]. In meinen weiteren Ausführungen werde ich darauf zurückkommen.

---

220 Dirk Wilking (Hg.), Demos – Brandenburgisches Institut für Gemeinwesenberatung »Reichsbürger« Ein Handbuch, 1.Auflage Juli 2015, eingesehen November 2015
221 Jan-Gerrit Keil, »Zwischen Wahn und Rollenspiel – das Phänomen der Reichsbürger aus psychologischer Sicht, S. 39-93, eingesehen November 2015
222 Beford et al.: Statistische Untersuchung zu 121 in Brandenburg polizeibekannt gewordenen »Reichsbürgern«, LKA Brandenburg, Eberswalde, nicht veröffentlicht – daher nicht zugänglich.
223 PKS Bundeskriminalamt, 2016, Version 2,0 | eingesehen am 15.05.2016

Politikwissenschaftler und Juristen beschreiben in der Broschüre Möglichkeiten für die Verwaltung, den Papierkrieg erfolgreich zu bewältigen. Auch die Entstehungsgeschichte dieser heterogenen Szene wird vermittelt. Ebenso, welche Bemühungen es gibt, weitere Mitstreiter zu gewinnen. Viele überschuldete Menschen finden sich darunter, die den Glauben an Recht und Gesetz verloren haben, da sie die Schuld für ihr Schicksal bei den staatlichen Institutionen suchen. Nicht alle der vom Bundesverfassungsschutz hochgerechneten 15.000 »Reichsbürger«[224] sind der rechtsextremistischen Szene zuzuordnen, aber immerhin ein Anteil von ca. 900 Personen.

»Reichsbürger« erkennen die Bundesrepublik Deutschland nicht an, auch nicht deren Institutionen und Vertreter. Sie berufen sich entweder auf die Grenzen des untergegangenen deutschen Kaiserreiches oder auf die von 1937. Es werden weder Steuern, noch Gebühren oder Bußgelder bezahlt. Wir finden darunter »Gurus« mit hörigen Sektenmitgliedern aber auch »Selbstverwalter«, die eigene »Staatsgebiete«, »Fürstentümer« oder »Königreiche« gegründet haben. Einige verdienen ihr Geld damit, Handlungsanleitungen im Umgang mit Behörden und Phantasiepapiere zu vertreiben. Die Tendenz zur Bewaffnung ist ebenso sichtbar, wie das Verlangen, nicht mehr nur mit Papierlagen gegen Behörden vorzugehen. Bedrohungen, Verfolgungen – auch außerhalb des Dienstes – , Körperverletzungen bis hin zum Einsatz scharfer Waffen wären vor Jahren noch die Ausnahme gewesen. Inzwischen wird selbst der Waffeneinsatz gegen die Polizei als legitim angesehen. Mittlerweile werden der Szene ca. 13.000 Straftaten, davon 750 Gewalttaten gegen Behördenmitarbeiter[225] zugerechnet. Deshalb wird immer wichtiger, eine praktische Handhabung zum Umgang mit dieser Klientel zu vermitteln und nicht nur das Problem zu theoretisieren.

Meine eindringliche Warnung im Jahr 2015, dass es nur eine Frage der Zeit sei, bis wir in Deutschland ebenfalls erste Tote und Verletzte durch »Reichsbürger« haben, verschallte in Nirwana der Eitelkeiten und trat später, bedauerlicherweise, gleich mehrfach ein. In Brandenburg fand ich kein Gehör, jedoch bei Polizeiprofessor Dieter Müller an der sächsischen

---

224 Stand: 30.09.2017, https://www.tagesspiegel.de/politik/zahlen-des-verfassungsschutzes-deutlich-mehr-reichsbuerger-als-gedacht/20447404.html, eingesehen am 13.10.2017
225 https://www.tagesschau.de/inland/bka-reichsbuerger-101.html, eingesehen am 23.07.2017

Polizeihochschule und beim dortigen Trainerkollegen PHK Roland Hiller. Wir veröffentlichten daraufhin in der Bundesausgabe »Deutsche Polizei«, April 2017, eine umfangreiche Ausarbeitung[226] zu diesem Thema, die auch online abgerufen werden kann, da jede Ausgabe auch digitalisiert ins Internet[227] gestellt wird.

Das Problem

In den vergangenen Jahrzehnten nicht wirklich beachtet, vor allem psychologisiert und intellektualisiert, kristallisierten sich zunehmend konfliktgeladenere Situationen bei polizeilichen Maßnahmen im Zusammenhang mit sogenannten »Reichbürgern« heraus. Der bisherige tragische Höhepunkt: Im Oktober 2016 erlag ein 32-jähriger Polizist eines Spezialeinsatzkommandos im mittelfränkischen Georgensgmünd nach einer Schießerei bei einer Razzia seinen schweren Verletzungen. Polizisten sind daher gut beraten, sich auf solche Einsätze gründlich vorzubereiten.

»Reichsbürger« zählen wie Sektenangehörige zum Kreis derer, die oft als Verschwörungsideologen wahrgenommen werden. Der Umgang mit ihnen stellt jeden Polizeibeamten vor besondere Herausforderungen. Erst recht, wenn es darum geht, polizeiliche Maßnahmen gegen den Willen des Betroffenen durchzusetzen.

Im Gegensatz zu vielen Verkehrskontrollen steht hier der Polizeibeamte plötzlich jemandem gegenüber, der die Existenz der Bundesrepublik Deutschland und damit die Legitimität ihrer Ordnungshüter leugnet. Im Extremfall hat man es mit einem selbsternannten »König«, »Reichskanzler«, »Innenminister« oder »Reichsgeneralstaatsanwalt« zu tun. Hinzu kommen noch Fantasiedokumente wie ein selbst gestalteter oder im Internet erworbener »Ausweis des Deutschen Reiches« samt langatmigen Vorträgen über die »BRD GmbH«. Spätestens jetzt muss der Gefahrenradar auf »Rot« umschalten. Schließlich »besteht ein deutlicher Zusammenhang zwischen krimineller Intensität und Verkehrsauffälligkeit«, wie in den 70er Jahren bereits der Verkehrspsychologe Eberhard Kunkel schrieb.

---

226 Der polizeiliche Umgang mit »Reichsbürgern« – Einsatzhinweise für Kolleginnen und Kollegen Steffen Meltzer, Dieter Müller, Roland Hiller, Deutsche Polizei, April 2017, S. 5 – 9
227 https://www.gdp.de/gdp/gdp.nsf/id/dp201704/$file/DP_2017_04.pdf

Nur eine Frage der Zeit

In den USA sind durch vergleichbare Personen aus dem radikalen Spektrum bereits mehrere Polizisten getötet wurden. Dass eine adäquate Welle der Gewalt auch parallel verlaufende praktische Auswirkungen in Deutschland zeigen könnte, war nur eine Frage der Zeit. Bei dem oben genannten Schusswechsel im Oktober 2016 in Mittelfranken wurden neben dem getöteten Polizisten drei weitere Personen verletzt. Bei der Zwangsräumung eines Hauses in Sachsen-Anhalt gab es im August 2016 bei der Durchsetzung eines Amtshilfeersuchens eine Schießerei, bei der ein »Reichsbürger« schwer und zwei Polizeibeamte leicht verletzt wurden. Der Gerichtsvollzieher und seine Familie wurden danach auch im Privatbereich massiv bedroht, sodass konkrete polizeiliche Schutzmaßnahmen ergriffen werden mussten. Angehörige des »Deutschen Polizei Hilfswerks« (DPHW) hatten im November 2012 in Sachsen einen Gerichtsvollzieher »festgenommen« und dabei verletzt. Das Opfer war danach ein Jahr dienstunfähig.

Andere versuchten beispielsweise, Sturmgewehre im Ausland zu erwerben. Daher muss grundsätzlich davon ausgegangen werden, dass »Reichsbürger« Zugang zu Waffen haben oder suchen. Eine weitere Eskalationsspirale erscheint sicher. Legen sie bereits ein Verhalten an den Tag, dem ein gewisses Bedrohungspotenzial innewohnt, sollten davon betroffene Polizisten bestimmte Grundregeln der Eigensicherung beachten.

Die Bedrohungslagen entstehen aber meistens aus der Situation des polizeilichen Handelns heraus und sind, im Gegensatz zu geplanten Einsätzen bei besonderen Lagen, zumindest teilweise nicht wirklich vorhersehbar. Es kann sein, dass »Reichsbürger« zielgerichtet und namentlich denjenigen Polizisten ins Visier nehmen, durch den sie ihre Rechte klar eingeschränkt sehen. Dadurch besteht, wie auch bei anderen extremen Gruppierungen, ein Bestreben der »Reichsbürger«, Einschüchterungen und Bedrohungen gegenüber Vollzugsbediensteten bis in die Privatsphäre zu forcieren.

Es ist sicherlich schwer, solchen Bedrohungen, die das Privatleben stark beeinträchtigen, zeitnah entgegenzutreten. Kommt der Verdacht auf, dass eine Beamtin oder ein Beamter ins Visier geraten ist, muss in jedem

Fall eine gelassene Wachsamkeit an den Tag gelegt werden. Weder ständiges Misstrauen, noch grundsätzliche Sorglosigkeit sind angebracht. Selbiges gilt für Ärger, Angst, Hilfslosigkeit und Gleichgültigkeit. Gelassenheit wächst vielmehr aus der Fähigkeit, Situationen umsichtig einzuschätzen und eigenes Handeln daran professionell auszurichten.

Kalte Praktiker versuchen, Polizisten oder andere Staatsbedienstete zu beeindrucken und einzuschüchtern, um eigene Rechtsverstöße durchzusetzen. Bei sogenannten »Reichsbürgern« gehören dazu regelmäßig Videoaufnahmen, pseudowissenschaftliches Palaver, suggestive Fragetechniken, ein Redeschwall mit angestrengter Stimmmodulation, die Formulierung konkreter Bedrohungen und theatralisches Herumbrüllen bei gegen sie gerichteten Exekutivmaßnahmen. All dies sind untaugliche Versuche, denen man von Anfang mit einem selbstsicheren Auftreten entgegenwirken kann und muss. Bereits diese Haltung trägt in vielen Fällen zu einer Gefahrenreduzierung bei.

»Reichsbürger« neigen auch dazu, Polizeieinsätze mit Kameras aufzunehmen. So wollen sie Beamte verunsichern und die Maßnahme an sich verhindern. Später landen Videos als angebliche »Beweissicherungsvideos« oft im Internet. Nach Artikel 2 Abs. 1 des Grundgesetzes, Paragraf 59 Urhebergesetz und Paragraf 22 Kunsturhebergesetz sind solche Aufnahmen von Polizisten illegal, wenn keine Einwilligung vorliegt. Ein Zuwiderhandeln ist ein Grundrechtseingriff in die persönliche Handlungsfreiheit. Denn Polizeibeamte gelten nicht als »Personen des öffentlichen Rechts«.

Weitere Informationen zu sehr konkreten Handlungsempfehlungen finden Sie in der angegebenen Ausarbeitung »Deutsche Polizei«, April/2017. Da das nicht Thema des Buches ist, verzichte ich auf die Benennung möglicher Maßnahmen. Interessierten sende ich gern den im Quellenverweis angeführten Link. Meine E-Mail-Adresse lautet: *info@steffen-meltzer.de*

Wenden wir uns nun einem weiteren Kriminalitätsphänomen zu.

Die Lage in Deutschland

Nicht jeder, der in problematischen Verhältnissen aufwächst, wird deshalb kriminell. Personen, die kriminell werden, kann man in allen Gesellschaftsschichten vorfinden. Es gibt in den Problemvierteln der Großstädte selbstverständlich auch viele Familien, die nicht kriminell werden und einen strukturierten, ehrlichen Lebensweg beschreiten.

Gerade in Deutschland ist es eher wahrscheinlich, später Manager zu werden, wenn man in bildungspolitische Eliten hineingeboren wird. Drei von vier Managern der 100 wichtigsten Unternehmen in Deutschland entstammen aus diesen Schichten.[228] Umgekehrt ist es wahrscheinlicher, arm zu bleiben, wenn man arm geboren wurde. So ist es zwar statistisch gesehen korrekt, dass Kinder aus Familien mit Migrationshintergrund proportional zum Anteil an der Bevölkerung mehr Gewaltdelikte begehen, man darf dabei aber auch der Vollständigkeit die Ursachen nicht aus dem Auge verlieren. Selbstverständlich ist es richtig, dass Migranten die deutsche Sprache erlernen müssen, um überhaupt eine Bildungschance zu haben und auf dem Arbeitsmarkt sowie sozial integriert zu werden. Auch müssen diese Menschen bereit sein, die Integrations- und Bildungschancen, die zur Verfügung gestellt werden, zu nutzen. Ohne persönlichen Willen nützten die besten staatlichen Angebote nichts. Zusätzlich kann ein geringes Selbstwertgefühl, welches durch das Elternhaus mitgegeben wird, eine Potenzierung durch Misserfolge in der Schule erfahren. Finden sich nun für die heranwachsenden jungen Männer genügend Gleichgesinnte auf der Straße, können sich diese zusammenschließen und Selbstachtung, Zugehörigkeit, Gemeinschaftsgefühl und Machtansprüche individuell wie gruppendynamisch entwickeln. Sie schaffen dann Strategien, um Respekt und Aufmerksamkeit einzufordern – auch mit Gewalt. Nun muss nur noch das Viertel abgesteckt werden, um dort Drogen zu verkaufen. Dadurch verdienen sie viel Geld, das zum Erwerb weiterer Statussymbole und der Eroberung von Frauen dient. Der Starke frisst den Schwachen, der Schnelle den Langsamen. Da-

---

228 Elitenforscher Prof. Michael Hartmann: Eliten in Deutschland. Rekrutierungswege und Karrierepfade. In: Politik und Zeitgeschichte (10) 2004. Eingesehen unter http://www.mathematik.uni-bielefeld.de/~philfahr/download/Hartmann.pdf

mit dieses Gesetz der Straße seine Beachtung findet, muss ständig darauf geachtet werden, brutal genug zu sein und zahlenmäßig in der Bande zu wachsen. So funktioniert das Überleben auf der Straße.

Clanbildungen

So beherrschen zum Beispiel arabische Großfamilien immer mehr die organisierte Kriminalität im Norden Deutschlands. Nach den Zahlen des LKA Niedersachsen hat sich die Anzahl der Straftaten diverser Familien in Niedersachsen versechsfacht. In diesem Zusammenhang sprach der Präsident des LKA von einem flächendeckenden Problem. Nach Angaben der Behörden wird gegen diese Banden in Hannover, Hildesheim, Stade, Achim, Wilhelmshaven/Peine, Göttingen, Osnabrück, Braunschweig, Salzgitter, Hameln, Lüneburg und Delmenhorst ermittelt. Die Ermittlungen gestalten sich sehr schwierig, auch weil der deutsche Rechtsstaat nicht akzeptiert wird. Stattdessen erreichen Bedrohungen von Richtern, Staatsanwälten und unliebsamen Zeugen völlig neue Ausmaße. Thomas Pfleiderer, Oberstaatsanwalt aus Hildesheim, spricht davon, dass die Familien inzwischen eine führende Rolle im Kokainhandel übernommen haben. Da sie den Rechtsstaat ablehnen, führen sie eine Parallelgesellschaft. Durch ihre Abschottung nach außen regeln sie alle Streitigkeiten untereinander selbst. Das kann bis hin zur Blutrache gehen. Es werden unliebsame Personen liquidiert, die angeblich die Familienehre beschmutzt haben. Weitere Straftaten wie Körperverletzung, Raub, Diebstahl und Betrug zeigen die hohe kriminelle Energie. Nicht selten kommt es vor, dass die Opfer keine Anzeige erstatten, da sie systematisch eingeschüchtert werden, ebenso wie Zeugen. Dieser Umstand macht Strafverfahren und Verurteilungen sehr schwierig. Bereits jetzt befürchten einige Fachleute, wie beispielsweise der Islamwissenschaftler Ghadan, dass die Bekämpfung dieser Kriminalitätsstrukturen nur noch teilweise möglich ist.

Nehmen wir als ein anderes Beispiel, einen berüchtigten Familienclan aus einer norddeutschen Großstadt. Diese Sippe verständigt sich vorwiegend in arabischer Sprache und hat als Erkennungszeichen eingenähte goldene Zeichen auf ihren T-Shirts. »Ich scheiß auf den Staat!«, brüllte ein Mitglied dieser Organisation vor dem Bremer Landgericht bei seiner Verhandlung wegen gefährlicher Körperverletzung. Gesetze existieren für Mitglieder des Clans nicht – Ehre, Stolz und Familiensolidarität stehen über allem. Eine Abschiebung in ihre Heimatländer kann auch nicht erfolgen, da diese Personen bei ihrer Einreise oftmals ihre Papiere vernichten und damit als »staatenlos« gelten. Statt Integration entwickeln diese Clans »heimatliche Dorfstrukturen« (BKA).

Nehmen wir weiterhin die Rockerbanden. Motorradgangs, bei denen nicht einmal jedes Mitglied ein Motorrad besitzt. Es mag sein, dass das eine oder andere Mitglied, dieser von einer sehr strengen Hierarchie gezeichneten Vereinigungen, nicht kriminell in Erscheinung getreten ist bzw. ihm diesbezüglich nichts nachgewiesen werden konnte. Die Hells Angels (1%-er, »One-Percenter«), Verfechter eines Rocker-Lebensstils ohne Rücksicht auf Kompromisse, haben in Deutschland ca. 1.200 Mitglieder in etwa 40 Chartern. Oft geht es bei ihren Machenschaften um Drogenhandel, Schutzgelderpressung und Prostitution. Dabei kennt man auch keine Freunde. Offiziell bekämpfen sie sich mit den Bandidos, die 1999 nach Deutschland gekommen sind und über ebenfalls etwa 1.200 Mitglieder verfügen. Der Krieg dieser Rocker wird um Einflusssphären und Gebietsansprüche geführt und ist deutschlandweit zu verfolgen. Dabei ist fast alles erlaubt – außer, gegenüber der Polizei auszusagen. Folgt man dieser Regel nicht, läuft man Gefahr, zusammengeschlagen, niedergestochen oder erschossen zu werden. Beliebte Waffen sind Baseballschläger, Schlagringe, Macheten, Messer, Dengelhammer, Pistolen und andere einschlägige Utensilien. »Friedensvereinbarungen« werden für die Öffentlichkeit nur geschlossen, um den Fahndungsdruck zu minimieren oder aus dem negativen Fokus der öffentlichen Berichterstattung zu rücken.

2010 gründete sich in Bremen als deutscher Ableger der Mongols MC, der kurze Zeit später vom Land Bremen verboten wurde. Selbst der ehemalige Präsident der Gruppe soll sich angewidert von dieser abgewendet haben. Nach seinen Aussagen hat kein einziger dieser Rocker ein Motorrad besessen und die Mitglieder hätten nur »Unsinn und Stress gemacht«.

Das ändert jedoch nichts an der Tatsache, dass die Mongols in ihrer Stammheimat, den USA, als der gewalttätigste Motorradclub gelten. Sie sind 1969 in Kalifornien von Vietnamveteranen, vorwiegend lateinamerikanischer Abstammung, gegründet worden.

Außerdem kommt den aus den Niederlanden nach Deutschland eindringenden Satudarah, die es sich zur Hauptaufgabe gemacht haben, die Hells Angels vorerst im Ruhrgebiet mit Gewalt zu verdrängen, eine immer größere Bedeutung zu. Laut der niederländischen Polizei sind fünf der zehn meistgesuchten Schwerverbrecher in den Niederlanden Satudarah-Rocker. Der Verein wurde 2015 durch den damaligen Bundesminister des Inneren, Thomas de Maizière in Deutschland verboten.

Ein konkretes Beispiel aus der Uelzener Lokalpresse vom 21.02.2012:

»'Das hat in der vergangenen Zeit eine neue Qualität bekommen, das nehmen wir sehr ernst', sagte gestern Uelzens Polizeichef Dieter Klingforth bei der Vorstellung der Kriminalbilanz 2011. Im Rahmen der Ermittlungen gegen Mitglieder der so genannten Uelzener Douglas-Bande hatte es massive Einschüchterungsversuche auch gegen die Presse durch Familienangehörige gegeben (AZ berichtete). Und die Festnahme von fünf mutmaßlichen Mit-gliedern, die sich wegen versuchten Totschlags oder Schutzgelderpressung verantworten müssen, war auch einer der markantesten Vorgänge für die Uelzener Kriminalpolizei im vergangenen Jahr. ‚Den fünf Inhaftierten rechnen wir insgesamt rund 100 Straftaten von Erpressung über gefährliche Körperverletzung auch mit Messern bis zur Beleidigung zu', bilanziert Uelzens Kripochef Jan-Olaf Albrecht.«

Ein weiteres Thema wollen wir einmal beispielhaft näher beleuchten, denn von Mafiaaktivitäten in Deutschland liest man, bis auf wenige Ausnahmen, nur selten etwas. Danke an den MDR-Journalisten Axel Hemmerling, für sein persönliches Engagement und seine ausgezeichneten Ausarbeitungen.

Kein Kampf gegen die Mafia: Mafiaparadies Deutschland

Autor: Axel Hemmerling

»Waschen! Waschen! Hier gibt es nur einen großen Waschsalon! In Deutschland gibt es nur einen großen Waschsalon!«[229] Deutschland ist ein riesiger Waschsalon – ein wahres Geldwäscheparadies – der Mafia. Genauer: der kalabrischen 'Ndrangheta – der mächtigsten kriminellen Mafia-Organisation weltweit. Das Telefonat wird zwischen 2013 und 2014 mitgehört – von italienischen Sicherheitsbehörden.

Ungeniert unterhalten sich drei Männer des berüchtigten Farao-Marincola-Clans über ihr deutsches Operationsgebiet. Die Telefonüberwachung war Bestandteil einer der größten Anti-Mafia-Operationen der vergangenen Jahre. Anfang Januar 2018 werden 186 Personen verhaftet: 169 in Italien und 13 in Deutschland. Rund 50 Millionen Euro werden beschlagnahmt.

Im Fokus der Operation »Stige« der Generalstaatsanwaltschaft aus Catanzaro (Kalabrien) und der Spezialeinheit ROS der italienischen Carabinieri aus Crotone steht die so genannte Agrar-Mafia: 'Ndranghetisti, die den Lebensmittelhandel beherrschen und damit italienische Restaurants in Süd- und Norditalien, aber auch in Deutschland.[230] Hier – so die Ermittler – agieren mehrere »operative Zellen« des Clans. Einige der Festgenommenen sind in Deutschland geboren. Offiziell betreiben sie Restaurants, Eisdielen oder Pizzerien in Baden-Württemberg, Bayern, Hessen und Nordrhein-Westfalen.

Wieder rückt – kurzfristig – die italienische Mafia in die Öffentlichkeit. Bald wird sie wieder verschwunden sein: aus den Medien und aus dem Visier der personalschwachen Landeskriminalämter der Bundesrepublik. Potentielle Gefährder, mutmaßliche Terroristen oder Rechtsextre-

---

229 »Lavare... Lavare... Qui C'è solo lavanderia qua! Qua c'è rimasta solo la lavanderia in Germania...« In: Beschluss des Tribunale Ordinario di Catanzaro, Sezione GIP/GUP, Nr. 3382/2015 und Nr. 2600/2015, vom 26.12.2017, Seite 421.
230 Beschluss des Tribunale Ordinario di Catanzaro, Sezione GIP/GUP, Nr. 3382/2015 und Nr. 2600/2015, vom 26.12.2017.

misten binden Kräfte, die bei der Bekämpfung der Organisierten Kriminalität schmerzlich fehlen. So sind beispielsweise in Thüringen zeitweise gerade einmal neun Beamte im Dienst, die die Schwere Organisierte Kriminalität bekämpfen – eigentlich sollten es 20 sein.[231]

»In der Welt gibt es immer wieder phasenweise Terror-Alarm. Wenn das wieder einmal geschieht, dann freut sich die Mafia. Denn alle Kräfte, die sich vorher auf die Organisierte Kriminalität konzentriert hatten, werden zu Gunsten der Terrorabwehr abgezogen. Dadurch reduziert sich das Wissen und die Ermittlungsarbeit auf null.«[232] Nicola Gratteri, einer der wohl bekanntesten und umtriebigsten Anti-Mafia-Staatsanwälte Italiens, warnt seit Jahren vor solchen Brüchen in der Polizeiarbeit. Ein Paradies für alle Gruppen der Organisierten Kriminalität nach Art der Mafia. Wer nicht auffällt, fällt unter die strafrechtliche und somit unter die polizeiliche Wahrnehmung. Plötzlich gibt es das Mafia-Problem nicht mehr – zur Freude manch eines Innenministers. So ist es wenig verwunderlich, dass ausgerechnet das Innenministerium von Nordrhein-Westfalen schon Ende Februar 2018 erklärt, die Italienische Organisierte Kriminalität (IOK) spiele »keine herausragende Rolle.« Die Festnahmen im Rahmen der Operation »Stige« sind da keinen Monat her. Untermauert wird die Feststellung damit, dass gerade einmal 120 Mafia-Verdächtige bekannt sind.[233]

Schon Mitte Februar 2018 sind die meisten, der in Deutschland im Rahmen der Operation »Stige« festgenommenen Männer wieder auf freiem Fuß. Wenig überraschend. So allerdings funktioniert eine Bekämpfung nicht. Nur mit Kontinuität – erklärt Gratteri – kann die Mafia wirklich bekämpft werden. Er leitete auch die Operation »Stige.« Das Problem Mafia muss erkannt werden: »Jahrelang hatte Deutschland das Problem ausgeblendet. Es wurde völlig unterschätzt. Deutschland erwachte, als plötzlich sechs Tote am Boden lagen.«

---

231 Zeugenvernehmung des Dezernatsleiters 62 (Ralf Schmidtmann) im Thüringer Landeskriminalamt im Untersuchungsausschuss 6/1 »Rechtsterrorismus und Behördenhandeln« am 09. März 2017. Wortprotokoll, Seite 135f.
232 Nicola Gratteri am 18. Juni 2015. Damals war Gratteri der Staatsanwalt in Reggio Calabria in der italienischen Region Kalabrien, die das Stammland der 'Ndrangheta ist. Das umfangreiche Interview wurde im Rahmen der Dokumentation »Provinz der Bosse – die Mafia in Mitteldeutschland« des Mitteldeutschen Rundfunks (MDR) aufgezeichnet. Die Autoren des Films waren Ludwig Kendzia, Fabio Ghelli und der Autor dieses Beitrages.
233 Innenminister Herbert Reul (CDU) zitiert nach https://www1.wdr.de/nachrichten/landespolitik/mafia-nrw-reul-100.html – gesichtet am 25.02.2018.

Im August 2007 sterben sechs Männer im Kugelhagel der Mafia. Eine Familienfehde zweier 'Ndrangheta-Clans eskaliert mitten in Deutschland. Jetzt muss sich auch die deutsche Polizei mit der Mafia auseinandersetzen. Das Massaker ist ein strategischer Fehler, denn nun ist die deutsche Polizei – und später auch die holländische Polizei gezwungen, sich mit der Mafia zu beschäftigen. Ein solcher Fehler wird der 'Ndrangheta nie wieder passieren. Sie muss allerdings auch nur auf die Zeit bauen. Nach den Urteilen 2011 gegen die Mörder von Duisburg erlischt das Interesse an der Mafia. Die Spezialeinheit im Bundeskriminalamt (BKA) wird wenig später zurückgebaut – ihre Erkenntnisse über das Netzwerk der kalabrischen Mafia reicht sie zwar in einigen internen Berichten[234] an die Ländern weiter, Folgen hat das keine. Im Gegenteil: die 'Ndrangheta und auch die anderen italienischen Mafias Cosa Nostra und Camorra expandieren. Nur diese drei Organisationen sollen Schätzungen zufolge rund 100 Milliarden Euro in Europa erwirtschaften: über Drogen, Waffenhandel, Giftmüllentsorgung und Falschgeld.
Selbst die relativ junge Mafia aus apulischen Clans wie beispielsweise die Sacra Corona Unita gedeiht in Deutschland bestens.

So registrierte das Bundeskriminalamt seit den Morden von Duisburg sogar einen deutlichen Anstieg der Mitglieder aller einschlägigen Mafia-Organisationen.[235]

Mafia-Organisation	Mitgliederzahl	
	2008	2017
'Ndrangheta	60	353
Camorra	42	91
Cosa Nostra	2ß0	125
Apulische OK	14	19

Auch wenn das BKA ausdrücklich darauf hinweist, dass die Zunahme auf eine bessere polizeiliche Erkenntnislage beruht, muss es im gleichen Zu-

---

234 Der umfangreichste Bericht des BKA stammt aus dem November 2008. Hier werden die innere Struktur der 'Ndrangheta, ihre Strategien und ihre Aktivitäten in Deutschland umfangreich dargestellt. Vgl. Bundeskriminalamt (SO 51): Die 'Ndrangheta in Deutschland. Analyse zu der Präsenz der 'Ndrangheta in Deutschland. VS-NfD. Wiesbaden 2008.
235 Vgl. Kleine Anfrage des Bündnis90/Die Grünen im Deutschen Bundestag vom 15.08.2017, Bundestag-Drucksache 18/13320.

sammenhang einräumen, dass das Dunkelfeld deutlich größer ist. Vielmehr kann – schon durch fehlende statistische Grunddaten – »keine fundierte Einschätzung zu Art und Umfang eines Dunkelfeldes«[236] erfolgen. Im Wesentlichen kann sich das BKA nur auf bekannt gewordene Kriminalität berufen. Das ist nicht viel, wenn man bedenkt, dass die Mafia in Deutschland möglichst nicht auffallen will.

Neue Mafia-Eliten

Die Mafia macht es den Ermittlern naturgemäß auch nicht einfach. Längst agieren die Paten nicht mehr nach tradierten, archaischen Vorstellungen. »Die Männer mit der Coppola (der typischen Wollmütze), dem Stock und der Schrotflinte gibt es nicht mehr: sie sind entweder tot oder zu harten Gefängnisstrafen verurteilt worden. Heutzutage sind die Mafia-Bosse die Söhne und Enkel. Sie sind nicht vorbestraft, sind oft Mediziner, Ingenieure und Rechtsanwälte. Sie verwalten die regionalen Zweigstellen der Organisation.«[237]

Die Mafiosi in Deutschland schießen nicht mehr – sie investieren, organisieren und transferieren die Drogengelder, die die 'Ndrangheta weltweit erwirtschaftet. 50 Milliarden Euro, wie Experten schätzen, erwirtschaftet allein die Mafia-Organisation aus Kalabrien – jedes Jahr. Die 'Ndrangheta ist für circa 80 Prozent aller Kokainlieferungen nach Europa verantwortlich. Deutschland ist der viertgrößte Markt für Kokain in Europa.[238] Und dennoch zeigt Deutschland wenig Interesse, wenigstens die Geldwäsche einzudämmen. »Das Problem der 'Ndrangheta-Eliten ist nicht, sich zu bereichern. Sie sind bereits reich. Ihr Problem ist es, ihren Reichtum zu rechtfertigen.«[239] – erklärt Staatsanwalt Gratteri immer wieder. Deutschland bietet sich dafür regelrecht an.

Hinter der Fassade der netten Gastronomen oder Investoren hat vor allem die 'Ndrangheta ein Firmennetzwerk errichtet, das vor allem ein Ziel hat: das schmutzige Drogengeld zu waschen und in den legalen Wirt-

---

236 Ebd., Seite 3.
237 MDR-Interview Nicola Gratteri am 18. Juni 2015
238 Martin Specht: Narco Wars. Der globale Drogenkrieg. Berlin 2016, Seite 181f.
239 Ebd.

schaftskreislauf einzuschleusen.[240] Denn grundsätzlich ist »schmutziges« Geld nicht liquide bzw. nur im illegalen Kreislauf zu gebrauchen. Erst wenn die Mafia die Möglichkeit erhält, das Geld zu waschen, bekommt es effektive Kaufkraft. Deutschland bietet den Paten genau diese Möglichkeit und schafft somit erst die Grundlage für kriminelle Planungen. Darum müsste eigentlich genau an den Schnittstellen zwischen Schwarzgeld und der legalen Ökonomie angegriffen werden – den Unternehmen, Hotels und Restaurants.[241] Nur genau das passiert in Deutschland kaum. Hier werden die Investitionen eher als Konjunkturprogramm verstanden – klagt Petra Reski, die wohl beste Mafia-Expertin überhaupt. Reski will sogar einen politischen Willen dahinter erkennen.

Die Deutschen haben meist kein Problem, die Restaurants zu besuchen – im Gegenteil. Selbst Politiker der lokalen Ebene lassen sich verwöhnen, schmeicheln und umgarnen. Man kennt sich. Das Signal ist verheerend. Kritische Berichterstattung wird als Nestbeschmutzung, Fremdenfeindlichkeit oder Missgunst verteufelt; Polizisten schauen lieber weg, weil schließlich auch so manch ein Ministerpräsident, ein Staatskanzleichef oder ein Innenminister – trotz aller Warnungen der eigenen OK-Spezialisten – gern in den einschlägigen Restaurants diniert.

Fehlende Gesetze

Die deutsche Gesetzgebung macht es der Mafia leicht. Nicht nur, dass die Mitgliedschaft zur Mafia hierzulande nicht strafbar ist – im Gegensatz zu Italien. Das Strafgesetzbuch stellt maximal die Bildung einer kriminellen Vereinigung unter Strafe. Aber auch hier muss der Vereinigung die Vorbereitung oder Durchführung eines bestimmten Deliktes nachgewiesen werden und der Umstand, dass sie sich nur zu diesem Zweck gebildet hat. In der Realität schwer umzusetzen.

---

240 Wie die großen Mafia-Gruppierungen weltweit expandieren zeigt eindrucksvoll das Buch des Italieners Francesco Forgione: Mafia Export. Wie 'Ndrangheta, Cosa Nostra und Camorra die Welt erobern. München 2010. Mit Schwerpunkt der deutschen Aktivitäten sei das Buch der Journalistin Petra Reski empfohlen – vgl. Petra Reski: Mafia. Von Paten, Pizzerien und falschen Priestern. München 2009. Robert Saviano dagegen stellt in seinem Standardwerk die Camorra dar – vgl. Robert Saviano: Gomorrha. Reise in das Reich der Camorra. München 2007.
241 Vgl. dazu Ottavio Sferlazza / Federico Alagna: Ein Überblick über das italienische Rechtssystem. Kriminelle Ökonomien, Einziehungsregelungen und soziale Umnutzung eingezogener Güter. In: Echolot e.V.: Öffentliche Räume für demokratische Strukturen schaffen. Das Potential zivilgesellschaftlicher Umnutzung der Immobilien krimineller Gruppen. Abschlussbroschüre des Projekts Creating public spaces – best practice in the re-use of confiscated assets. Berlin 2017, Seite 32-38.

Außerdem müssten die deutschen Behörden den Clans nachweisen, dass das Geld, mit dem beispielsweise plötzlich ein Kellner ein eigenes Restaurant eröffnet, aus kriminellen Geschäften stammt. In Italien gilt das Gegenteil. An eine Beweislastumkehr traut sich der deutsche Gesetzgeber seit Jahrzehnten nicht heran. Die Folgen sind gravierend: längst investieren die Italiener aus Deutschland in ihrer Heimat das gewaschene Drogengeld. Sie können immer erklären, dass die horrenden Summen aus ihren deutschen Geschäften stammen – so führen die Ermittlungen der italienischen Beamten ins Leere. Das Geld kehrt gewaschen nach Italien zurück. Deutschlands Gesetze reichen längst nicht aus, das Phänomen Mafia wirkungsvoll zu bekämpfen.[242]

Solange sich die Sicherheitsbehörden weigern, von Mafia zu sprechen und lieber verallgemeinernd von Organisierter Kriminalität reden, wird sich daran nichts ändern. Es fehlt – trotz Duisburg – noch immer an einer klaren Problemdefinition. Nicola Gratteri zieht ein harsches Urteil: »Wir werden nie beweisen, dass es die 'Ndrangheta in Deutschland gibt, wenn es nicht die dazu erforderlichen Gesetze gibt; wenn es keinen Straftatbestand in Deutschland gibt, der mafiöse Organisationen unter Strafe stellt. Bislang ist Strafe in Deutschland nur möglich, wenn es um Erpressung geht, um Straftaten nach dem Betäubungsmittelgesetz und man einen nachweisbaren Schaden hat, der jemandem entstanden ist. Solange dieser Straftatbestand nicht existiert, werden wir weiterhin behaupten, es gibt die 'Ndrangheta in Deutschland nicht.«[243]

Denn die Opfer der Mafia schweigen. Wo kein Kläger, da kein Richter.

Auch in der Justiz sieht es nicht viel besser aus: letztendlich entscheiden Personalstellen in den Staatsanwaltschaften, wie viele der aufwendigen OK-Verfahren geführt werden (können). Allzu oft werden Ermittlungsverfahren eingestellt, weil schlicht das Personal fehlt oder Beweise nur über langanhaltende Strukturermittlungsverfahren beigebracht werden können. So sind die Polizeilichen Kriminalstatistiken ein Nachweis der Arbeit der Strafverfolgungsbehörden, viel mehr aber auch nicht. Das Dunkelfeld

---

242 Vgl. Reski: Mafia, Seite 206 –208.
243 MDR-Interview Nicola Gratteri am 18.06.2015.

ist drastisch größer als es die von den Innenministern jährlich präsentierten Zahlenwerke suggerieren.[244]

Selbst mit der Reform der strafrechtlichen Vermögensabschöpfung im Juli 2017 ist zwar die Einziehung inkriminierten Vermögens per se erleichtert worden, allerdings reicht auch weiterhin der Verdacht illegaler Quellen nicht aus, um eine Einziehung rechtswirksam vorzunehmen. Damit bleibt auch das neue Gesetz sperrig und in der Realität schwer umsetzbar. Entsprechend skeptisch sind die Ermittler.

Paradiesische Zustände

In nahezu allen Bundesländern sind deshalb die verschiedenen Mafia-Clans munter aktiv. Gerade für die alten Bundesländer sind die Erkenntnisse über Aktivitäten italienischer Clans durch investigative Recherchen einzelner Journalisten umfangreich.[245]

So ist die 'Ndrangheta nach Recherchen von Correctiv in den südwestdeutschen Bundesländern vor allem im Bereich des Lebensmittelhandels aktiv. Über fingierte Rechnungen werden Millionen gemacht. Tausende Euros erschlich sich die so genannte Agrarmafia bei Versicherungen und über die Umsatzsteuer. Zentralen sind dabei stets die Restaurants in den deutschen Städten und Gemeinden.[246]

Aber auch im Bereich der Bauwirtschaft macht die italienische Mafia ihre dunklen Geschäfte. Das Drogengeld muss investiert und so in den legalen Kreislauf wieder eingespeist werden. Über Scheinfirmen und Schwarzarbeit wird Geld gewaschen – ein Schwerpunkt bildet hier Nordrhein-Westfalen. Ungeniert schöpfen die Mafiosi nebenbei noch die deutsche Rentenversicherung sowie die Sozial- und Krankenkassen ab.[247]

---

244 Vgl. dazu Olaf Sundermeyer: Bandenland. Deutschland im Visier von organisierten Kriminellen. München 2017, Seite 27ff.
245 Einen guten Überblick über die Mafia-Clans und deren Geschäfte bietet das Buch des investigativen Autorenteam von Correctiv, Stern und RTL. Ihnen stand eine – besonders seltene – Kronzeugin zur Verfügung. Allerdings konzentriert sich das Buch vor allem auf Aktivitäten der 'Ndrangheta in Baden-Württemberg und Hessen. Ostdeutschland findet kaum eine Erwähnung. Vgl. David Schraven / Maik Meuser: Die Mafia in Deutschland. Kronzeugin Maria G. packt aus. Berlin 2017.
246 Zur so genannten Agrarmafia vgl. Schraven/Meuser: Mafia in Deutschland, Seite 142 – 145.
247 Zu den Aktivitäten der 'Ndrangheta im Baugewerbe mit zahlreichen Beispielen vgl. ebd., Seite 166 –182.

Wohingegen die Mafia im Osten des Landes nahezu ungestört agieren kann. Während in Nordrhein-Westfalen, Baden-Württemberg und Bayern die meisten OK-Verfahren geführt werden, gibt es in den ostdeutschen Bundesländern auffällig wenige Ermittlungsverfahren. Hier ist die Mafia, allen voran die 'Ndrangheta, längst Normalität.[248] Sie fällt ja auch kaum auf. Geldwäsche-Delikte interessieren die Bürger nicht, weil sie erstmal nicht direkt davon betroffen sind. Und wenn der Großteil der italienischen Restaurants in Händen der Paten ist, bleibt den Einwohnern kaum eine andere Möglichkeit, als in deren Pizzerien essen zu gehen.

Die deutschen Medien können kaum oder nur mit äußerster Vorsicht und Beschränkungen berichten, weil sie sofort von den Gastronomen verklagt werden. Und die Paten haben einen langen Atem. Geld spielt keine Rolle. Allein der Mitteldeutsche Rundfunk (MDR) wurde für seine Berichterstattung über die 'Ndrangheta von einem Wirt verklagt. Drei Jahre dauerte der Zug durch die Instanzen deutscher Gerichte, bis das Oberlandesgericht Jena die geforderte Geldentschädigung von 50.000 Euro zurückwies.

Eine Ausnahme: deutsche Gerichte folgen den ehrenwerten Herren meist – nicht einmal Ermittlungsberichte des Bundeskriminalamtes oder italienischer Behörden lassen viele Richter als Grundlage einer soliden Berichterstattung gelten. Ein Paradies für die Mafia.

Die Claims sind längst aufgeteilt. Europa und Deutschland sind ihre Weiden – wie es Gratteri bezeichnet – auf denen sie fressen, wie es ihnen gefällt. Nachweisbar kooperieren die Italiener mit den anderen kriminellen Gruppen vor Ort. Von der Polizei wird das geduldet – muss geduldet werden, da die Gesetze und die personelle Lage in den Landeskriminalämtern nicht mehr hergeben.

Dennoch versichern die deutschen Sicherheitsbehörden immer wieder, dass die Organisierte Kriminalität – auch die Italienische Organisierte Kriminalität (IOK) – eine besondere Priorität hat. In der Realität sieht es meist anders aus.

---

[248] Umfangreich beschäftigte sich bisher – neben Petra Reski – vor allem der kürzlich verstorbene Autor Jürgen Roth mit dem Phänomen der Mafia in Thüringen und Sachsen. Vgl. Jürgen Roth: Mafialand Deutschland. Frankfurt am Main 2009, S. 75 – 89. Seitdem recherchiert nahezu allein das MDR-Rechercheteam Ludwig Kendzia, Fabio Ghelli und Axel Hemmerling.

Fallstudie Thüringen

Um das Vorgehen der Mafia – speziell der 'Ndrangheta – plastisch zu machen, lohnt sich ein Blick in die ostdeutsche Provinz. Kurz nach dem Fall der deutsch-deutschen Grenze zieht es auch die 'Ndranghetisti in den Osten: vor allem nach Erfurt, die neue Landeshauptstadt des Freistaats Thüringen. Hier erschafft die kalabrische Mafia das, was der italienische Soziologe Nando dalla Chiesa[249] als »Erfurter Modell« bezeichnet.

»Das Erfurter Modell basiert auf einer strategischen Entscheidung. Die Verbreitung italienischer krimineller Organisationen folgte früher immer dem gleichen Muster – im Norden Italiens sowie später in Westdeutschland und in Bayern. Nachdem die Organisationen Kapital und Macht erworben hatten, konnten sie gezielt entscheiden, wo sie dieses einsetzen wollten.«[250]

Und der marode Osten nimmt die charmanten Investoren vom Mittelmeer mit offenen Armen auf. Geld fehlt an allen Ecken, die zentralen Plätze verfallen. Da fragt damals keiner nach der Herkunft des Kapitals. Die Mafia ist auch in den Sicherheitsbehörden kein Begriff – oder besser: die Dimension ist vielen Beamten nicht bewusst. Die Sicherheitsarchitektur wird gerade umgestaltet: in den Behörden kämpfen lieber westdeutsche gegen ostdeutsche Beamte. So manch ein westdeutscher Chef frönt lieber seinen Eitelkeiten, als seine Behörde auf den Kampf gegen die Organisierte Kriminalität schnellstens auszurichten. So richten sich die Profis der 'Ndrangheta in Erfurt ein. »Es war ein Gebiet ohne Kapital. Und da kamen Leute mit einem starken Kapital. Es war ein Gebiet mit einer klaren Machtlücke und diese Leute wussten genau, was dort zu tun war.« – beobachtete Nando dalla Chiesa.
Die Mafiosi – offiziell Gastronomen – spinnen ein feines Netzwerk. Mal wird die örtliche CDU mit einem Catering verwöhnt, mal ein Golfklub oder ein Fußballverein gesponsert. Mit den Lokalpolitikern, Medienleu-

---

249 Nando dalla Chiesa lehrt an der Università degli Studi MIlano im Fachbereich Soziologie des organisierten Verbrechens. Er gründete die Mafia-Beobachtungsstelle (Osservatorio sulla criminalità organizzata all'Università Statale die Milano). Sein Vater, der Polizeigeneral Carlo Alberto dalla Chiesa, wurde 1982 von der Mafia in Sizilien ermordet. Der Professor gab dem MDR-Rechercheteam Kendzia, Ghelli und Hemmerling am 06. Juli 2017 ein umfassendes Interview.
250 MDR-Interview Nando dalla Chiesa am 06.07.2017.

ten oder Wirtschaftsbossen ist man schnell per du. Der Innenminister kehrt regelmäßig ein, der Oberbürgermeister lobt die Herren aus dem Süden Italiens. Selbst nach dem Massaker von Duisburg stehen die Erfurter Italiener außerhalb jeder Kritik. Die direkten Verbindungen zu den Opfern, wie zu den Tätern der Schießerei werden schnell für 'kalt' erklärt, so dass kein Handlungsbedarf mehr besteht. Deutschland wird – wenn überhaupt die Mafia offiziell zum Thema wurde – zum Ruheraum erklärt, ein Begriff, der die Bevölkerung in Sicherheit wiegt und auch zivilgesellschaftliches Engagement gegen die Mafia erschwert. Bis heute funktioniert das so. Das ist ein schwerer Fehler, wie Nando della Chiesa erklärt: »Es ist ein verheerender Perspektivfehler zu denken, dass sich diese Menschen zurückziehen und im Untergrund leben. Wenn sie irgendwo ankommen, werden sie mit Sicherheit aktiv. Es ist auch ein Fehler zu denken, sie würden einzig und allein mit Geldwäsche beschäftigt sein. Wenn sie irgendwo ankommen, schlagen sie dort auch Wurzeln.«[251]

So beherrschen die Italiener aus Kalabrien in Erfurt seit Jahrzehnten die Gastronomie der Landeshauptstadt. Nur wenige, eifrige Beamte im Landeskriminalamt erkennen das Phänomen und behalten es im Auge. Schaubilder der Clanstrukturen entstehen damals und nehmen bald eine ganze Bürowand bei der OK-Abteilung im TLKA ein. Kooperationen zu den italienischen Kollegen werden aufgebaut. Dann ist plötzlich Schluss – irgendwann nach Duisburg sind Ermittlungen nicht mehr erwünscht. Wer die Ermittlungen stoppt, wollen die beteiligten Beamten bis heute nicht verraten.

Die 'Ndrangheta expandiert ungehindert. Zwischen 20 und 30 Restaurants, Firmen und Unternehmen haben die Italiener der »Erfurter Gruppe« bis dato eröffnet, gegründet oder finanziert. Recherchen ergaben, dass von Erfurt aus mindestens 100 Millionen Euro[252] durch ganz Europa flossen: in verschiedene Regionen Deutschlands, nach Portugal (mindestens drei Restaurants) und letztendlich nach Italien. An mindestens vier Restaurants in der italienischen Hauptstadt Rom sind Erfurter Ita-

---

251 MDR-Interview Nando dalla Chiesa am 06.07.2017.
252 Vgl. dazu: Giovanni Tizian: Mafia AG. Camorra, Cosa Nostra und 'Ndrangheta erobern Norditalien. Berlin, 2012, Seite 16 sowie zwei Reportagen des MDR: »Provinz der Bosse – die Mafia in Mitteldeutschland« (2015) und der überarbeite und ergänzte Film »Revier der Paten – die Mafia in Mitteldeutschland« (2016).

liener beteiligt. Woher die Unsummen kamen, konnte bisher nie geklärt werden. Experten vermuten, dass Erfurt so etwas wie eine Finanzzentrale der 'Ndrangheta ist – ein Teil der gigantischen Waschmaschine für schmutziges Drogengeld. »Es ist ganz sicher, dass viele von ihnen Geldwäsche betreiben. Natürlich ist es denkbar, dass auch eine provinzielle Stadt wie Erfurt ein Zentrum der 'Ndrangheta ist.«[253] Alles sei denkbar, erklärt Staatsanwalt Nicola Gratteri, denn auch die 'Ndrangheta kennt keine Denkgrenzen, wo Geld zu machen oder zu waschen ist, taucht die kalabrische Mafia auf. Sie ist so etwas wie eine gelungene Globalisierung: »Die Mafia ist die einzige Organisation, die ausschließlich Vorteile von der Einheit Europas verzeichnet hat. Sie ist es, die den Gedanken der EU am besten verkörpert. Für sie ist es ein zusammenhängendes Land. Sie bewegen sich in Europa völlig ungestört.«[254] Nach MDR-Recherchen können zur Zeit der »Erfurter Gruppe« circa sieben Männer aus Italien zugeordnet werden. Sie und ihre Vertrauenspersonen führen allein in Erfurt zehn Restaurants.[255]

Diese Erfurter 'Ndrangheta-Zelle hält auch weiterhin engen Kontakt zur Zentrale in San Luca. Eine Nabelschnur, die nie getrennt wird – wie Mafia-Experten erläutern. Lange muss niemand in dem schmutzigen, unscheinbaren Bergdorf nach Autos mit deutschen Nummernschildern suchen. Erfurter sind dabei, aber auch Kennzeichen aus Leipzig oder Dresden. Daran hat sich auch nach Duisburg nichts geändert.

Seitdem die ersten Italiener in den frühen 1990er Jahren nach Erfurt gekommen sind, haben sie in den folgenden Jahren immer weiter expandiert – nach Weimar und Eisenach, nach Jena und Gera, schließlich auch nach Leipzig und Dresden in Sachsen. Selbst in Berlin – im noblen Stadtteil Charlottenburg – wollen sie Fuß fassen. Hier scheitern sie aber am Engagement der italienischen Gastronomen, die sich im gemeinnützigen Verein »Mafia? Nein, danke!« organisiert haben. Nach nur wenigen Monaten ziehen sich die Erfurter Italiener wieder zurück. Steigt der Druck, weicht die 'Ndrangheta aus – so einfach kann es sein, wenn Zivilgesellschaft, Polizei und Politik an einem Strang ziehen. Davon sind die Städte

---

253 MDR-Interview Nicola Gratteri am 18.06.2015.
254 Ebd.
255 MDR-Reportage »Revier der Paten – Mafia in Mitteldeutschland« vom 09.11.2016.

in Sachsen und vor allem in Thüringen weit entfernt. Ein gravierender Fehler, wie der italienische Soziologe Nando dalla Chiesa warnt: »Das erste Symptom dieser Krankheit ist das Schweigen. Die Mafia-Präsenz erkennt man vor allem daran, dass niemand darüber sprechen will. Wäre die Mafia ein anerkannter Feind, würde man darüber sprechen. Dieses Schweigen bzw. die Unfähigkeit, dieses Thema anzusprechen, sind fatal. Es scheint zudem, dass Deutschland keine passenden Gesetze hat, um guten investigativen Journalismus zu fördern. Journalisten landen hingegen oftmals auf der Anklagebank. Das hilft natürlich wenig im Kampf gegen die Mafia, weil das Erste, was die Mafia verlangt, ist, dass die Leute schweigen.«[256]

Verluste spielen für den milliardenschweren 'Ndrangheta-Konzern keine Rolle – und so investiert er eben woanders weiter – in der ostdeutschen Provinz oder in Hessen oder in Bayern.

In Thüringen fallen die Italiener kaum auf: maximal wegen Steuerhinterziehung. Die Strafe wird schnell – gern auch in bar – bezahlt. Erledigt. Das zuständige Landeskriminalamt hat davon meist nicht einmal etwas mitbekommen. Immer wieder werden so die dringend gesuchten Ermittlungsansätze verpasst, nicht erkannt oder ignoriert. So heißt es dann schon beinahe entwarnend im internen Lagebild des Thüringer Landeskriminalamtes: »Alle geschäftlichen Aktivitäten im Bereich der Italienischen OK (IOK) geschehen weiterhin außerhalb der polizeilichen Wahrnehmbarkeit, die Personen verhalten sich unauffällig und treten zudem selten polizeilich in Erscheinung.«[257] Kein Wunder: denn Strukturermittlungen, die das 'Ndrangheta-Netzwerk aus dem Dunkelfeld ziehen könnten, sind nicht möglich. Das zuständige Landeskriminalamt und die Schwerpunktstaatsanwaltschaft für Organisierte Kriminalität in Gera haben mit dem Hellfeld schon genug zu tun – mit steigendem Aufwand.

---

256 MDR-Interview Nando dalla Chiesa am 06.07.2017.
257 Landeskriminalamt Thüringen: Gemeinsames Lagebild Justiz/Polizei: Organisierte Kriminalität. VS-NfD. Freistaat Thüringen 2014 vom 26.08.2015, Seite 6.

	2011	2012	2013	2014
Ermittlungskomplexe	4	5	6	7
Ermittlungskräfte	15	18	20	25
Tatverdächtige	70	107	123	134

Wohlgemerkt sind hier keinerlei Verfahren der IOK geführt worden. Den Schwerpunkt der polizeilichen Ermittlungen bilden in den vergangenen Jahren die Rockerclubs Hells Angels MC Erfurt und der Bandidos MC Jena sowie die Russisch-Eurasische Organisierte Kriminalität (REOK). Problematisch wird es dann, wenn die Italiener mit anderen kriminellen Gangs kooperieren – und genau das tun sie: weltweit, europaweit, aber auch auf lokaler Ebene. Das Schubladendenken in so manch einer Kriminalpolizeiinspektion geht genau dann ins Leere.
Auch die italienische Antimafia-Behörde Direzione Investigativa Antimafia (DIA) in Rom hat die Kooperationsstrategie der Gruppierungen nach Art der Mafia erkannt und warnt:

»Es ist wichtig, eine Sache zu begreifen. Es ist wahrscheinlich nicht mehr aktuell, über Cosa Nostra, 'Ndrangheta, Camorra zu sprechen. Die Organisierte Kriminalität hat sich weltweit auf Besorgnis erregende Weise entwickelt. Sie ist über die endemischen Erscheinungsformen, die wir aus früheren Gerichts- und Ermittlungserfahrungen kennen, hinausgewachsen. Alle kriminellen Organisationen der Welt sprechen miteinander.«[258]
So arrangieren sich die Gruppen, um nicht aufzufallen. Während sich die einen um den Drogenhandel kümmern, waschen die anderen eben ihr Drogengeld oder bringen Falschgeld in Umlauf. In Erfurt ist all das zu beobachten. Auch das Thüringer LKA registrierte die Liaison zwischen IOK und REOK erstmals im Jahr 2014:

»Im Bereich der Russisch-Eurasischen OK (REOK) trat erstmalig eine armenische Gruppierung durch Gewalt- und Fälschungskriminalität polizeilich in Erscheinung (EK Armenier).

---

258 MDR-Interview Oberst Enrico Senatore (DIA Rom) am 16.06.2015.

Zusätzlich übernahmen Angehörige dieser Gruppierung eines der etwa zehn durch Angehörige, Vertreter oder Umfeldpersonen des hier befindlichen Zweiges einer 'Ndrangheta-Gruppierung betriebenen Restaurants in Erfurt.«[259]

Während die Experten beim BKA und der italienischen DIA überzeugt sind, dass die 'Ndrangheta immer in ihrem Restaurant bleibt und vielmehr eine Art Franchise betreibt, behaupten die bei der Übernahme beteiligten Personen und Juristen, es sei ein regulärer Verkauf gewesen und die Käufer rein zufällig zu den neuen Eigentümern geworden.

Warum ausgerechnet eine armenische Gruppierung hier als Käufer in Erscheinung trat, ist bis heute nicht aufgeklärt worden. Dabei hatte die Kriminalpolizei Erfurt die armenisch-aserbaidschanischen Clans schon sehr früh im Visier. Eine eigene Besondere Aufbauorganisation«(BAO) »Baku« wird in den frühen 2000er Jahren ins Leben gerufen. Das TLKA hat angeblich kein Interesse – erinnern sich Ermittler von damals. Das Wissen geht verloren.

Auch die Staatsanwaltschaft Erfurt hatte sich 2009 zusammen mit dem BKA auf die Spur einiger Armenier gesetzt, von denen sie glaubten, dass sie eine kriminelle Vereinigung gebildet hätten – ein Drogenring. Erst 2015 wurde das Verfahren eingestellt – ohne Erfolg. Das eigentlich zuständige Landeskriminalamt in Erfurt erfuhr von den Ermittlungen erst viel später: als plötzlich die Armenier mit einer Schießerei aus dem Dunkelfeld ins Hellfeld kamen.

Im Juli 2014 kommt es im Norden von Erfurt zu einer wilden Schießerei. Über 20 Schuss werden abgegeben. Zeugen erinnern sich später, dass es sich anhörte wie bei einem Feuerwerk. Das Ganze dauert nur ein paar Minuten, dann rasen Luxuslimousinen vom Hof der Spielothek. Autos aus Sachsen-Anhalt, Leipzig und Berlin. Wenig später schleppt sich ein schwer verletzter Mann in das nahe Klinikum der Landeshauptstadt. Wer ihn ins Krankenhaus gefahren hat, wird nie geklärt. Etwas später bringt ein Trupp

---

[259] Landeskriminalamt Thüringen: Gemeinsames Lagebild Justiz/Polizei: Organisierte Kriminalität. VS-NfD. Freistaat Thüringen 2014 vom 26.08.2015, Seite 6.

Männer den zweiten Verletzten des Abends in die Notaufnahme. Der Armenier hat nur leichte Verletzungen. Um das Leben des ersten kämpfen die Ärzte die ganze Nacht. Mehr als ein Dutzend Schussverletzungen protokollieren sie bei dem Tschetschenen. Warum es zu der Schießerei kam, wird auch nie geklärt. Das Landeskriminalamt – Dezernat Schwere Organisierte Kriminalität – übernimmt die Ermittlungen. Selbst die erfahrenen Beamten können das Motiv nicht ermitteln – so bleiben dem Landgericht nur ein Video der Schießerei, nichts sagende Zeugen und 15 schweigende Angeklagte. Auch unter den Armeniern gilt die Omerta, das Schweigegelübde der Mafia. Sie alle haben zwei Verteidiger, die das Verfahren mit allen Tricks in die Länge ziehen: mal mit Befangenheitsanträgen, dann mit Besetzungsrügen. Einige Beteiligte werden zu einer Geldstrafe verurteilt, nur einer, der Haupttäter muss schließlich fast drei Jahre nach der Schießerei ins Gefängnis.

Einer der beteiligten Armenier war schon der sächsischen Polizei aufgefallen. Er gehört zu einem armenischen Netzwerk, das den Crystal-Meth-Handel in Leipzig beherrscht haben soll.[260]

Doch auch das schwerverletzte Opfer ist den Beamten kein Unbekannter. Der Tschetschene – mit besten Verbindungen in die Salafisten-Szene Thüringens – ist im Security-Gewerbe aktiv. Hier pflegt er enge Freundschaften zu Rockern des Hells Angels MC und russischen Oligarchen. Im Herbst 2017 sitzt er selbst auf der Anklagebank im Landgericht Dresden. Er soll der Boss – eine Autorität – einer kriminellen Vereinigung sein, die aus russisch-sprechenden Männern islamischen Glaubens bestanden haben. Laut Anklageschrift der Staatsanwaltschaft Dresden hatten die rund 20 Männer vor allem Landsleute in Sachsen erpresst. Sie waren streng hierarchisch organisiert – so die Staatsanwaltschaft. Die Ermittler sind sicher, dass es bei der Schießerei von Erfurt um einen Revierkampf mindestens zweier armenischer Clans ging – beweisen können sie nichts. Auch welche Rolle der Berliner Boxer Karo Murat spielte, ist bis heute nicht geklärt. Der Armenier behauptet, an jenem Abend nicht in Erfurt gewesen zu sein. Sein Bruder – auch ein Boxer –

---

[260] Internes Schreiben des BKA (SO23) zum Ermittlungsverfahren »Discount« vom 14.11.2014. Im Rahmen des Verfahrens wurden 17 Objekte durchsucht und fast drei Tonnen Chlorephedrin, der Grundstoff für Crystal-Meth sichergestellt. Das Gerichtsverfahren scheiterte schließlich an juristischen Pannen.

sei nach Thüringen gefahren. Warum sein Handy in der Funkzelle des Tatorts eingeloggt war, kann er nicht erklären.[261]

Noch etwas anderes lässt die Frage nach dem Motiv wichtig erscheinen: kurz vor der Schießerei taucht auf den Aufnahmen der Überwachungskamera ein Mann auf, den die Ermittler des TLKA und des BKA als eine Autorität identifizieren: als einen so genannten »Dieb im Gesetz,« wie sich die Paten der russisch-eurasischen Mafia selbst bezeichnen.[262] Er verschwindet noch bevor die ersten Beamten vor Ort sind. Gekommen ist er offenbar mit einer armenischen Gruppe aus Leipzig, Halle und Berlin. Die haben sich vor der Schießerei in einem auf Mittelalter getrimmtes Restaurant getroffen – der Betreiber: ein Armenier.
Auch die Armenier auf der Anklagebank sind zuvor kaum im Stadtbild Erfurts aufgefallen. Auch sie geben sich – wie die 'Ndrangheta – als biedere Gastronomen und Betreiber vor allem griechischer Restaurants in der Landeshauptstadt. Sie waren es, die das Restaurant der Italiener übernommen hatten, was selbst das LKA stutzig machte.

Auch das Bundeskriminalamt beschäftigt sich seit 2015 in einem länderübergreifenden Projekt »Fatil« mit den armenischen Aktivitäten. Neben Thüringen, Sachsen und Sachsen-Anhalt sind auch Nordrhein-Westfalen und Berlin vertreten. Das ist auch notwendig, denn die armenischen Clans sind bestens in Europa vernetzt. Der Pate, der bei der Schießerei von Erfurt dabei war, tauchte in Belgien wieder auf. Dort soll er sich schon zuvor mit den Brüdern Murat getroffen haben.
Die Armenier hatten in den letzten zehn Jahren ein Netzwerk nach Vorbild der 'Ndrangheta errichtet: Restaurants, Shisha-Bars, Autohäuser und mittlerweile auch Friseur-Läden. Die Autohäuser betreiben sie in Kooperation mit Kosovo-Albanern. Das Netz reicht über ganz Thüringen, bis nach Sachsen-Anhalt und Sachsen. Das ist nichts Ungewöhnliches, wie der Mafia-Experte Forgione beobachtete: kriminelle Gangs kopieren überall das Erfolgsmodell der italienischen Mafia.[263] Viele der Armenier haben sich in der brutalen Streetgang »Joker« ken-

---

261 Vgl. MDR-Reportage »Unsichtbare Kartelle – Mafia in Mitteldeutschland« vom 29.11.2017.
262 Nach Angaben des Bundeskriminalamtes waren 2015 weltweit 670 »Diebe im Gesetz« verteilt. Die hochkriminelle Struktur entstanden aus dem GULAG der sowjetischen Zeit. Vgl. MDR-Interview Dr. Sabine Vogt (BKA Wiesbaden) am 27.08.2015.
263 Forgione: Mafia-Export, Seite 246.

nengelernt. Hier kommen sie erstmals mit der Polizei in Kontakt. Immer wieder tauchen die »Joker«-Schläger bei Partys des Erfurter Charters des Hells Angels MC oder dessen Supporterclub Red Devils MC auf. Heute sind sie ehrbare Gastronomen oder vermieten Appartements an Touristen. Dutzende Einrichtungen sind mittlerweile in armenischer Hand – woher das Kapital für die Investitionen stammt, ist unbekannt. Auch sie müssen das nicht nachweisen. Die Polizei vermutet, dass sie vor allem im Bereich Drogenhandel und Falschgeld aktiv sind. Beweisen konnten sie bisher nichts – das bleibt im Dunkelfeld.

So ist es wenig erstaunlich, dass es ein Armenier oder Aserbaidschaner ist, der zusammen mit einem Rocker des Bandidos MC in der Thüringer Justizvollzugsanstalt Tonna ein regelrechtes Drogenkartell aufgebaut hat. So haben es zumindest Häftlinge bei ihren Zeugenaussagen geschildert. Die Ermittlungen laufen noch. Mehr als eine Million Euro haben er und seine Kumpanen in den letzten Jahren so erwirtschaftet. Bewiesen ist es ihm noch nicht.[264]

Auch der Falschgeld-Verdacht der LKA-Ermittler scheint nicht unbegründet: Ende März 2014 stoppen italienische Carabinieri eine Mercedes-S-Klasse mit Erfurter Nummernschild in Neapel. Im Kofferraum finden die Polizisten fast 125.000 Euro – Falschgeld. Am Steuer sitzt ein Erfurter Armenier, der in Erfurt ein griechisches Restaurant betreibt und dem der Spielpalast gehört, in dem es nur wenige Monate später zu der Schießerei kommen soll. In Abwesenheit wird er zu drei Jahren Haft verurteilt. Seine Strafe hat er bis heute nicht angetreten. Blüten derselben Fälschungsklasse versuchten zwei andere Armenier in Erfurt in Umlauf zu bringen.

Im Gegensatz zur 'Ndrangheta scheint die Machtfrage unter den armenischen Clans noch nicht geklärt zu sein. Kurz nach der Schießerei geht die S-Klasse eines der Beteiligten in Flammen auf. Die Antwort folgte ein knappes Jahr später: diesmal brennt der Mercedes der Konkurrenz. Kurz darauf steht sogar deren griechisches Restaurant in Flammen – mitten in der historischen Altstadt. Drei Litauer sollen den Brand gelegt haben. Warum kann auch das Landgericht Erfurt nicht klären. Das LKA vermutet eine Auftragstat. Auch hier gilt im Gerichtssaal die Omerta.

---

264 Vgl. MDR-Reportage »Drogen, Gewalt, Mafia – Organisierte Kriminalität im Knast« vom 08.11.2017.

Als im April 2017 der armenische Boxer Arthur Abraham seinen Weltmeistergürtel in der Erfurter Messehalle verteidigt, kommt es im Anschluss zu einer wüsten Prügelei vor dem Ring. Eine Gruppe Armenier stürzt sich auf den Boxer Karo Murat, der sich unter den Zuschauern befindet. Die mutmaßlichen Schläger waren schon bei der Schießerei beteiligt. Wieder schweigen alle. Wieder ist das Motiv unklar. Arthur Abraham lässt sich gleich am Tag darauf vor dem griechischen Restaurant seiner Freunde sehen.[265]

Dass im Publikum auch die befreundeten Kosovo-Albaner sitzen, sei nur am Rande erwähnt. Auch dass sich Mitglieder der brutalen, rockerähnlichen Bande »Guerilla Nation« mit dem Weltmeistergürtel fotografieren lassen, sei nur als weiterer Beleg der Vernetzung krimineller Gangs angeführt. Die »Guerilla Nation Vaynakh« rekrutiert sich vor allem aus tschetschenischen Männern und kopiert die strenge Hierarchie der Rockerclubs.[266]

Mittlerweile kümmert sich auch das Bundeskriminalamt um diese kaukasischen Netzwerke, nachdem im Mai 2017 mehr als 20 Schüsse an einem Café in Berlin-Wedding fielen, weil sich der Wirt weigerte, die Bande für minderwertiges Marihuana zu bezahlen. Die mutmaßlichen Täter müssen sich seit Oktober vor dem Landgericht Berlin verantworten.

Der vorläufig letzte Akt der offenen Gewalt in Erfurt findet Mitte Oktober 2017 statt: Nacht pulsiert das Leben auf der Erfurter Kneipenmeile. Die Erfurter und ihre Gäste genießen die letzten warmen Abende an Tischen vor der mittelalterlichen Kulisse. Plötzlich taucht vor einem Restaurant ein Mob von 15 Männern auf. Sie sind vermummt und bewaffnet. Der Restaurantbetreiber wird herausgeholt, dann beginnt eine wüste Schlägerei. Sogar Schüsse wollen Zeugen gehört haben. So schnell wie die Bande gekommen ist, so schnell verschwindet sie wieder. Zurück bleibt der Restaurantchef mit lädiertem Gesicht. Es ist jener Armenier, bei dem sich die Gruppe aus Leipzig, Halle und Berlin vor der Schießerei 2014 getroffen hatte. Sicher kein Zufall – vermuten die Ermittler des LKA. Der Wirt jedenfalls kann sich den Überfall nicht erklären – viel mehr sagt er bei der Polizei nicht aus. Auch die Schläger, die bald – dank Videoüberwachung –

---

265 Vgl. MDR-Reportage »Unsichtbare Kartelle – Mafia in Mitteldeutschland« vom 09.11.2017.
266 Zu den Rockern der »Guerilla Nation« vgl. kursorisch auch Sundermeyer: Bandenland, Seite 148 – 152.

identifiziert werden, schweigen. Sogar aus Berlin waren sie extra für die Schlägerei angereist. Ein Rocker des Bandidos MC wird festgenommen. Der Großteil der Bande sind Deutsche, wie der mutmaßliche Rädelsführer. Er ist ein enger Vertrauter des anderen armenischen Clans, der damals an der Spielothek zur Waffe griff. Der junge Deutsche soll – so die OK-Ermittler – die Immobilien der Armenier verwalten.
Dieser brutale Überfall mitten im Herzen der Thüringer Landeshauptstadt hat zumindest eines erreicht: ein Innenminister spricht erstmals offen von einem Mafia-Problem und sogar der Oberbürgermeister erkennt plötzlich Probleme – auch wenn Erfurt kein Palermo sei, wie er in der Regionalzeitung Thüringer Allgemeine verkündet.

Nun soll der Stadtordnungsdienst verstärkt werden. Die OK-Abteilung des Landeskriminalamtes wird personell aufgestockt. Die internen Ausschreibungen dafür laufen. Und die Landespolizeidirektion hat eine Ermittlungsgruppe REOK ins Leben gerufen. Die vier (!) Beamten der kleinen Truppe wurden von anderen Dienststellen zusammengeborgt. Sie kümmern sich jetzt thüringenweit vor allem um die Armenier. Und um die immer zahlreicher werdenden Shisha-Bars. Denn hier war es zu mehreren Vorfällen gekommen – zuletzt steht eine der Bars in Flammen. Zusammen mit dem Zoll, dem Amt für Arbeitsschutz und dem Ordnungsamt werden die Bars nun kontrolliert: Drogen wurden bisher nicht gefunden, dafür kiloweise unversteuerter Tabak. Es ist nur ein Tropfen auf dem heißen Stein – befürchten die Ermittler. Im März 2018 soll die Ermittlungsgruppe wieder aufgelöst werden.

Für die vietnamesischen Strukturen, deren Läden auch immer mehr werden, oder die arabischen Familien, die sich ausbreiten, haben die Beamten weder Zeit, noch Kapazität. Nüchtern heißt es im OK-Lagebild des Freistaates Thüringen:
»OK anderer prägnanter Ethnien (Vietnamesen, Russen) trat, wie in den Vorjahren, nicht offen in Erscheinung oder wurde durch polizeiliche Maßnahmen nicht registriert.«[267]

---

267 Landeskriminalamt Thüringen: Gemeinsames Lagebild Justiz/Polizei: Organisierte Kriminalität. VS-NfD. Freistaat Thüringen 2014 vom 26.08.2015, Seite 6.

Und auch die 'Ndrangheta wird es freuen, dass sich die Armenier derart brutal ins Hellfeld geschossen und geprügelt haben. Die italienische Mafia macht es sich im Dunkelfeld weiter gemütlich.

Straftaten im Hellfeld

Autor: Steffen Meltzer ff.

Wenden wir uns wieder dem Hellfeld zu: Noch einige Zahlen: Nach der Statistik des BKA[268] hatten wir 2016 im Vergleich zu 2015 in Deutschland die folgende bekannt gewordene Anzahl an Straftaten:

	2015	2016	in %
Straftaten gegen das Leben	2.991	3.242	+ 8,4 %
Vergewaltigungen	7.022	7.919	+ 12,8 %
davon Gruppenvergewaltigungen	400	749	+ 87,5 %
Rohheitsdelikte und Straftaten gegen die persönliche Freiheit ges.	765.233	815.709	+ 6,6 %
Raubdelikte	44.666	43.009	- 3,7 %
davon Raubüberfälle in Wohnungen	2.642	2.666	+ 0,9 %
Straftaten gg. sexuelle Selbstbestimmung	46.081	47.401	+ 2,9 %
Körperverletzungen insgesamt	528.863	573.450	+ 8,4 %
Widerstand gegen Polizeivollzugsbeamte	20.258	22.098	+ 9,1 %
Öffentliche Aufforderung zu Straftaten	594	1.130	+ 90,2 %
Verletzung des höchstpersönlichen Lebensbereiches durch Bildaufnahmen	5.392	5.875	+ 9,0 %
Beleidigung	218.414	234.341	+ 9,0 %
Sachbeschädigung	577.017	596.367	+ 3,4 %
Rauschgiftdelikte	282.604	302.594	+ 7,1 %

Ein Rückgang war vor allem bei Diebstählen und Wohnungseinbrüchen zu verzeichnen.

Bundesweite Kriminalitätszahlen über das Jahr 2017 lagen zur Drucklegung des Buches noch nicht vor. Aus den Zahlen der Bundesländer lässt sich jedoch schlussfolgern, dass die Verrohung der Gesellschaft unaufhaltsam voran schreitet. Die Tendenz seit 2015 hat sich noch verschärft, wie die oben genannten Beispiele zeigen. Ich möchte noch eine Zahl aus Leipzig nennen:

---

268 Bundeskriminalamt, 2015/2016, Version 2,0 | eingesehen am 26.03.2028

300% Anstieg bei Sexualstraftaten 2017 gegenüber von 2016, der Anstieg bei versuchten und/oder vollendeten Vergewaltigungen stieg in der Stadt von 29 auf 115 Fälle. Das entspricht einer Steigerungsrate von fast 400%.

Es ist auch 2017 davon auszugehen, dass die Zahl der Wohnungseinbrüche erneut rückläufig war. Warum das jedoch kein Grund zum Feiern ist, zeigen folgende Zeilen:

Deutschland – deine Einbruchsstatistik: statt 15,5 Prozent – nur 2,6 Prozent Aufklärung

Haben Sie auch das Gefühl, dass Kriminalität, beispielsweise Einbruch und Diebstahl, inzwischen ein willkommener Wirtschaftsfaktor geworden ist? Sicherheitsunternehmen schießen wie Pilze aus dem Boden, dubiose »Künstliche DNA-Sets«, werden durch Politiker und Gemeinden als neues Wundermittel beworben. Der Verkauf von Abwehrsprays, Kamera- und weiteren Sicherungssystemen für das eigene Heim haben Hochkonjunktur. So kann es schnell in die zehntausende Euro gehen, sein Eigenheim »perfekt« abzusichern.

Schlussendlich müssen die gestohlenen Gegenstände auch noch ersetzt werden. Ein wirklich lohnendes Geschäft für die Industrie. Fachleute behaupten, dass PKW schon längst viel effektivere Wegfahrsperren erhalten könnten, wenn die Fahrzeughersteller das nur wollten. Wollen diese das? Jedes gestohlene Fahrzeug wird bekanntermaßen erneut erworben, selbst wenn es eine andere Automarke ist. Um das ganze Brimborium schön zu reden, dienen dazu auch Statistiken:

Anstelle einer offiziellen Aufklärungsquote von 15,5 Prozent[269], ergab eine tiefgreifende Studie[270], dass in der Realität lediglich 2,6 Prozent bzw. gerade einmal bei jedem 38. Einbruch ein Täter ermittelt *und* beweiskräftig verurteilt wird. Letzteres zählt für die Opfer, sonst gar nichts! Es geht nicht um »Statistiken«, sondern darum, konkret Menschen vor Straftaten zu schützen und Opfern rechtlich Genugtuung zu verschaffen. Schauen wir uns einmal die Meinung, eines (einst) national und international anerkannten Spezialisten an:
Prof. Christian Pfeiffer[271], spricht davon, dass man auf die offiziellen Aufklärungszahlen nichts geben kann. Die bieten eine geschönte Welt der Polizei, von 100 angezeigten Fällen gibt es nur 2,6 Verurteilungen. Po-

---

269 Bundeskriminalamt (BKA), Polizeiliche – Kriminalitäts – Statistik 2014
270 Gina Rosa Wollinger et al.: Kriminologisches Forschungsinstitut Niedersachen E.V., Forschungsbericht Nr. 124, Wohnungseinbruch: Tat und Folgen, Ergebnisse einer Betroffenenbefragung in fünf Großstädten, 2014
271 Prof. Christian Pfeiffer, Innenminister a.D., bis 30.04.15 Leiter Kriminologisches Forschungsinstitut Niedersachsen in »Beckmann«, ARD vom 27.04.2015

lizisten sagen ihm unter vier Augen: »Die da oben brauchen geschönte Zahlen für ihre Politik.«

Ferner sagt Pfeiffer, dass man Statistiken sehr gut »interpretieren« könne, so sollen unaufgeklärte Einbrüche unter den Tisch fallen. Einem ertappten Täter werden viele ähnliche Einbrüche zugerechnet, auch wenn es dafür keine Beweise gibt – und schon sieht die Quote besser aus. »Seltsamerweise« werden in der Statistik Einbrecher als »ermittelt« erfasst, obwohl diese weder angeklagt noch verurteilt werden. Mit anderen Worten, dass der Haus- und Wohnungseinbruch aufgeklärt wird, man die gestohlenen Gegenstände, Geld, Schmuck oder seinen Laptop wieder erhält, tendiert gegen null!

Hilflose und traumatisierte Opfer bleiben zurück, die hoffentlich wenigstens eine Hausratversicherung abgeschlossen haben. Denn nur dann besteht die Chance wenigstens der finanziellen Entschädigung.
Was ein Leben lang bleibt, sind Menschen, die sich in den eigenen vier Wänden weder wohl noch sicher fühlen. Statt blühende verbleiben verbrannte Seelenlandschaften.

Geld für »Sicherheit« wäre genug vorhanden. Der Fiskus nimmt so viele Steuern ein, wie noch nie. Für die Bankenkrise war schließlich mehr als genug davon da. Hier geht es um den gesellschaftlichen Frieden und den Schutz des »kleinen Mannes«. Da nehmen es manche Politiker nicht ganz so genau. Was sind dafür die wirklichen Gründe?

60 Prozent der ermittelten Täter sind in Deutschland geboren. 29 Prozent der Täter sind Osteuropäer, die oftmals als Banden durch die Gegend ziehen und auch vor Gewalt gegenüber den Hausbewohnern nicht zurückschrecken. In ihren Rückzugsräumen sind diese faktisch nicht mehr habhaft zu werden. Die Beute der Einbrüche, Diebstähle und Raubzüge wird durch Kuriere schnell außer Landes gebracht.

Der ehemalige Innenminister von Baden-Württemberg, Reinold Gall, plaudert von schrankenloser Grenzkriminalität. Er bestätigt auf Nachfrage «Kollateralschäden", (welche Wortschöpfung einer Verharmlosung für die Betroffenen!), die nun mal durch offene Grenzen entstehen. Es trifft vor allen die kleinen Leute und Kleinstunternehmen besonders schmerzlich. Aber die haben ja sowieso keine Lobby.

Bemerkenswert:

Immerhin 17 Prozent der Einbrecher gehören zum Bekannten- und Freundeskreis der Einbruchsopfer. Wer solche »Freunde« hat, braucht wirklich keine Feinde mehr! Kein Vorwurf geht an die vielen Polizeibeamten, die versuchen, das Bestmögliche aus den verbleibenden dienstlichen Möglichkeiten zu machen. Die PKS[272] ist auch nach deren Selbstverständnis nichts anderes als ein Arbeitsnachweis. Bekannt ist, dass diese Statistik nur wenig mit einer abgebildeten Realität zu tun hat, siehe die angesprochene KfN Studie. Unbeachtet bleibt weitestgehend auch die hohe Dunkelfeldkriminalitätsrate. Sicherheit nur noch für Reiche?

---

[272] Bundeskriminalamt (BKA), Polizeiliche-Kriminalitäts-Statistik

Eine erhellende Dunkelfeldstudie

Das Land Niedersachsen hat sich im Jahr 2012 entschlossen, eine breitangelegte Dunkelfeldstudie zu betreiben. Das bekannte Hellfeld der in Abständen vorgestellten Polizeilichen Kriminalstatistik (PKS) spiegelte nach Meinung des Landes Niedersachsen nicht die tatsächliche Kriminalitätslage wider. Deshalb wurde erstmalig in Deutschland eine Befragung von ca. 40.000 Personen vorgenommen, von der nicht ganz die Hälfte in den Rücklauf kam. Mit anderen Worten: Das dortige LKA hat eine lebensnahe Kundenbefragung durchgeführt. Wie sind die Ergebnisse ausgefallen? Es ergab sich, dass ca. 30 Prozent der Befragten 2012 Opfer von mindestens einer Straftat geworden sind – einige Personen davon gleich mehrfach. Besonders erschreckend: 70 Prozent aller Opfer erstatteten keine Strafanzeige! Damit waren hunderttausende Straftaten der Polizei nicht bekannt.

Die Situation wird andernorts nicht besser sein. Wenn Straftaten im Dunkeln versickern, da keine Anzeigen erfolgten, fehlen die strafrechtlichen Sanktionen. Täter fühlen sich dann ermutigt. Gleiches ist der Fall, wenn die Staatsanwaltschaft wegen »Geringfügigkeit« oder »fehlendem öffentlichen Interesse« Verfahren einstellt.

In Niedersachsen gaben die meisten Befragten an, mindestens einmal im Jahr eine Polizeistreife wahrgenommen zu haben. Allerdings war diese so gut wie immer motorisiert und fand fast nie in Form einer Fuß- oder Fahrradstreife statt. Nach der Dunkelfeldstudie besteht bei vielen Bürgern der Wunsch nach einem persönlichen Kontakt zur Polizei. Überlastete Funkstreifenwagenbesatzungen, die von Einsatzort zu Einsatzort gehetzt werden, dürften das allerdings verhindern. Niedersächsische Bürger bevorzugen bei der Anzeigenerstattung eindeutig den direkten Weg zur Polizei und den unmittelbaren Kontakt mit dem aufnehmenden Beamten. Eine Internetwache wurde nur wenig genutzt. Favorisiert werden also auch in Zeiten der Technisierung von Verwaltungs- und Vollzugsabläufen menschliche Kontakte und weniger distanzierte Maschinenabläufe am Computer oder Mobiltelefon. Je mehr persönliche Gespräche zwischen den Bürgern und der Polizei stattfinden, desto mehr Straftaten werden aufgehellt. Viele Bürger sind bei Sachverhalten verunsichert und suchen einen persönlichen Rat, gerade wenn es um Straftaten geht.

Die Polizei in Niedersachsen wird von den Einwohnern gut bewertet. Unzufrieden zeigten sich die Umfrageteilnehmer dahingehend, dass sie als Opfer über das jeweils bestehende Strafverfahren von der Polizei zu wenig informiert wurden. Immer weniger Personal der Kriminalpolizei verhindert eine umfassende Ermittlung bei Alltagskriminalität. Den zuständigen Sachbearbeitern ist selbstverständlich deshalb kein Vorwurf zu machen – erst recht nicht, wenn man gesehen hat, was durch die engagierten Kollegen der Kripo für Massen an Verfahren bewegt werden müssen. Es wurde die Tendenz deutlich: Haben Sie einen guten Anwalt, wird vielleicht die Straftat geahndet. Haben Sie einen schlechten oder gar keinen, haben Sie eben »Pech«, das Verfahren wird eingestellt und der Täter kommt davon. Dieser Umstand untergräbt das Vertrauen des Bürgers in den Staat.

Delikte	Anzeigequote in % Dunkelfeldstudie	Anzahl der angezeigten Delikte PKS	Hochrechnung auf Niedersachsen (auf 100 Fälle gerundet)
Diebstahl INSGESAMT	47	123.274	262.300
KFZ-Diebstahl	92	3.984	4.300
KFZ-Aufbruch	78	9.519	12.200
Fahrrad-Diebstahl	50	39.336	78.700
Diebstahl von pers. Gegenständen	35	6.957	19.900
Diebstahl allgemein	37	48.880	132.100
Wohnungseinbruchdiebstahl	84	9.402	11.200
Versuch Wohnungseinbruchdiebstahl	36	5.196	14.400
Cyber Crime	9	20.311	225.700
Datenverlust durch Viren pp.	5	240	4.800
Vertrauliche Daten aufgrund von Mail und Phishing	10	536	5.400
Betrug im Internet	24	19.535	81.400
Betrug ohne Internetnutzung	28	32.438	115.900

Körperverletzung INSGESAMT	24	44.955	187.300
leichte KV ohne Waffe	20	33.363	166.800
leichte KV mit Waffe und schwere KV mit und ohne Waffe	47	11.592	24.700
Sachbeschädigung INSGESAMT	31	56.525	182.300
KFZ-Beschädigung	34	21.081	62.000
Sachbeschädigung allgemein	25	35.444	141.800
Drohung INSGESAMT	13	9.392	72.200
Sexualdelikte INSGESAMT	4	1.262	31.600
Raub	35	2.884	8.200

Quelle: Tabelle LKA Niedersachsen, »Befragung zur Sicherheit und Kriminalität in Niedersachsen«, Bericht zu Kernbefunden der Studie 29.11.2013, Seite 21

Von den wirtschaftlichen Schäden durch Kriminalität einmal abgesehen, gibt es noch die traumatischen Belastungsstörungen, die Opfer durch die Erfahrung von schweren Straftaten wie Wohnungseinbrüche, Raubüberfälle oder gefährliche Körperverletzung erleiden. Unverarbeitet können diese ein Leben lang anhalten und die Lebensqualität dieser Menschen erheblich beeinträchtigen, was wiederum auch erhebliche Kosten für die Gesellschaft bedeutet.

Es gibt Deliktfelder, für die die Polizeiliche Kriminalstatistik nicht einmal ansatzweise die tatsächliche Kriminalitätsrate wiedergibt. Die PKS beinhaltet nur die der Polizei bekannt gewordenen Straftaten. Beispielsweise werden nach der benannten Studie Sexualdelikte der Polizei nur zu etwa vier Prozent bekannt, bei der Internet-/Computerkriminalität sind es lediglich 10,6 Prozent. Das heißt, von 1.000 Nutzern wurden 106 Opfer von kriminellen Attacken. Während Wohnungseinbrüche und Kfz-Delikte am ehesten der Polizei angezeigt werden, zeigen sich bei Körperverletzungen, Diebstählen und Sachbeschädigungen horrende Unterschiede zwischen realer Kriminalität und dem Anzeigeverhalten der Bürger.

Die Auswirkungen auf die Kriminalitätsfurcht von Opfern sind enorm. Die LKA-Befragung beschreibt ein typisch verstärktes individuelles Schutz- und Meidungsverhalten.

Natürlich ist erst einmal jeder für sich selbst verantwortlich, wenn es darum geht, kein Opfer einer Straftat zu werden, zum Beispiel indem er seine Firma, Wohnung oder sonstiges Eigentum entsprechend zusätzlich sichert. Es ist aber auch Aufgabe des Staates, zu verhindern, dass Geschädigte aus Furcht vor weiterer Kriminalität nur noch eingeschränkt am gesellschaftlichen Leben teilnehmen können. Werden Straftaten zur Anzeige gebracht und können sie aufgeklärt werden, dann werden in der Folge auch weniger Menschen Opfer von Aggressoren und kalten Praktikern, die zwar schon mehrfach Delikte begangen haben, jedoch noch nie polizeilich erfasst wurden und die damit auch noch nie erfahren mussten, dass ihr Fehlverhalten geahndet wird. Um eine weitere Diskrepanz zwischen Dunkel- und Hellfeld zu verhindern, ist es aus meiner Sicht notwendig, ein separates Studium in der Fachrichtung »Kriminalpolizei/Kriminalistik« an den Fachhochschulen der Polizei einzuführen. Das gibt es nach meiner Kenntnis bisher lediglich in zwei Bundesländern, zum Beispiel in Berlin. Dass jeder Polizist alles können muss bzw. soll und faktisch beliebig zwischen Wach- und Wechseldienst und Kripo hin- und hergeschoben werden kann, darf in Zeiten notwendiger polizeilicher Spezialisierungen und immer komplizierterer Sachverhalte, beispielsweise einer massenhaft auftretenden Cyberkriminalität, keine dauerhafte Lösung sein.

Der perfekte Mord und andere Todesfälle außerhalb der statistischen Wahrnehmung

Gibt es den perfekten Mord? Selbstverständlich – wenn er als Straftat unentdeckt bleibt. Nach der Antwort des Berliner Senats auf eine Abgeordnetenanfrage stellte sich beispielsweise heraus, dass 41 mögliche Tötungsdelikte, die zwischen 2009 und 2013 in Berlin geschehen sein könnten, in keiner Berliner Kriminalstatistik vorzufinden sind. Diese 41 Menschen gelten als vermisst, und es ist keine Spur von ihnen auffindbar – sie könnten also ermordet worden sein, ohne dass ihre Leiche bislang gefunden werden konnte.[273]

Doch der Reihe nach: Nicht erfasst in den sogenannten Dunkelziffern werden einige Kriminalitätsfelder wie z. B. unaufgeklärte Fälle von Mord und Totschlag sowie andere verdeckte Todesfälle. So schätzt beispielsweise der renommierte Gerichtsmediziner vom Institut für Rechtsmedizin an der Uni München, Wolfgang Eisenberger, dass deutschlandweit pro Jahr mindestens 1.200 Tötungsdelikte unentdeckt bleiben. Als eine Ursache sieht er, dass vermutlich aus Kostengründen 2012 in nur noch ca. 1 Prozent aller Fälle gerichtlich angeordnete Sektionen vorgenommen wurden.

So wollte man beispielsweise das Institut für Rechtsmedizin in Potsdam aus übertriebenem Spareifer auflösen. Sektionen sollten zukünftig durch Pathologen in Krankenhäusern durchgeführt werden.
»Der Vorschlag ist völlig daneben!«, sagte Brandenburgs Generalstaatsanwalt Eduardo Rautenberg. *»Für die Strafverfolgung wäre das fatal.«* Pathologen in Kliniken seien auf das Erkennen von Erkrankungen, nicht aber auf das Entdecken von Verbrechensspuren spezialisiert, warnt Brandenburgs oberster Strafverfolger Eduardo Rautenberg. Wir haben schon jetzt eine sehr hohe Zahl nicht entdeckter, unnatürlicher Todesfälle. Die Dunkelziffer würde steigen, Morde würden nicht entdeckt.[274] Der Leiter

---

273 BZ: Viele Mordfälle tauchen in Statistik nicht auf. Erschienen am 05.09.2015. Eingesehen unter http://www.bz-berlin.de/berlin/viele-mordfaelle-tauchen-in-statistik-nicht-auf am 06.09.2014.
274 Märkische Allgemeine Zeitung: Rechtsmediziner erhalten Rückendeckung. Erschienen am 17.06.2013. Eingesehen unter http://www.maz-online.de/Brandenburg/Reaktion-auf-Vorschlag-des-Landtags am 20.01.2015.

der Rechtsmedizin in Potsdam, Jörg Semmler, geht davon aus, dass in Deutschland etwa jeder zweite unnatürliche Todesfall unentdeckt bleibt und merkt weiterhin kritisch an, dass in keinem anderen hochindustrialisierten Land so wenig obduziert wird wie in Deutschland.

»Prenzlau: Der Tote lag auf dem Rücken, als die Notärztin eintraf. Als Todesursache auf dem Totenschein attestierte die Medizinerin »geplatzte Krampfadern«[275]*. Sie hatte weder die Leiche vorschriftsmäßig entkleidet, noch den Körper einschließlich aller Körperöffnungen gründlich auf äußere Merkmale untersucht, ehe sie sehr schnell einen natürlichen Tod bescheinigte. Der Leichnam wurde zur Bestattung freigegeben.*
Niemand hätte wohl daran gezweifelt, käme nicht wie so oft der »Kommissar Zufall« ins Spiel.
Ein Bekannter des Toten, Roland R., erzählte der Polizei, bei einer Routinebefragung, dass er mit ihm in dessen Wohnung »einen über den Durst« getrunken habe. Dann sei der Mann plötzlich im Sessel bewegungslos zusammengesackt, sein Puls wäre nicht mehr spürbar gewesen. Nur deshalb, weil nun der Verdacht der unterlassenen Hilfeleistung im Raum stand, wurde doch noch in letzter Minute eine Obduktion angeordnet. Das Geschehen nahm plötzlich eine überraschende Wende. Bei der Obduktion des angeblich eines natürliches Todes gestorbenen Mannes wurden drei tiefe Messerstiche in seinem Rücken festgestellt, von denen mindestens einer tödlich war. Der Verdacht fiel sofort auf den Bekannten, der nun wegen Totschlags angeklagt wurde. Für die Notärztin blieb allerdings nach Aussagen der Staatsanwaltschaft ihre Nachlässigkeit folgenlos. Fast wäre dieses Tötungsdelikt unentdeckt geblieben.«

Worauf sollte man als Angehöriger eines Verstorbenen achten?

Wenn man den Verdacht hat, dass ein Angehöriger, Freund oder Bekannter eines unnatürlichen Todes gestorben ist, dann sollte man sich sofort an die Staatsanwaltschaft wenden, bevor es zu spät ist. Mit Nachdruck ist zu begründen, warum man um eine Leichenschau und Obduktion bittet. Wer sich davon überfordert fühlt, kann auch einen Rechtsanwalt damit beauftragen. Notfalls erklärt man sich bereit, die Kosten für eine

---

275 Märkische Allgemeine Zeitung: Ärztin übersieht tödliche Messerstiche. Eingesehen unter http://www.maz-online.de/Brandenburg/Prenzlau-Aerztin-in-Prenzlau-uebersieht-toedliche-Messerwunden am 11.03.2014

Obduktion, die durchschnittlich 1.000 Euro betragen, selbst zu übernehmen. Dann führt ein Gerichtsmediziner diese Maßnahme durch und man bekommt Gewissheit, woran der Mensch tatsächlich gestorben ist. Eile tut schon deshalb not, weil verschiedene tödliche Gifte sich bereits nach kurzer Zeit verflüchtigen und demzufolge nicht mehr nachzuweisen sind.

Auch einige andere Zahlen lassen aufhorchen. So berichtet 2014 die AOK in ihrem Krankenhausreport, dass geschätzte 18.800 Patienten in deutschen Krankenhäusern aufgrund von Fehlern ums Leben gekommen sind. Das sind fünf Mal so viel Menschen, wie jährlich im Straßenverkehr tödlich verunglücken. Als Ursache wird mangelnde Hygiene, falsche Medikamentenvergabe und die wirtschaftliche Ausrichtung der Krankenhäuser vermutet. Ich selbst war bei einer Obduktion eines jungen Mannes zugegen, welcher durch einen Behandlungsfehler einer Ärztin verstarb. Der Chef der Gerichtsmedizin schlug dem Staatsanwalt in seinem Gutachten daraufhin die Einleitung eines Ermittlungsverfahrens gegen die Ärztin vor. Sie hatte einen Herzinfarkt übersehen und den Patienten mit der Bemerkung nach Hause geschickt, die Schmerzen im Schulterbereich rührten von einem eingeklemmten Nerv her. Hier kam die Wahrheit wenigstens noch ans Tageslicht, jedoch scheint mir das Dunkelfeld unentdeckter Behandlungsfehler mit tödlichem Ausgang enorm hoch zu sein.

Mein Fazit: Ich rege hiermit eine bundesweite Dunkelfeldstudie an, um einmal die wahren Ausmaße der Kriminalität zu erfassen. Offensichtlich fehlt für diesen Großfeldversuch der politische Wille, die Ergebnisse würden nicht jedem schmecken. Aber auch die in vielen Bundesländern praktizierte polizeiliche Studienausbildung ohne Spezialisierungen zur Kriminalpolizei, vergrößern die Schere zwischen Hell- und Dunkelfeld. Nun zu einem nicht ganz alltäglichen Feld der Begehrlichkeiten, dass sich nicht nur in Deutschland abspielt.

Wenn Frauen Serien- und Massenmörder lieben

Eine Glosse zur Hybristophilie (Wenn Frauen Serienmörder lieben).

Meine Damen, haben Sie heute schon mit Ihrem Serien- oder Massenmörder im Gefängnis telefoniert? Nein? Dann aber schnell, lassen Sie den armen Kerl nicht hängen. Er braucht schließlich Ihre liebevolle Zuwendung. Sie wollen diesen heiraten? Warum eigentlich nicht. Ich kann Sie beruhigen, Sie sind alles andere als ein Einzelfall. Die Wahrscheinlichkeit, dass Ihr gruseliger Bräutigam eines schönen Tages bei Ihnen unangemeldet vor der Tür steht, ist eher als gering anzusehen. Es besteht also keine Sorge, dass er bei Ihnen einzieht, anfangs »ganz nett« ist, später »etwas auffällig« reagiert, indem er bei geringsten Anlässen dazu neigt, Sie zu schlagen um Sie dann irgendwann undankbar ins Jenseits zu schicken.

Als Frau haben Sie schon immer eine Neigung, zu besonders »harten Männern« aufzusehen? Die Ursachen liegen meistens darin, dass Sie im Elternhaus besonders streng erzogen wurden, wenig Liebe erfahren haben und Ihr Vater sehr autoritär war. Deshalb suchen Sie sich ständig unbewusst Männer, die diesem Rollenbild nahekommen, auch wenn Sie immer wieder daran scheitern. Sollte der Auserwählte nicht kaltherzig genug zu Ihnen sein, provozieren Sie ihn solange in diese Rolle, bis er endlich anfängt, Sie zu verprügeln. Die anrückende Polizei wird es Ihnen danken, ist doch das Täter-Opfer-Bild klar und es gibt wieder einen Strich mehr unter »Täter bekannt« in der Polizeilichen Kriminalstatistik. Das steigert die kriminalistische Aufklärungsquote, so haben alle etwas davon. Dankeschön!

Oder in Ihrer narzisstischen Überzeugung sind Sie der Meinung, der Typ war zwar ein mehrfacher Vergewaltiger und Menschenquäler aber bei mir wird er das nicht einmal ansatzweise versuchen. Ich bekomme diesen Kerl schon in den Griff. Tausende Frauen sind an diesen phantasiereichen Vorstellungen schon gescheitert, manche haben, selbstverständlich ganz explizit, dafür mit dem eigenen Leben bezahlt. Nur der Versuch macht schließlich klug, auch wenn es der letzte war. Vielleicht. Wir werden Sie ehrfürchtig im Andenken bewahren.

Dann haben wir als nächste Ursachenvariante noch so etwas wie ein soziales Mitgefühl für diese armen Kreaturen, die im Knast ein traurig-tristes Leben führen müssen. Sie können sich natürlich selbst enorm damit aufwerten, sich einen besonders brutalen Verbrecher fürs eigene gute Gewissen zu halten. Schicken Sie ihm ab und an mal einen Brief, ein paar Wurst- und Kuchenpakete und besuchen Sie ihn im Gefängnis. Die arme Seele wird es Ihnen danken, er hat ja sonst nichts mehr auf dieser Welt, denn die Menschen die ihm einst nahestanden, hat er bereits alle umgebracht. Manche halten sich einen Papagei im Käfig, Sie halten sich einen eingesperrten Häftling. Aber hüten Sie sich davor, dass Ihr Auserwählter jemals aus der Vollzugsanstalt entlassen wird. Falls doch, ziehen Sie vorher schnell nach »unbekannt« um. Er wird Sie trotzdem finden, wetten wir?

28 getötete Frauen = 200 Liebesbriefe täglich

Der norwegische Massenmörder (77 Getötete) Anders Behring Breivik erfreut sich einer stetig wachsenden Beliebtheit bei vielen Damen. Das zeigen hunderte Liebesgeständnisse und Heiratsanträge, die dieser täglich im Knast erhält. Im Augenblick soll der »Herr über Leben und Tod« noch etwas wählerisch sein, welcher Dame er seine mörderischen Gewehrsalven an inniger Zuwendung zukommen lässt.

Auch in den fünffachen Serienmörder Dieter Zurwehme verliebten sich immerhin 15 Frauen, bevor er endgültig von einer Kellnerin »weggeheiratet« wurde. Eine Liebesquote, von der brave Männer bestenfalls träumen können, außer man ist ein (vielleicht) Millionär. Nun ist der harte Kerl weg vom Heiratsmarkt. Oder nehmen wir Thomas Holst. Der liebenswürdige und so hilfsbedürftige Mörder hatte immerhin drei Frauen gefoltert, vergewaltigt und zerstückelt. Hier war die Knasttherapeutin am Schnellsten, bevor die anderen Verehrerinnen ihr zuvorkamen. Sie heiratete Holst und verhalf ihm zur Flucht aus dem Hochsicherheitstrakt. Eine Romanze wie Bonny und Clyde.

Die Spezialität von Ted Bundy war es nicht nur, mindestens 28 Frauen zu ermorden, sondern einen Tag später zum Tatort zurückzukehren, um in den Mund der zerstückelten und entstellten Leichen zu ejakulieren. Seine tägliche Belohnung: 200 Liebesbriefe! Man könnte direkt neidisch werden, wenn es nicht so verboten und antisozial wäre, dafür jemanden eiskalt um die Ecke zu bringen.

Ja, meine lieben Damen, sich so einen gefährlichen Psychopathen und Verbrecher im Strafvollzug zu halten, hat schon etwas sehr Prickelndes. Andere haben einen Pitbull an der Leine, Sie haben gleich das gefährlichste Raubtier gewählt, wenn auch in Käfighaltung. Alle Achtung vor dieser Selbstaufopferung!

Die neuen Popstars heutzutage sind, ... ja richtig, Serien- und Massenmörder! Je mehr Opfer diese gemeuchelt haben, vorzugsweise mit vorangegangener Folter, desto berühmter und begehrenswerter sind sie. Wer will heutzutage schon als »normal« gelten, frage ich Sie? Man kann damit sogar reichlich Knete verdienen, zumindest, wenn man nicht zu viel Knete im Hirn hat: T-Shirts, Dokus, manche schreiben Bücher, Filme werden abgedreht.

Liebesgrüße in den Knast

Wenn Mörder nach Aufmerksamkeit gieren, beispielsweise der österreichische Knastpoet Jack Unterweger, finden sich immer illustre Frauen, die diese Chance nutzen, um sich damit erregend aufzuwerten. Filmschauspielerinnen ebenso wie eine Universitätsprofessorin aus Schweden. Die promovierte Schwedin sandte Unterweger Liebesbriefe gleich mit Nacktfotos ins Gefängnis, die weibliche Konkurrenz ist schließlich groß. Das Ego von Unterweger genoss es, wie sich ihm auch Damen der »feinen Wiener Gesellschaft« an den Hals warfen, um endlich den lang erwarteten Sex zu vollziehen. Die Schlange der Hoffenden soll ziemlich lang gewesen sein.

Als er aus dem Knast entlassen wurde, vergewaltigte und erdrosselte er allerdings prompt gleich wieder ein paar Anschaffende. Prostituierte waren eben eher sein Fall und er wollte ja nicht aus der Übung geraten. Nur seiner Eitelkeit haben wir es zu verdanken, dass er sich lieber das Leben nahm, als noch einmal in den so unbeliebten Knast einzuziehen. Nun müssen wir auf Unterwegers Gedichte verzichten, die uns doch so wunderbar skurril fasziniert hatten. Ob er dann noch ein zweites Mal im Knast den Ingeborg-Drewitz- Literaturpreis verliehen bekommen hätte? Wir werden es leider nie mehr erfahren.

Die Erotik des Bösen scheint einen unwiderstehlichen Reiz auszuströmen. Warum auch nicht? Schließlich gilt »nett sein« als langweilig. Horror faszinierte die Menschen seit eh und je. In den Medien steigern Geschichten von Mord und Totschlag ganz sicher die Auflagenzahlen und Einschaltquoten. Der brutale Tod sichert das Überleben! Die Absurdität des menschlichen Mitgefühls, Menschen weiden sich voyeuristisch am Leid der anderen.

Das Grauen weckt die morbide Lust einer Spaßgesellschaft

Auch männliche Vorstandsvorsitzende, Geschäftsführer, Professoren und bekannte Politiker besuchen Dominas, um sich dort für teures Geld freiwillig erniedrigen und quälen zu lassen. Gern als Hündchen winselnd an der Leine, auf allen Vieren nackt auf dem Boden kriechend. Als besonderes Leckerli gibt es die Peitsche, als Höhepunkt das Nageln ans (am) Kreuz.»Wie es euch gefällt!« »As You Like It«, meinte schon William Shakespeare. Doch die gruseligsten Geschichten schreibt das Leben selbst. Und wie bei Shakespeare können Leidenschaft und Qual, Liebe und Tod schaurig eng beieinander liegen. Frauen und Männer, ein nie ausgehendes Thema, auch in der kriminologischen Betrachtungs-weise oder sagen wir besser der geschlechtsspezifischen, wie das folgende Thema aufzeigt:

Deutschland – deine Talkshows:
»Frauen gute Mörderinnen, Männer böse Mörder?«

ARD-Abendprogramm, Talkshow mit Günther Jauch, einst am Sonntag ab 21:45 Uhr. Als geladene Gäste waren anwesend:

- Ein pensionierter Leiter einer Mordkommission und Fallanalytiker,
- eine Frau, deren Ehemann erst den gemeinsamen Sohn und anschließend sich selbst vergiftete,
- eine junge »Zeit«- Journalistin, die eine Reportage herausbrachte, in der sie darüber berichtet hat, wie ein Mann seine Frau und die beiden gemeinsamen Kinder getötet hat,
- Ein Schauspieler, der einen solchen Täter in einer »Polizeiruf« – Reihe dargestellt hat,
- eine Gerichtsgutachterin und Leiterin der forensischen Abteilung an einer Landesnervenklinik.

Dann ging es zur Sache. Jauch fragte die Chefärztin der Psychiatrie, ob es Warnhinweise dafür gibt, dass ein Tötungsdelikt bevorstehen könnte? Die Gutachterin stellt fest, dass nach US- Studien lediglich 0,2 bis 0,3 Fälle pro 100.000 Einwohner zählbar sind, was sehr wenig wären. Auch in Österreich gab es zwischen 1991 und 2006 »lediglich« 22 diesbezügliche Delikte mit 61 getöteten Personen. Deshalb könne man daraus keine Gesetzmäßigkeiten ableiten, meinte sie. Deshalb springe ich gern einmal in die Bresche und helfe ein wenig mit den Fakten nach:

Gewalttaten in der Partnerschaft sind alles andere als selten. Über Gefährdungsrisiken gibt es genaue Erkenntnisse. Nach einer Untersuchung von Campbell, et al., 2003, steigt das Risiko für Frauen von ihrem Partner getötet zu werden um folgenden jeweiligen Faktor:

- 3,8 x, wenn die Frau während der Schwangerschaft geschlagen wird,
- 4,1 x, wenn der Mann fast jeden Tag betrunken ist,
- 4,3 x, wenn durch den Partner die physische Gewalt zunimmt,
- 5,1 x, wenn der Partner die Frau zunehmend oder völlig kontrolliert,
- 6,1 x, wenn eine Schusswaffe im Haus ist,
- 7,6 x, wenn der Geschlechtsverkehr erzwungen wird,

- 9,2 x, wenn neben der körperlichen Gewalt durch den Partner Eifersucht dazukommt,
- 9,9 x, wenn Angriffe auf den Hals der Frau erfolgen,
- 14,9 x, wenn der Mann droht, die Frau umzubringen,
- 20,2 x, wenn der Partner sie mit einer Schusswaffe bedroht oder angreift.

Doch, wo liegt die Lösung des Problems? Der Profiler ergänzt, dass sich die Frauen schnellstens zur Polizei begeben sollten, um eine Gefährdungsanalyse erstellen zu lassen. Die anwesende geschädigte Frau fügt hinzu, dass man sich viel zu viel um die Täter kümmert, währenddessen sich um die Opfer niemand kümmert. So stand sie nach ihrer Klinikentlassung völlig allein da, sie benötigte mehrere Anläufe beim Weißen Ring, um nach dem Opferschutzgesetz einen Antrag durchzubringen. Außerdem gäbe es viel zu wenig Psychologen, diese haben oftmals lange Wartelisten und 90 Prozent aller Psychologen (der von ihr aufgesuchten) hätten die Hände über dem Kopf zusammengeschlagen, da ihre Ausbildung keine kompetente diesbezügliche Therapie ermöglicht.

Deshalb möchte ich hinzufügen, dass Betroffene , bevor das Kind in den Brunnen gefallen ist, unbedingt das polizeiliche Rückkehrverbot in die gemeinsame Wohnung, ausgesprochen durch die Polizei zur Gefahrenabwehr vor Ort, in Anspruch nehmen sollten, um in der Zwischenzeit mit Hilfe eines Anwaltes nach dem Gewaltschutzgesetz ggf. eine »Einstweilige Anordnung« zu erwirken. Diese betrifft auch ehemalige Partner(innen), die zwar räumlich getrennt leben, aber ein bedrohliches Verhalten gegenüber dem/der Ex an den Tag legen. Tötungsdelikte am Partner kommen ebenso in und nach der Trennungsphase, in einem Zeitraum bis zu fünf Jahren, vor.

Möglich sind hier das Aussprechen eines Annäherungsverbotes, des Kontaktverbotes, auch mit technischen Kommunikationsmitteln, die Überlassung der gemeinsamen Wohnung, ebenso das Verbot, sich in deren Umkreis aufzuhalten, usw.

Schauen wir uns die Expertenmeinung der Gutachterin zu Männern und Frauen etwas genauer an, wenn es darum geht, die eigene Familie auszulöschen. Dafür gäbe es nach Ansicht der Gutachterin wesentlich zwei »Arten«:

- Erweiterter Mord, durch Männer und
- erweiterter Suizid, durch Frauen.

Dies begründet die Gutachterin damit, dass Frauen an der Psyche, beispielsweise einer Depression erkranken und deshalb ihre Kinder töten, damit diese nach dem eigenen Ableben nicht der bedrohlichen und grauen Welt ausgeliefert sind. Diese Erkrankung könne demnach jede(n) ohne äußeren Anlass befallen. Der Kriminalist stellt fest, dass diese Frauen aus einer Gewaltbeziehung nicht heraus kommen, deshalb töteten sie. Da Frauen weniger körperliche Kraft haben, nehmen diese ihre Kinder mit in den Tod, um sie zu »schützen« und verschonen den Mann.

Nach diesen Thesen ist die Frau das »ewige Opfer«? Das gleicht einer Entmündigung. So beklagt sich ein Vater, dass seine Tochter unbedingt den Serienmörder Charles Manson (12. November 1934 bis † 19. November 2017) heiraten will[276]. In einem anderen Fall hetzt eine Mädchengang ein anderes Mädchen durch Tübingen, verprügelt es grün und blau und stellt das Video ins Netz[277].

Er erläutert weiter, Männern geht es vorwiegend um eine Besitzstandswahrung; sie können es nicht ertragen, dass ein anderer Mann die sexuelle Kontrolle über »ihre« Frau hat. Die Gutachterin fügt hinzu, dass es Männern ohne echte Selbstwertgefühle um Statussymbole geht. Dazu gehören ihr Job, die Firma, Frau und Kinder. Ursächlich dafür sind narzisstische Persönlichkeitsstörungen, in ihrem Ausdruck zeigen Betroffene oft eine meisterhafte Täuschung. Die Psychiaterin fügt außerdem hinzu, dass es keine monokausalen Gründe gibt. Ursachen wären vielmehr eine genetische Disposition, eine bestimmte Biografie mit Verlusterfahrungen in der Kindheit und die bestehende Lebenssituation.

Demnach morden also Männer aber Frauen begehen »nur« erweiterten Suizid ohne Mörderinnen zu sein.

---

276 https://www.focus.de/panorama/videos/wenn-man-es-nicht-akzeptiert-frisst-es-einen-auf-vater-spricht-erstmals-meine-tochter-will-massenmoerder-charles-manson-heiraten_id_3985666.html
277 Siehe auch: http://www.focus.de/panorama/welt/zu-boden-geschlagen-maedchenbande-dreht-pruegel-video_id_4290495.html

An dieser ausschließlichen geschlechtsspezifischen Interpretation habe ich Zweifel. Aber natürlich sind Männer auch statistisch gesehen eher Mörder, Totschläger und sonstige Gewalttäter als Frauen.

Bei negativen Ereignissen, z. B. Kapitalverbrechen, kann eine Täterin immer noch mit deutlich mehr Nachsicht der Gesellschaft und der Gerichte in den Bewertungen des Verbrechens rechnen als ein Mann. Eva Adam gegenüber unterwürfig und schwach, das hat unsere Kultur lange Zeit geprägt. Für mich altes Denken der letzten Jahrhunderte, als Mann der Frau absprach, ebenbürtig zu sein. Inzwischen holen Frauen überall auf. Die neue Lilith[278] ist überall.

- *Beispiel: In Bayern beauftragte eine Ehefrau, über den besten Freund der Familie, zwei Männer damit, ihren Ehemann zu ermorden. Sie konnte den Gedanken nicht ertragen, dass sich ihr Gatte, der ein erfolgreicher Geschäftsmann war, von ihr trennen wollte und hatte Angst dabei leer auszugehen. Den Auftragsmördern bot sie 80.000 Euro, die sie praktischerweise aus der Erbmasse erzielen wollte. Die Sache flog auf und die Dame wanderte in den Knast. Die Auftragsmörder sind bis heute nicht gefasst.*

- *Beispiel: Da ist die Pflegerin, eine gelernte Krankenschwester, die einen bisher gesunden Senior mit Medikamenten so lange vollstopft, bis er davon abhängig und bettlägerig dahin siecht. Sie lässt sich ins Testament einsetzen und räumt 200.00 € von dessen Konto bereits ab, als das Opfer noch lebt. Anschließend erstickt die »resolute Frau« den begüterten Rentner mit einem Kissen. In der Gerichtsmedizin stellte man fest: Die Organe waren gesund, aber die Medikation hatte diese geschwächt. Winzige punktuelle Einblutungen am Auge bewiesen die Gewalttat. Wenn die Nachbarin kein Misstrauen geschöpft hätte, wäre dieser Mord vermutlich nie aufgefallen. Auf dem Totenschein stand ursprünglich: »Natürlicher Tod«.*

- *Beispiel: Der Ehemann ist Mathematikdozent und eher fürsorglich und häuslich, die Ehefrau geht gern aus und ist flatterhaft. Bald hat sie einen Liebhaber, der so ganz anders ist: Macho mit ständiger Geldnot. Sie verlässt ihren Mann, die Kinder bleiben bei diesem. Der Dozent kämpft um seine Frau, die er immer*

---

278 Lilith war die erste Frau Adams, die nach Verweigern des Gehorsams durch Eva abgelöst wurde.

noch liebt. Deshalb treffen diese sich in einem Restaurant, überraschend ist außerdem der Liebhaber anwesend. Nachdem die Ehefrau ihrem Gatten einen Michshake reicht, wird diesem übel und er verlässt sofort das Anwesen. Bald darauf bricht er zusammen. Ihm wurde das in Deutschland verbotene Rattengift E 605 gereicht. Die Rabenmutter und der Liebhaber werden im Ausland festgenommen. In ihrem Geständnis erklärt die Dame, dass sie angeblich von ihrem Liebhaber gezwungen wurde, dem Gatten das Gift zu verabreichen. Nur aus Angst vor diesem hätte sie diese Tat ausgeführt. In diesem Fall glaubt das Gericht nicht an die vorgeschobene Opferrolle der Giftmischerin, sie erhielt lebenslänglich, ebenso wie ihr Liebhaber.

Es mag sein, dass es eine genetische Veranlagung für Angsterkrankungen oder Depressionen gibt. Diesbezügliche Forschungen sind mir bekannt. Ob diese »Anlagen« zum Ausbruch kommen, steht allerdings auf einem völlig anderen Blatt. Zuviel hängt von den Lebensumständen ab. Ich stelle allerdings in Abrede, dass es eine »genetische« Veranlagung dahingehend gibt, die eigene Familie und sich selbst auszulöschen, die durch »ungünstige Lebenskonstellationen« latent wird.

Deshalb widerspreche ich der Gutachterin

Kinder bis zu sechs Jahren werden insgesamt in einer größerer Anzahl von leiblichen Müttern (195 Fälle gelistet) getötet als von leiblichen Vätern (115)[279]. Bei einem »erweiterten Suizid« sind Frauen und Männer zu exakt gleichen Teilen erfasst, währenddessen bei gezielten Tötungen tatsächlich leibliche oder soziale (Lebenspartner) Väter hervortreten. Es ist also nicht so, wie die Gutachterin anmerkt, dass bei erweitertem Suizid nur Mütter und bei erweitertem Mord nur Väter im wissenschaftlichen Fokus stehen. Obwohl nach dieser Studie Frauen mehr Tötungsdelikte an Kindern begehen als Männer, werden dabei Frauen primär psychische Erkrankungen bescheinigt, Männer sind davon jedoch ebenfalls betroffen.

- *Beispiel: Der BGH ändert ein Urteil von fünfeinhalb auf dreieinhalb Jahre Haft. Begründung: Die Mutter, die ihr Baby umgebracht hatte, litt nach dem Ableben des Hundes unter einem Trauma, dass in eine Depression mündete.*

---

279 KFN- Studie 2011, Tötungsdelikt an Kindern, Modul Interview mit Täterinnen, Forschungsbericht Nr.111, Kroetsch

Deshalb wäre sie bei der Tat nicht voll schuldfähig gewesen. Ich kenne einige Herrchen und Frauchen, für die der Hund ein vollwertiges Familienmitglied ist und die nach dem Tod des Tieres sehr gelitten haben. Jedoch ist mir niemand bekannt, der deshalb seine Kinder ins Jenseits befördert hätte.

Das alte Geschlechterrollenbild »Frau ausschließlich einfühlsam und aufopfernd«, »Mann der einsame Krieger der ins Feld zieht um andere zu töten« kann so nicht mehr stehen bleiben. Darauf macht auch der Psychotherapeut, Hans Joachim Maaz, in seinem Buch »Der Lillith Komplex – die dunkle Seite der Mütterlichkeit«[280] zu Recht aufmerksam.

Statt auf »Genetik« folgende Faktenlage:

- Jungen werden von klein auf, statistisch gesehen, deutlich häufiger geschlagen als Mädchen, auch von ihren Müttern, die 1,4 mal häufiger zuschlagen wie deren Väter[281]. In den USA beispielsweise geschieht nach einer weiteren Studie die Gewalteinwirkung auf Jungen und Männer, statistisch gesehen, alle 37 Sekunden. Das hinterlässt Spuren in der Seele. Menschen, die körperlich erniedrigt werden, neigen später eher zur Gewalt, wenngleich dies glücklicherweise auch nicht für alle zutrifft.

- Jungs werden leichtsinnigerweise eher mit Ritalin (fehl-)behandelt, weil Erzieherinnen und Lehrerinnen das Verständnis dafür fehlt, dass Jungen einen höheren Bewegungsdrang vorweisen und sich dabei gern im Konkurrenzkampf vergleichen.

- Jungen von alleinerziehenden Müttern neigen mit größerer Wahrscheinlichkeit zu kriminellen Handlungen als Jungen, die bei ihrem Vater aufwachsen.

- Es gibt nach wie vor einen großen Druck in der Erziehung auf Jungen, sich ausschließlich über Leistung zu definieren, um primär darüber Anerkennung zu bekommen. Die Ergebnisse können gefühlskalte Narziss-

---

280 Deutscher Taschenbuch-Verlag 2013, Lilith – das tabuisierte Weibliche
281 KFN- Studie, Repräsentativbefragung zu Viktimisierungserfahrungen in Deutschland, Forschungsbericht Nr.122, Hellmann 2014, Studie Hewitt gegen Männer in Deutschland, 2005, Bundesministerium für Familie, Senioren, Frauen und Jugend

ten, Blender und rücksichtslose Karrieristen sein. Bricht später der Job weg, die Frau verlässt den Mann mit ihren Kindern, bricht das Selbstwertgefühl – eher als bei Frauen – ins Bodenlose, da diese sich öfter über soziale Kontakte und die »schönen Dinge des Lebens« definieren.

- Es gibt für Frauen viel mehr Hilfsangebote als für Männer. Ganze Industrien verdienen daran; eine Studie jagt die Nächste, währenddessen eine Gewaltstudie[282], in denen Männer Opfer sind, schnell wieder aufgrund heftiger Proteste diverser Organisationen und Lobbygruppen, in den Schubladen des Bundesministeriums für Familie verschwand. Die Studie liegt mir vor. Frauen sind demnach an häuslicher Gewalt zu gleichen Anteilen Täterinnen, wenn auch weniger bei Taten mit roher Gewalt.

- Der gesellschaftliche Druck auf Männer ist nach wie vor größer, wenn es darum geht, erfolgreich zu sein. Nicht alle Männer halten diesem Druck stand.

- Die Werbeindustrie setzt Menschen ebenso einem erheblichen Konsumdruck aus. Menschen, die nicht mithalten können, sind nicht nur frustriert, sondern auch gewalttätig[283].

- Und, ich frage mich: »Wie hoch liegt wohl die Dunkelziffer der Ehemänner, die raffiniert durch ihre Partnerinnen beseitigt wurden und als »natürlicher Todesfall« in die Statistiken eingegangen sind«?

Eine Talkshow ist eben auch nur eine Show. Weiter geht es mit einem sehr ernsten Problem, dass kaum an die Öffentlichkeit gerät:

---

282 Studie Personale Gewaltwiderfahrnisse von Männern in Deutschland 2005, Bundesministerium für Familie, Senioren, Frauen und Jugend
283 Kundenkonfliktmonitor 2012, Hochschule Darmstadt, Daffner et.al

Tierquälerei und Gewalttaten gegenüber Menschen

Ich möchte noch auf eine weitere Gewaltform eingehen, die gesellschaftlich nur wenig im Fokus steht: Unschuldigen Tieren Leid und Qual anzutun. So gibt es zwar das Tierschutzgesetz, aber im Grunde wird die unnötige Tötung eines Tieres wie die Beschädigung einer Sache behandelt.

So wurde 2018 in Neubrandenburg, ein kleiner Hundewelpe in einer eiskalten Januar–Winternacht, nur 50 Meter vom Zaun des dortigen Tierheims angebunden. Damit er sich nicht bemerkbar machen konnte, erhielt er einen engen Maulkorb übergestülpt. Der Hund überlebte die Nacht nicht. Die Obduktion ergab, dass das kleine Wesen verhungert und verdurstet war. Anhand der Steuermarke konnten beide Täter dingfest gemacht werden. Es war ein junges Paar aus der Gegend. Die Staatsanwaltschaft schickte lediglich einen Haftbefehl.

Solche und viele andere grausame Fälle, können wir faktisch jeden Tag nachlesen, dazu zählt auch eine Massentierhaltung, die ohne Konsequenzen jahrelang gegen die Bedingungen einer artgerechten Tierhaltung verstoßen darf. Da drücken manche Veterinärämter gern beide Augen zu. Im Namen des Profits.

Wie hoch ist die Wahrscheinlichkeit, ein Gewalttäter gegenüber Mitmenschen zu werden, wenn man schon als Kind und Jugendlicher Tieren Schmerzen zufügt oder diese gar getötet hat? Das kalte Töten und Verletzen von Tieren kann ein erstes, aber eindeutiges Anzeichen einer Persönlichkeitsstörung sein. Es gibt einen alten, aber dennoch lehrreichen Spruch: »Quäle nie ein Tier zum Scherz, denn es fühlt wie du den Schmerz!« Pathologische Tierquälerei ist immer Ausdruck eines seelischen Ungleichgewichts. Sind Kinder davon betroffen, so ist unbedingt nach der Ursache für dieses Verhalten zu fahnden. Das kann zum Beispiel Gewalt in der elterlichen Erziehung sein oder der Gruppendruck einer Clique. Ertappt man Kinder und Jugendliche auf frischer Tat, dürfen diese keinesfalls selbst Gewalt als Erziehungsmethode erfahren. Der Lerneffekt wäre lediglich: »Ich darf mich dabei nicht erwischen lassen. Das nächste Mal passe ich besser auf!« Sinnvoller wäre, nach den Ursachen für die Tierquälerei zu forschen und gemeinsame Wege zu beschreiten, damit dieses Verhalten nicht wieder vorkommt.

Anders muss mit Tierquälerei umgegangen werden wenn es sich bei dem Täter um einen Erwachsenen handelt: Hier hilft nur selten Pädagogik. Ursachen für Tierquälerei bei Erwachsenen sind oftmals Drogenmissbrauch, sadistische Veranlagungen, also schwerste Persönlichkeitsabnormitäten und das Ausüben eines Machtgefühls gegenüber wehrlosen Wesen. Hier muss unbedingt durch eine Strafanzeige gehandelt werden, um Störungen zu diagnostizieren. Die Gesellschaft muss vor solchen Personen geschützt werden, denn Menschen könnten die nächsten Opfer sein.

Einige Serientäter haben ihre ersten Erfahrungen als Tierfolterer gesammelt. Erst ab 1980 wurde das Quälen von Tieren als psychische Störung in das diagnostische und statistische Manual (DSM-III-R 1980) der Amerikanischen Psychiatrischen Vereinigung (APA) und der Weltgesundheitsorganisation (WHO) aufgenommen. Eine Untersuchung belegt, dass jedes vierte Kind mit einer antisozialen Störung Tiere quälte, was 3 Prozent der US-amerikanischen Bevölkerung entspricht. In Haftanstalten geht man von einer Quote von 25 bis 60 Prozent aus.[284]

Eine Untersuchung von Dr. Kathrin Sevecke und Dr. Maya K. Krischer, Universität Köln, in Haftanstalten bei jungen Frauen und Männern ergab, dass Tierquälerei in direktem Zusammenhang mit bestimmten Persönlichkeitsmerkmalen steht.[285] Es zeigte sich, dass in der untersuchten Gefängnispopulation jeder zweite Mann und jede fünfte Frau schon einmal Tiere gequält hatte. Es wurde von Fällen berichtet, bei denen Tiere mit Benzin übergossen wurden oder in Plastiktüten eingesperrt und dann als Fußball missbraucht wurden. Den Quälern attestierten die Wissenschaftler paranoide, narzisstische und antisoziale Merkmale oder Symptome für das Borderline-Syndrom. Diese Störungen korrelieren mit folgenden festgestellten Persönlichkeitsmerkmalen:

- fehlende Rücksichtnahme auf die Bedürfnisse anderer
- zwischenmenschliche Feindseligkeiten
- Rechthaberei

---

284 Volker Faust: Tierquälerei. Psychiatrie Heute. Eingesehen unter http://www.psychosoziale-gesundheit.net/pdf/ (Int.1-Tierquaelerei).pdf
285 Kathrin Sevecke und Maya K. Krischer: Tierquälerei und Persönlichkeitspathologie bei delinquenten Jungen und Mädchen. In: Fachzeitschrift Persönlichkeitsstörungen 13 (2009). S. 219.

- Hartherzigkeit
- Impulsivität
- bei Frauen: »emotionale Dysregulation«, z.B. Ängstlichkeit, Unterwürfigkeit, Gemütslabilität, verzerrte Wahrnehmungen, oppositionelles Verhalten, Bindungsprobleme

Je höher sich die Persönlichkeitsabnormität darstellt, desto höher ist der Schweregrad für Tierquälerei vorhanden. Durch das Leid der Tiere erfolgt eine weitere Desensibilisierung des Täters. Motive für die Ausübung von Gewalt gegenüber Tieren sind dann oftmals eine Mischung aus Langeweile und Spaß am Leid. Untrügliche Vorzeichen für die kommende Gewaltbereitschaft auch gegenüber Menschen. Eine weitere erhebliche Motivationsgrundlage kennzeichnen Tierquäler ebenso wie Brandstifter: Es geht um die Ausübung von Macht.

Ein weites Feld ist die Kriminalität in den Justizvollzugseinrichtungen. Hier gilt bei manchen Politikern im Zuge der Sparmaßnahmen der allerorts zitierte Spruch: »Es kann nicht sein, was nicht sein darf«

Untaugliche Ursachenerklärungen für Amokläufe

Bisher konnten wir größtenteils im Buch lesen, wie Kriminalität und echte Gefahren besänftigt, verniedlicht oder schöngeredet werden. Aber auch Gegenteiliges ist möglich wie folgendes Beispiel aufzeigt:

Focus-online[286] berichtet am 09.08.2016: »US-Forscher erklären psychologisches Profil: Das macht einen Menschen zum Amokläufer«. Einst waren ausschließlich Videospiele an Amokläufen »schuld«. Nein, so einfach ist das nicht. Menschen neigen zu simplen Erklärungen. Ich fasse mal die »üblichen Begründungen« für Amokläufe zusammen:

1. **Waffen**

   Deren Besitz müsse eingeschränkt werden. Das hilft in Wirklichkeit lediglich illegalen Waffenbesitzern, denn diese geben ganz bestimmt ihre Waffen nicht ab, währenddessen sich gesetzestreue Personen an Verbote und Einschränkungen halten. Die Erfahrung lehrt, wer sich eine Waffe beschaffen will, ist darin in der Regel erfolgreich. Ganz besonders einfach ist das in Berlin. Dort vermutet die Polizei tausende illegale Pistolen[287]. Dafür ist es Berliner Polizisten untersagt, ihre Waffe vom und zum Dienst zu tragen, Waffenverbot außerhalb des Dienstes.[288] So ist es zwar erwünscht, die Uniform zu tragen, aber ohne Waffe. Immerhin ist es damit gelungen, ausgebildete Profis an der Waffe zu zügeln, während man das von den illegalen Waffenbesitzern nicht behaupten könnte.

2. **Depressionen**

   Menschen mit dieser Erkrankung begehen aber weniger Straftaten als »Normale«, das ist statistisch schon lange bewiesen. Depressive

---

286 https://www.focus.de/gesundheit/ratgeber/psychologie/krankheitsstoerungen/neue-studie-das-psychologische-profil-von-amoklaeufern_id_5796444.html?fbc=fb-shares
287 http://www.tagesspiegel.de/berlin/waffen-beschaffen-in-berlin-kein-problem/383078.html
288 https://www.morgenpost.de/berlin/article208769599/Berliner-Polizei-darf-Dienstwaffen-nicht-in-Freizeit-tragen.html

nehmen sich höchstens selbst das Leben, fallen aber durch Aggressionen gegenüber Dritten deutlich weniger auf, als »Nichtdepressive«. Ob der Co-Pilot Andreas Lubitz bei seinem mutmaßlich absichtlich herbeigeführten Flugzeugabsturz im Germanwings-Flug 4U9525 am 24.03.2015 mit 150 Toten »depressiv« war, darf man als »nicht bewiesen« betrachten[289].

3. Narzissmus

Diese neue Volkskrankheit wäre ein weiterer Grund. In Wirklichkeit findet man diese Persönlichkeitsstörung bei einer ganzen Reihe von Personen in Spitzenberufen und beim Hochleistungssport. Keiner hat davon jemals einen Amoklauf begangen. Der Anteil narzisstisch geprägter Menschen scheint zu steigen, je mehr an Vereinsamung und Individualisierung unsere Gesellschaft leidet. Der Psychotherapeut Hans-Joachim Maaz hat das hervorragend in seinem Buch »Die narzisstische Gesellschaft«[290] beschrieben.

4. Medien

Diese würden zu viel und zu offen berichten. Nach meiner Wahrnehmung eher zu einseitig. Das wird sich auch nicht verhindern lassen, solange eine reißerische Berichterstattung über die Auflagenhöhe bestimmt. Das ist der Preis des Geldes, das jedes andere »vernünftige Argument« aussticht. Aber auch die Polizei hat die Bedeutung der sozialen Netzwerke inzwischen erkannt und nutzt diese selber fleißig für ihre Öffentlichkeitsarbeit. Selbst bei Terroranschlägen und Amokläufen.

5. Facebook und Co.

Nun sind wir schon bei der »Schuld« der sozialen Netzwerke. Das Feindbild Nummer eins, da man dort die Meinung nur schlecht kontrollieren kann. Nach meiner Beobachtung nutzt man auch das Netzwerkdurchsetzungsgesetz, um unliebsame Meinungen zu verhin-

---

[289] http://www.zeit.de/wissen/gesundheit/2015-03/depression-copilot-flugzeugabsturz-stigmatisierung-psychische-erkrankungen
[290] H.J.Mass, Die narzisstische Gesellschaft: Ein Psychogramm, dtv, Verlagsgesellschaft (1. August 2014), ISBN 9783423348218

dern, die ohne Zweifel durch die Meinungsfreiheit gedeckt werden. Ein fragwürdiges Instrument im Kampf gegen den Hass im Netz.

6. Natürlich dürfen die **Videogewaltspiele** als eine weitere Ursache in der Aufzählung der Wissenschaftler nicht fehlen. Vergleichbar sind Sportschützen auch keine potentiellen Mörder und Porschefahrer nutzen ihr Fahrzeug äußerst selten als Waffe. Das sind nichts weiter als gestreute Vorurteile, die ablenken sollen. Menschliches Verhalten ist sehr viel breiter angelegt und anerzogen. Solche einfachen Erklärungen gehen regelmäßig am Thema vorbei und sind populistisch.

Die eindeutige Mehrzahl der »Depressiven«, Waffenbesitzer, Medienkonsumenten, User in den sog. sozialen Netzwerken, Videospieler begehen keine Straftaten oder gar Amokläufe. Das alles sind reflexartige Nebelbomben, die nach solchen Ereignissen regelmäßig gestreut werden und höchstens sekundäre Gründe.

Warum gibt es zum Beispiel Mobbing an Schulen, Abziehen, Drogendealer, Körperverletzung, Diebstähle, Bedrohungen, Nötigung, üble Nachrede, Ausgrenzungen? Ganz einfach, weil DAS etwas mit gesellschaftlichen Zerfallserscheinungen zu tun hat. Kinder, Jugendliche, Jungerwachsene spiegeln diese Zustände. Menschen entfremden sich und reden nicht mehr miteinander. Stattdessen werden E-Mails geschrieben oder gleich Anwälte eingeschaltet. Ellenbogenmentalität macht sich breit. Konflikte werden mit verbaler und nonverbaler Gewalt ausgetragen, der Gegner muss vernichtet werden. Beispiele finden wir hierzu täglich massenhaft. Ein Betrüger gilt anerkennend als »clever«, wenn er mit seiner Masche durchkommt. Zweifelhafte »Vorbilder« finden sich auch in der Politik und Wirtschaft, siehe die ehemalige Bundestagsabgeordnete Petra Hinz, die ihren Lebenslauf geschönt hat. Mehr Schein als Sein. Und das ist nur ein kleiner Teil der Ursachen, die dazu führen, dass Menschen austicken können.

Eine brisante Mischung kann sich zusätzlich ergeben, wenn Elternhäuser die Verantwortung für ihre Kinder an Institutionen abschieben. Kommt dann noch fehlende Vorbildwirkung und emotionale Kälte hinzu, sind es oft die bis dahin Unscheinbaren, Stillen, die grauen Mäuse, die zu ungeahnten Amokläufen in der Lage sind. Deren Signale hat allerdings niemand vorher wahrgenommen oder wahrnehmen wollen.

So kommen wir dem wirklichen Kern der Ursachen schon deutlich näher, als ständig neue triviale Verdächtigungen, die uns hier als angebliche »wissenschaftliche Erkenntnisse« verkauft werden sollen. Eine Antwort zu den Ursachen von Gewalt und Amokläufen findet sich im Nachwort: »Woher kommt Gewalt?«

III.

Schwierige Lage für Polizeibeamte

Polizeiliches Denken

Autor: Prof. Dieter Müller

… ist untrennbar verbunden mit polizeilichem Handeln. Beides sind zwei Seiten einer Medaille. Es ist der rote Faden im Leben eines Polizisten. Viele unserer Mitmenschen verstehen diese Art des Fühlens, Einordnens und Beurteilens nicht; manchen ist es sogar unbewusst zuwider. Die Uniform schreckt nicht wenige Zeitgenossen ab. Respekt? Ein Fremdwort! Das Volk liebt zivil gekleidete Tatortkommissare mit schicken Autos der oberen Mittelklasse in dezent gedeckten Farben, Metallic inklusive.

Ich habe das polizeiliche Denken und Handeln quasi mit der Muttermilch aufgesogen, eher der Vatermilch; denn mein Vater war Polizist, ein Schutzmann durch und durch. Der Schutzmann ist der traditionelle Urpolizist, später kamen der Kriminalist, der Verkehrspolizist und der Bereitschaftspolizist hinzu und noch später der Bundespolizist. Alle zusammen bilden sie die große Polizeifamilie. Polizisten erkennen sich. Sie denken, handeln und reden ähnlich. Ihre Prägung sitzt tief und lebenslang. Sie wirkt auch außerhalb des Dienstes und natürlich auch nach der Pensionierung.

Partner und Kinder von Polizisten erhalten zwangsläufig einen Stempel dieser Prägung. Nicht jeder hält das aus. Die Scheidungsrate in Polizistenfamilien ist hoch. Die Scheidung der Kinder ist die Rebellion gegen die Werte ihrer Eltern.

Es beginnt mit dem polizeilichen Blick. Die Wahrnehmung ihrer Umwelt funktioniert bei Polizisten anders – ganz anders. Die Welt ist für Polizisten eine Lage, eine zu beurteilende Lage. Der Polizist lebt in dieser Welt, aber sie stellt sich für ihn im Vergleich zu seinen Mitbürgern anders dar. Eine Bundeskanzlerin berichtet zur »Lage der Nation«, der Polizist lebt in der Lage – übrigens ähnlich einem Soldaten im Einsatz. Nur ist ein Polizist immer im Einsatz, beruflich wie privat. Das ist gemeint, wenn sich ein Polizist überall und jederzeit in den Dienst versetzen kann. Er lauert darauf, befindet sich stets auf dem Sprung. Sein Adrenalinspiegel funktioniert anders als der seiner Mitbürger, er ist flexibler.

Nicht jeder eignet sich zum Polizisten. Ich zum Beispiel nicht, jedenfalls nicht dauerhaft. Wenige Monate nach Abschluss meiner Polizeiausbildung quittierte ich den Dienst, weil ich das von wenig feinfühligen Vorgesetzten geduldete Mobbing nicht mehr aushielt. Ja, es gibt auch Kameradenschweine und trotz seiner Schattenseiten kann ich mir mein Leben ohne die Polizei und meine Kollegen nicht vorstellen. Ich arbeite gerne in der Lehre und gebe mein Bestes in meinem Beruf, bewerte immer kritisch und hoffentlich auch konstruktiv. Das fehlt mir in vielen Bereichen der Polizei, Fähigkeit zur Selbstkritik statt nutzloser Nabelschau.

Polizisten beurteilen sich auch gegenseitig, und zwar im wahrsten Sinne des Wortes und nicht selten ziemlich ungerecht. Sie teilen sich und die Wertigkeit ihres Seins in hierarchisch sauber geordnete Laufbahnen auf und charakterisieren ihren Stellenwert im Leben gerne gegenseitig nach der Anzahl und Farbe ihrer Sterne auf den Schultern. Das ist der wahre Grund dafür, dass auch viele Kriminalisten zu besonderen Gelegenheiten gerne ihre Uniform aus dem Schrank holen. Kriminalisten sieht man ihren Dienstgrad nämlich nicht an, ihr Ansehen folgt der Qualität ihrer Arbeit und ihrem Charakter plus ihrer Fähigkeit zur Zusammenarbeit.

Die Mitbürger bräuchten das ganze Einordnen, Beurteilen und Befördern nicht, für sie ist auch ein Polizeidirektor in Uniform ein Wachtmeister, ein Schutzmann eben, praktisch reduziert auf seine wichtigste Aufgabe, seine Mitbürger zu beschützen. Viele Polizisten bräuchten es auch nicht sagen sie zumindest; in Wahrheit liebäugeln viele von ihnen aber mit einem weiteren Stern oder einer Farbänderung derselben. Außer den Edeka-Beamten (Edeka = Ende der Karriere, also nicht der größte deutsche Discounter, sondern der objektiv höchstmögliche erreichte Dienstgrad), die sind entweder locker drauf oder zynisch zerknirscht, also entweder lebenszufrieden oder eine Last für ihre Mitbürger, Familien, Freunde. Letzteren Kreis haben die Zerknirschten allerdings kaum.

Viele wurden in ihrer Laufbahn – ihr Leben ist nämlich im Wesentlichen das Absolvieren einer Laufbahn – von menschlich minder begabten Vorgesetzten ungerecht behandelt oder gar schikaniert. Es ist eben schwierig, wenn ein allwissendes Ministerium über allem thront und seine letztgültigen Weisheiten mit Macht bis ins letzte Glied durchdrückt. Dieses Werteraster färbt ab bis nach ganz unten zum Polizeimeisteranwärter mit Schulterstücken ohne Sterne und Hoffnungsbalken (Polizeikommissars-Anwärter haben wenigstens einen silbernen Querbalken auf ihrem Schulterstück, den so genannten »Hoffnungsbalken«, der die Erwartung auf das Verdienen des silbernen Sterns mit dem erfolgreichen Studienabschluss ausdrücken soll). Es gibt eben kein allwissendes Ministerium. Nicht einmal Jahrhundertgenies wie Einstein und Hawking hatten immer Recht und ihre wahre Größe zeigten sie, wenn sie zugaben, kurzzeitig auf dem Holzweg gewesen zu sein. Ein Innenminister kann das nicht und seine von ihm protegierten Polizeipräsidenten erst recht nicht. Die vielen guten Vorgesetzten und Kollegen, die echte Kameraden sind, geben allerdings den Mut und die Kraft, auch in schweren Zeiten durchzuhalten. Davon können besonders Bereitschaftspolizisten ein langes Lied singen...

Freunde unter den Polizeikollegen? Das wäre ein Glücksfall. Mein Vater hatte in seinem fast vier Jahrzehnte umfassenden Polizistenleben genau zwei, die er mochte, mit denen er sich manchmal traf und oft unterhielt. Jedenfalls brauchen auch Polizisten Freunde, und zwar dringend. Ihr Beruf bringt Situationen mit sich, die nicht allein im Dienst geklärt werden können, die man nach Hause mitnimmt, die einen in den Träumen ungewollt begleiten, Bilder, die man nicht los wird, auch wenn man es will und dringend bräuchte. Eine Gefahr seines Berufes liegt darin, sich von seinem Umfeld abzukapseln, zu vereinsamen, sich sein eigenes Schneckenhaus zu basteln, inklusive Schmollwinkel.

Polizisten meinen vielfach, alles allein schaffen zu können. Hilfe anzunehmen oder gar Rat, ist nicht ihr Ding. Sie wissen und können es besser – von Berufs wegen sozusagen. Es ist fast wie bei Lehrern. Die haben morgens Recht und nachmittags frei. Polizisten haben immer Recht und nie so richtig frei. Das teilt ihre Umwelt in zwei Hälften, in Gut und Böse – nur wenigen gelingt das Wahrnehmen der Zwischentöne, der großen Masse der grauen Übergänge zwischen Schwarz und Weiß. Dazu brauchen sie dringend geduldige Partner, die sie mit Realitäten konfrontieren, die ausgleichend wirken, die sie lieben, obwohl sie Polizisten sind oder gerade weil sie es sind. Partner wie diese muss man mit der Lupe suchen und mit Liebe festhalten, sie ausreden lassen, ihre Argumente abwägen, ihnen sogar Recht geben, wo sie Recht haben, auch wenn es schwerfällt. Gute Freunde braucht ein Polizist ebenso, Freunde außerhalb der Polizeifamilie. Freunde mit einem anderen Blick auf die Welt. Freunde, die auch einem Streit nicht ausweichen, die den Charakter von Polizisten locker aushalten können und sich tatsächlich getrauen, auch einen Polizisten mal unverblümt so richtig auf den Pott zu setzen wie man umgangssprachlich zu sagen pflegt.

Diese Familien, Partner und Freunde wünsche ich meinen Polizeikollegen, lebenslang und treu, humorvoll und mit der Liebe, die eine Polizistenseele für ihr Leben braucht. Meine zahlreichen nichtpolizeilichen Freunde verstehen es jetzt vielleicht ein klein wenig besser, was einen Polizisten umtreibt, was ihn ausmacht. Er ist eben auch nur ein Mensch, ein Mensch in Uniform.

Viele schwere Verletzungen, fragwürdige Bezahlung

Autor: Bernd Haß

Anmerkung: Übernahme seines Redetextes mit freundlicher Genehmigung. Ein Zivilfahnder aus Hamburg, seit über 40 Jahren Polizeibeamter mit Leib und Seele.

»Moin! Mein Name: Bernd Haß. Ich bin 57 Jahre alt und Zivilfahnder am PK 36. Ich bin seit über 40 Jahren Polizeibeamter, und zwar mit Leib und Seele. Von Anfang an bin ich auf der Straße tätig. Erst bei der Bereitschaftspolizei, dann in der Schicht und seit 30 Jahren als Zivilfahnder. Wir Polizeibeamte bewältigen regelmäßig schreckliche und lebensbedrohliche Situationen. Wir haben es zu tun mit völlig wahnsinnigen und durchgeknallten Typen, Gewalttätern und Räubern, Einbrechern, Drogenhändlern, Totschlägern, Mördern und Tätern, die uns verletzen wollen sowie uns und unseren Familien den Tod wünschen.

Stellvertretend für viele Kollegen ein paar kurze Schilderungen meiner Erlebnisse: Ich war live dabei, als der 15-jährige Afghane auf die am Boden liegende Frau wie ein Wahnsinniger einstach. Seine Schwester wollte ihn abhalten, wurde dabei in den Oberschenkel gestochen und brach zusammen. Ich konnte den Täter dann entwaffnen und festnehmen. Die Frau – seine Mutter – war durchlöchert mit acht Kopfstichen und sieben Stichen in den Oberkörper. Sie verstarb nach wenigen Minuten am Tatort. Damals, Anfang der 1990er Jahre, kannten wir den Begriff ‚Ehrenmord' noch gar nicht.

Nachmittags: 15.30 Uhr, Bramfeld, in der Straße Mützendorpsteed wird mir bei einer Personenüberprüfung eines Heroinhändlers dreimal ins Gesicht geschossen, zum Glück nur mit Tränengas, leider aus knapp 50 Zentimetern Distanz. Durch den Gasdruck schießt Blut aus meinem Gesicht und zwar aus allen Poren. Das Gesicht ist komplett blutverschmiert. Abends sieht meine Frau meine Gesichtsverletzungen und fragt: ‚Was machst Du da eigentlich?' ...sie bricht dann zusammen. Ein albanischer Einbrecher versuchte, mir mit einem Schraubendreher die Augen auszustechen. Zwei betrunkene Polen wollten mir mit jeweils einem Vorschlaghammer den Kopf einschlagen. Ich hing zusammen mit einem ZF-

Kollegen (Anm.: Zivilfahnder) an einem geklauten Pkw dran, der mit uns und mit Vollgas über die Fabriciusstraße raste. Wir konnten uns gerade noch rechtzeitig lösen, ansonsten wären wir zerquetscht worden. Wir haben morgens bei der Lebenspartnerin eines ZF-Truppkollegen geklingelt und ihr mitteilen müssen, dass ihr Lebenspartner nicht mehr nach Hause kommt. Er war im Nachtdienst verstorben.

Nachts um 3 Uhr im Neusurenland in Farmsen: Ich habe gerade einen Täter gestellt, nachdem dieser einem Taxifahrer in den Hals gestochen und dessen Einnahmen geraubt hat. Es gab hier ein Problem. Der Täter sagte, er sei Heroin-Junkie und ihm sei, so wörtlich, ‚alles scheißegal'. Er hatte eine Handgranate in der Hand. Unsere Distanz betrug zwei Meter. Er zog den Sicherungssplint und warf ihn weg. Die Handgranate war jetzt entsichert und ich wusste, wenn er die Hand öffnet, bin ich tot. Ihm war – wie erwähnt – alles scheißegal. Über Funk wurde mir mitgeteilt, dass 14 Streifenwagen den Bereich weiträumig absperren. Weiterhin wurde mir über Funk »Viel Glück« gewünscht! Ein ZF-Kollege war als Pizzabote getarnt und hatte bei der Tatausführung eines Raubes drei Messer an der Brust. Die Täter flüchteten, wobei der Haupttäter aus vollem Lauf, aus etwa zwei bis drei Metern Entfernung, sein gut 20 Zentimeter langes Messer auf mich warf. Diese Tat ereignete sich gerade im letzten Monat.

Viele Kollegen hatten ähnliche oder schlimmere Erlebnisse. Die jüngeren Kollegen können sicher sein, dass noch genügend lebensbedrohliche Situationen auf sie zukommen werden.

Die Ereignisse haben sich eingebrannt. Sie hinterlassen Narben auf der Seele meiner Familie und mir – vermutlich bis zum Tod. Für solche Ereignisse erhalten Polizeibeamte eine Polizeizulage in Höhe von 127 Euro, das sind rund 95 Euro netto. Ich zitiere aus der Definition der Polizeizulage: »Die Polizeizulage ist eine Zahlung des Arbeitgebers, die das Risiko von besonders gefahrennahen Tätigkeiten kompensieren soll.« Die Definition ist noch ausführlicher, bezieht sich dann aber auf die besonderen psychischen Belastungen.

Mit Eintritt in den Ruhestand existieren diese »besonderen psychischen Belastungen«, die ausschließlich durch den sehr speziellen Beruf des Polizeibeamten entstanden sind, natürlich weiter. Als »Dankeschön« und

»Anerkennung« hat der Hamburger Senat im Jahr 2008 dafür gesorgt, dass die Polizeizulage bei Eintritt in den Ruhestand gestrichen wird. Der Senat unterstellt damit den Wegfall der psychischen Belastungen im Ruhestand und ignoriert die tief eingebrannten Narben. Ich bin Beisitzer im Landeshauptvorstand der DPolG Hamburg. Seit Jahren fordern wir, wie auch auf jeder Personalversammlung, die Wiedereinführung der Ruhegehaltsfähigkeit der Polizeizulage. In NRW hat die Politik positiv reagiert. In Bayern wurde die Ruhegehaltsfähigkeit nie angetastet. In Hamburg haben die regelmäßigen Anfragen den Senat allerdings nie interessiert. Es gab in den ganzen Jahren seitens des Hamburger Senats keinerlei Reaktion. Das könnte sich heute ändern! Herr Innensenator Grote, es geht hier um die berufliche Lebensleistung eines jeden Polizisten und seiner Familie, die alle Belastungen über Jahrzehnte haben ertragen müssen. Wäre es nicht ein angemessenes Signal der Anerkennung, die Polizeizulage wieder ruhegehaltsfähig auszugestalten? Mir geht es am Ende um Folgendes: Herr Senator, beenden Sie das neunjährige Schweigen des Hamburger Senats. Ich möchte Sie hiermit bitten, jetzt zu diesem Thema Stellung zu beziehen. Vielleicht hilft bei der Premiere ein anständiger Applaus mit Anfeuerungsrufen. Danke für die Aufmerksamkeit!«

Drei Todesfälle, viele Gutachter und kein Knast
Autor: Steffen Meltzer ff:

Drei Menschen verlieren durch einen Mörder ihr Leben, die Oma des Täters und zwei Polizisten, die auch Familienväter waren.

Ein verpfuschtes Leben. Am 28. Februar 2017 läutete der unter anderem wegen Drogen, Körperverletzung, Diebstählen und Raub mehrfach vorbestrafte Jan G., 24 Jahre alt, wohnhaft im brandenburgischen Müllrose, einem Ort von 4.300 Einwohnern, das große Finale ein. Es ist der Anfang vom Ende des irren Lebens eines verhaltensauffälligen jungen Mannes, der an diesem Tag drei Menschen töten wird. Eine Tat mit Ansage, die wütend macht, denn sie hätte aus meiner Sicht verhindert werden können, ja müssen. Es zeigt eindringlich, was in unserem Rechtsstaat schieflaufen kann, wenn man glaubt, Intensivtätern immer wieder eine neue Chance zu geben zu müssen. Wenn Gutachter Prognosen abgeben, die sich im Nachhinein zumindest als »fragwürdig« herausstellen.

Das musste ja so kommen. Jan G., psychisch labil und drogenabhängig ermordete am Ende einer langen kriminellen Karriere drei Menschen[291]. Das erste Opfer war seine Oma, vielleicht der einzige Mensch, der sich seiner noch angenommen hatte. Die beiden anderen Opfer wurden zwei Brandenburger Polizisten, die er tötete, als diese seine Pkw-Flucht stoppen wollten. Die Körper der Familienväter wurden durch die Wucht des Aufpralls regelrecht zerfetzt. Nach der ersten Erschütterung über den Fall, wurde erstaunlich schnell wieder zum Alltag übergegangen. Die Folgen müssen jedoch nachhaltig sein und dürfen im Aktionismus des Alltags, nicht in Vergessenheit geraten.

Immer wieder war Jan G., dessen Strafregister bereits 61 Einträge bei der Polizei[292] betragen haben soll, von den Verantwortlichen laufen gelassen[293]. Allein 2006 gab es 19 Strafverfahren wegen verschiedener Delikte. Hausverbot an der Schule, aus dem Heim für Jugendliche achtkantig rausgeflo-

---

[291] https://www.welt.de/vermischtes/article173124582/Dreifachmord-Die-schrecklich-vorhersehbare-Tat-von-Muellrose.html
[292] https://www.berliner-kurier.de/berlin/polizei-und-justiz/dreifach-killer-jan-g--chronik-eines-angekuendigten-mordes-28583704
[293] http://www.maz-online.de/Brandenburg/Dreifach-Toetung-Gericht-liess-Taeter-zweimal-laufen

gen, nachdem er seinen Betreuer angegriffen hatte – ein gescheitertes Leben in Berlin, gescheitert und voller Straftaten. Bald geht er mit dem Messer auf einen ehemaligen Freund los, verletzt ihn am Hals schwer, das Opfer überlebt nur aufgrund »günstiger Umstände«. Konsequenzen? Zwei Jahre auf Bewährung. Alle psychologischen Behandlungen blieben erfolglos. Als er doch einmal in den Knast muss, attestiert man ihm eine Psychose basierend auf einer Schizophrenie.

Nach seiner Haftentlassung zieht er in das Haus seiner Oma ein. Das Verhältnis ist von Anfang an angespannt, im benachbarten Haus fühlen sich die Mutter und deren Lebensgefährte ständig bedroht. Er versucht, die Werkstatt anzuzünden, rennt wie von einer Tarantel gestochen mit zwei Messern bedrohlich umher, stellt ein makabres Kreuz mit dem Namen seiner Mutter auf und tötet die Katze im Haus der Oma.

Immer wieder wird die Polizei gerufen, ständig werden neue Geldforderungen gestellt, Gewaltphantasien zur Einschüchterung gezielt eingesetzt. Jan G. soll seit seinem 14. Lebensjahr illegale Drogen genommen haben. Daran konnten auch die vielen therapeutischen Hilfen von Betreuern, Psychologen und Psychiatern nichts ändern.

Ein verhängnisvolles Gutachten

Immer wieder wurde er durch Gutachter und Richter, vor der Einweisung in eine Psychiatrie oder einer Verurteilung zu einer weiteren Haftstrafe bewahrt. So in einem vorhergehenden Prozess vor dem Landgericht Frankfurt/Oder. Dort wurden 2016 erneut mehrere Straftaten verhandelt. Es ist eine von insgesamt fünf Anklagen. Diesmal geht es um Körperverletzung, Bedrohung, Fahren ohne Führerschein und Diebstähle. Der Gutachter, ein Facharzt für Psychiatrie, Psychotherapie und forensische Psychiatrie, stellt fest:

»Die krankhafte seelische Störung sei dauerhaft, vermutlich werde es daher »auch in Zukunft zu aggressiven Durchbrüchen und der Gefahr vergleichbarer Taten mit nicht kontrollierbaren Auswirkungen für Leib und Leben anderer kommen«[294].

---

294 https://www.rbb24.de/panorama/beitrag/2017/03/fall-jan-g-aus-muellrose-im-brandenburger-rechtsausschuss.html

Zum Tatzeitpunkt, so der Gutachter weiter, »war Jan G. unbehandelt, stand unter Alkohol- und/oder Drogeneinfluss und war komplett unfähig, sein Verhalten zu steuern«.

Jan G. wurde auch aufgrund seiner Schizophrenie freigesprochen, eine Unterbringung in einem psychiatrischen Krankenhaus angeordnet. Diese Maßnahme wurde jedoch außer Vollzug gesetzt, eine Bewährung ausgesprochen. Warum? Der Gutachter stellt eine »offensichtlich bestehende gute therapeutische Beeinflussbarkeit des Angeklagten« fest und schätzt ein, »die Gefahr könne durch Medikamente und Behandlung auf ein für die Allgemeinheit erträgliches Maß minimiert werden«. Das Gericht schließt sich den Auffassungen des Sachverständigen an.

Ein fataler Irrtum wie sich später herausstellt. Denn Jan G. interessierte sich nicht für die Auflagen. Selbst der Verstoß gegen Bewährungsauflagen verpuffte schnell ins Nirwana, obwohl die Staatsanwaltschaft von einer tickenden Zeitbombe ausgegangen sei. Als die bayerische Polizei Jan G. bei einer Verkehrskontrolle, aggressiv und erneut ohne Führerschein und unter Drogeneinfluss antraf, nur ein paar Wochen Psychiatrie, abgehakt, weitermachen!

Ein Gerichtsgutachter hielt ihn zwar für »eine erhebliche Gefahr für die Allgemeinheit« aber gleichzeitig für »nicht schuldfähig«. Eine Therapie sollte dagegen wegen einer »offensichtlich bestehenden guten therapeutischen Beeinflussbarkeit des Angeklagten[295]« auch »ambulant in der Freizeit machbar sein«. Was ihn freilich nicht interessierte.

Während sich Gutachter bei ihrer Arbeit »auch mal irren können«, müssen Polizisten und andere Menschen im wahrsten Sinne des Wortes ihren Kopf hinhalten, um die gar nicht so guten Gutachten zu korrigieren. Wie in diesem tragischen Fall.
Bereits 2008 hatte der Täter einem ehemaligen Freund ein Messer in den Hals gestochen, nur durch Zufall und eine Notoperation konnte dieser überleben. Das Urteil: Zwei Jahre Haft auf, raten Sie bitte...: Richtig, es gab Bewährung!

---

[295] https://www.rbb24.de/panorama/beitrag/2017/03/fall-jan-g-aus-muellrose-im-brandenburger-rechtsausschuss.html

Es ist eine kriminologische Binsenweisheit für Anfänger: Jedes ungeahndete antisoziale Verhalten muss zeitnah konsequent geahndet werden. Es kann nicht sein, dass kalte Täter in einem Menschenmeer der Anonymität verschwinden und sich hinter einer angeblichen psychischen Erkrankung oder Drogenmissbrauch feige verstecken können.

Ich halte es für fraglich, dass ein Einzelgutachter zu einer derartigen bedeutungsschweren Persönlichkeit in einem Verfahren aufsteigt, in dem es um Verbrechenstatbestände geht. Drei Gutachter, drei verschiedene Meinungen[296], die Fehlerquelle ist vorprogrammiert.

Die Psychologie kann nur Prognosen stellen und über Wahrscheinlichkeiten befinden. Die Fehlerquellen sind enorm[297], nicht selten werden keinerlei wissenschaftliche Standards[298] eingehalten. Gutachter können sich lediglich der »Wahrheit« mehr oder minder annähern. Selbstverständlich gehe ich davon aus, dass das dem überwiegenden Teil der Gerichtsgutachter gelingt. Leider fallen nur die fraglichen Prognosen auf, vor allem wenn Menschenleben zu beklagen sind. Immer wieder gelingt es den zu Begutachteten zu täuschen, Beispiele dafür gibt es viele.

Auch das Gericht ist nicht aus der Verantwortung, es ist nicht verpflichtet, sich der Meinung eines Einzelgutachters anzuschließen. Gutachter haben nur eine beratende Tätigkeit gegenüber dem Gericht.

Konsequenzen – drei Jahre zu spät

Am 28. Februar 2017 will sich Jan G. in der Badewanne der Oma waschen. Diese ist jedoch mit Sachen belegt. Es ist einer dieser vielen Wutanfälle des Jan G. Diesmal aber geht es um Leben und Tod. Erst prügelt er auf die alte Dame ein, soll ihr das Gesicht zerschlagen und dann mit einem Messer in den Hals gestochen haben. Anschließend flüchtet er mit dem Auto seiner Großmutter. Bei der Verfolgung durch die Brandenburger Polizei tötet er zwei weitere Menschen. Die Körperteile der beiden Polizeibeamten mussten von deren Kollegen eingesammelt werden. Sie

---

296 http://www.spiegel.de/wissenschaft/mensch/fruehrente-psycho-gutachten-ist-glueckssache-a-509153.html
297 https://www.youtube.com/watch?time_continue=1&v=YnhHDODc_jU
298 http://www.fernuni-hagen.de/universitaet/aktuelles/2014/07/01-am-rechtspsychologie.shtml

hatten versucht, rasch noch ein Nagelbrett vor dem heranrasenden Täterfahrzeug auszurollen. Jan G. hielt voll darauf zu und überfuhr beide.

Am Ende der kriminellen Fahnenstange geht der neue Gutachter, zumindest bei dem Mord an den zwei Polizeibeamten, von einer uneingeschränkten Schuldfähigkeit aus. Im Gegensatz zu den vorangegangenen Gutachten, befindet der Professor, dass keine schizophrene Erkrankung vorliegt. Selbst der Verteidiger plädiert noch auf eine »eingeschränkte Schuldfähigkeit« und beantragt 12 Jahre Haft. Welche wundersame Wendung und welch schnelle Gesundung eines Serienverbrechers.

Das Urteil des Gerichts: Lebenslang mit der Feststellung der besonderen Schwere der Schuld. Damit wir es dem Täter fast unmöglich, bereits nach 15 Jahren das Gefängnis als freier Mann zu verlassen.

Eine ähnlich konsequente Herangehensweise bei den vorangegangenen Straftaten hätte unter Umständen drei Menschenleben retten können. Auch die höchstmögliche Strafe ist nunmehr nicht in der Lage, den Kindern der Polizisten ihre Väter wiederzugeben und seiner Oma einen geruhsamen Lebensabend zu ermöglichen.
Der Vertreter der Nebenkläger, Rechtsanwalt Peter Michael Diestel sprach von einem »bizarren Versagen« der Behörden. »Zwei Aktenordner voll mit Beschwerden und Hinweisen habe die Mutter an Behörden geschickt, um auf die Gefährlichkeit des Sohnes aufmerksam zu machen – sie ist ausgelacht worden«. Jan G. hat seinen leiblichen Vater nie kennengelernt. Leila G., die Mutter, brachte stattdessen ständig verschiedene Männer ins Haus. Einer soll sich dabei an dem kleinen Jan sexuell vergangen haben. Inzwischen sagt die Mutter aus, sie habe 16 Jahre lang Ämter und Behörden informiert und inständig um Hilfe gebeten. Hierzu möchte ich wertfrei anmerken, dass die Prägungsphase zur zukünftigen Persönlichkeitsstruktur eines Menschen nun einmal in der frühesten Kindheit stattfindet. Eine letzte Chance ergibt sich in der Pubertät, danach ist der Zug abgefahren.

Nicht bei der Trauerarbeit für die Opfer stehen bleiben

Der Tatablauf wirft viele Fragen auf und muss meines Erachtens Folgen für alle Beteiligten haben. Man darf jetzt nicht bei der Trauerarbeit für die Opfer stehen bleiben. Immer wieder kommen Täter auf freien Fuß, weil zu optimistische Gutachten erstellt werden. Ich hatte das schon mehrfach beschrieben. Während sich Gutachter auf ihre »Unfehlbarkeit« zurückziehen und Fachfremden jegliche Kompetenz absprechen, müssen Polizisten ihr Leben einsetzen, um Fehler im Sinne der Gesellschaft zu korrigieren und Menschenleben zu schützen.

Wie wir sehen, gelingt das leider nicht immer. Für mich stellt sich die Frage, ob es bei Intensivtätern wirklich ausreichend ist, dass ein einzelner Gutachter Gefahrenprognosen abgibt. Gerichte sind an die Expertisen nicht gebunden, halten sich aber im Regelfall daran und begründen entsprechend auch ihre Urteile. Die bisherigen therapeutischen und strafrechtlichen Maßnahmen haben letztlich in diesem Fall dazu geführt, dass ein Täter weiterhin frei agieren und damit im Endeffekt drei Menschen das Leben nehmen konnte.

Aber auch für die Brandenburger Polizei sollte es Konsequenzen geben. Diese treten allerdings schon jetzt viel zu spät ein.

Erschwerend kommt auch hierbei wieder einmal der Personalabbau in unserer Landespolizei, nach der bisher jüngsten »Strukturreform« 2011, hinzu. Der Personalrückgang ist durch einen hohen Krankenstand (Durchschnittlich 35 Tage pro Beamter/Jahr[299]), eine Fluktuation[300] und die zunehmenden Pensionierung[301] der geburtenstarken Jahrgänge noch nicht einmal abgefedert, geschweige dass dieser wieder im Ansteigen wäre.

Aber auch die Polizei muss sich Gedanken machen. Ich denke dabei auch an meine umfangreiche Ausarbeitung zu diesem Thema aus Sicht eines zertifizierten Einsatztrainers in »Deutsche Polizei«, Bundesausgabe[302]

---

299 https://kleineanfragen.de/brandenburg/6/7676-krankenstand-in-der-brandenburger-landesverwaltung
300 https://kleineanfragen.de/brandenburg/6/7132-polizei-im-land-brandenburg
301 https://kleineanfragen.de/brandenburg/6/7686-altersdurchschnitt-in-der-brandenburger-landesverwaltung
302 http://www.gdp.de/gdp/gdp.nsf/id/dp201501/$file/DP_2015_1.pdf

(»Titelstory«) vom Januar 2015: »Die Gefahr aus dem Nichts – Der Umgang mit auffälligen oder instabilen Personen im polizeilichen Einsatz«, der mir zwar bei Psychologen, Dozenten und Trainerkollegen der verschiedenen Landespolizeien viel Anerkennung brachte (sogar der Bundesgerichtshof archivierte den Beitrag), jedoch in Brandenburg keine Konsequenzen hatte.

Nach einer kleinen Anfrage an die brandenburgische Landesregierung (Drucksache 6/6288):

»Wurden unabhängig von den Fortbildungsmaßnahmen zu Amoklagen, Fahrzeugkontrollen usw. spezielle Seminare zum Umgang mit psychisch gestörten oder erkrankten Tätern angeboten, die auch unter Drogeneinfluss stehen?«

Die Landesregierung musste daraufhin in ihrer Antwort vom 02.05.2017[303] einräumen, dass solche Seminare in den vier externen Weiterbildungszentren der Erwachsenenfortbildung und Trainings für ausgebildete Polizeibeamte nicht angeboten werden. Erst 2018 werden solche Seminare aufgelegt. Aus meiner Sicht um Jahre zu spät, es ist nach wie vor unglaublich schwer, ja fast unmöglich, sich in Brandenburg sachlich-fachlich konstruktiv einzubringen. Das ist leider kein Einzelfall.
Das Urteil gegen Jan G. ist noch nicht rechtskräftig. Die Verteidigung hat Revision eingelegt.

---

303 https://www.parlamentsdokumentation.brandenburg.de/starweb/LBB/ELVIS/parladoku/w6/drs/ab_6400/6488.pdf

Alt wie Methusalem und mit Schusswaffe

Mit 66 Jahren, da fängt das Leben an, so beginnt ein bekannter Hit von Udo Jürgens, jedenfalls für Rentner bzw. Pensionäre.

So ist nicht auszuschließen, dass ein Polizeibeamter in der Zukunft »im biblischen Alter« zum Beispiel noch im Streifendienst »unterwegs« ist. Dann »darf« dieser Schlägereien schlichten, gefährliche Verfolgungsfahrten bewältigen, Demonstrationen absichern und bei Verkehrskontrollen blitzschnell zur Seite springen, wenn einmal mehr ein Verkehrsteilnehmer das Haltesignal missachtet und der Kollege wieder gesund nach Hause kommen will. Außerdem kann der Beamte in die Verlegenheit kommen, bei unumgänglicher Notwendigkeit körperliche Gewalt, den Schlagstock, Pfefferspray oder gar die Schusswaffe anwenden zu müssen. Alles kein Problem? Der Vollzugsbeamte hat ja schließlich genug Lebens- und Berufserfahrung zuzüglich einer entsprechenden Aus- und Fortbildung bei einer ständig steigenden Lebenserwartung. Ein Dachdecker soll schließlich auch erst mit Erreichen des 67. Lebensjahres in Rente gehen, wie andere und ich von einer Berufspolitikerin, sie ist heute Präsidentin des brandenburgischen Landtages, bei einem GdP-Stammtisch mahnend zur Kenntnis erhielten.

Welche physischen und psychischen Voraussetzungen muss ein hoheitlicher Waffenträger erfüllen?

- Er sollte geistig und körperlich hoch belastbar sein. In Hochstresslagen reaktionsschnell die richtigen Handlungsalternativen abrufen.
- Die Handhabung der Waffe tadellos beherrschen.
- Sehr schnell, vor allem im Nahbereich zwischen einem und fünf Metern, die Waffe einsetzen können.
- Im Einsatz die Rechtskenntnisse zur Anwendung der Schusswaffe jederzeit im Gedächtnis parat haben.
- Kognitive Fähigkeiten besitzen, um in Gefahrensituation »ruhig Blut« zu bewahren.
- Die Problematik einer unbeabsichtigten Schussabgabe im Einsatz berücksichtigen.
- Bei einem sich anbahnenden Schusswechsel über die Fähigkeit der Selbststeuerung verfügen.

- ...und nachher nicht an einer Posttraumatischen Belastungs- oder anderen psychischen Störung erkranken.
- Einer nachhaltigen umfassenden rechtlichen Prüfung des Schusswaffengebrauchs standhalten.

Der Dienstherr erwartet zu Recht, dass ein ausgebildeter Beamter über die o. a. Fähigkeiten verfügt, wenn es um Menschenleben geht. In Gerichtsurteilen ist nachzulesen, dass Beamte eine diesbezüglich besondere Ausbildung absolviert haben und bei einem Einsatz der Schusswaffe entsprechend danach beurteilt, ja mitunter verurteilt werden. Um diesen Anforderungen gerecht zu werden, muss ein Polizist wirklich gut drauf sein. Die gesetzliche Altersgrenze für Beamte beruht auf der Annahme, dass ein Mensch nur bis zu einem gewissen Alter den beruflichen Anforderungen gewachsen ist. Wird das Höchstalter erreicht, so vermutet der Dienstherr generell eine Dienstunfähigkeit. Dafür musste es bisher gute Gründe gegeben haben. Durch den Stellenabbau in der Polizei des Landes Brandenburg verteilt sich die Arbeit auf immer weniger Schultern. Überlastung und Dauerstress, führen nach einer britischen Untersuchung von über 68.000 Menschen, zu einer verkürzten Lebenserwartung. Bereits heute ist jeder vierte Bundespolizist vom Burnout-Syndrom betroffen[304].

Heißt das in der Zukunft, kurz nach der Pensionierung lauert der Tod? Nach den mir vorliegenden Zahlen haben Polizisten im Land Brandenburg eine um fünf Jahre abgesenkte Lebenserwartung gegenüber dem Durchschnitt der Bevölkerung[305] im eigenen Bundesland.

Ein Blick in die Zukunft: Schauen wir uns darüber hinaus einmal einige der natürlichen physischen und psychischen Abbauprozesse ab dem 60. Lebensjahr etwas konkreter an.

Wie könnte in der Zukunft das »Methusalem-Komplott« in der Polizei aussehen?

Unsere 600 Muskeln bauen im Alter Masse ab. Unsere Kräfte lassen nach, damit auch die Koordinationsfähigkeit. Die Erschöpfung tritt schneller

---

304 GdP- Zeitschrift Deutsche Polizei, Ausgabe 10/2012, S.4-8, https://www.gdp.de/gdp/gdp.nsf/id/_dp201210/$file/DP_2012_10.pdf
305 http://www.maz-online.de/Brandenburg/Die-Verbitterung-bei-den-Polizisten-ist-gross

ein, die notwendige Erholung braucht länger. Mit 70 Jahren besitzen wir noch 40 bis 50 Prozent unserer Muskelmasse. Wie viel davon hat man noch im 63. Lebensjahr und im aktiven Polizeidienst? Mit unseren Knochen sieht es dann nicht viel besser aus, ab dem 60. Lebensjahr verlieren sie deutlich an Kalziumgehalt und Dichte. Das Skelett verliert Stabilität, die Knochen werden brüchiger. Kein Vorteil wenn man auf dem dunklen Gelände eines Tatortes stolpert und hinfällt oder bei körperlichen Auseinandersetzungen einen Faustschlag bzw. Fußtritt abbekommt, von gefährlichen Gegenständen einmal ganz abgesehen. Im Alter nimmt die Elastizität der Blutgefäße ab, die Folge können erhöhter Blutdruck und Herz- und Kreislaufprobleme sein.

Interessant: Ab Herzschlag 175/min wird das Wahrnehmungsvermögen zunehmend eingeschränkt, die Übersicht geht verloren und die Verarbeitungsgeschwindigkeit für visuelle Informationen verschlechtert sich deutlich. Dies ist nicht gerade förderlich beim schnellen Treppensteigen mit voller Ausrüstung wie Schutzweste u. a. Einsatzmitteln, bis zur fünften Etage zum Familienstreit mit einem schlagenden Ehemann, einer weinenden Ehefrau, unbeteiligten Kindern und herumliegenden Flaschen und Küchenmessern. Die Leistungsfähigkeit des Gehirns lässt im Alter deutlich nach. Die Schaltverbindungen zwischen den Nerven bauen sich ab, der ältere Mensch reagiert langsamer. Suboptimal, wenn man innerhalb von Sekunden bei hochkomplexen Sachverhalten vor Ort lageangepasst reagieren muss. Über 60-Jährige benötigen deutlich mehr Aufwand, um eine verminderte Aufmerksamkeit, z. B. durch eine nachlassende Sehkraft zu kompensieren. Da die Konzentration schneller schwindet, ist viel mehr Energie notwendig, um das Niveau einer nötigen Aufmerksamkeit im Einsatz zu erhalten.
Da irgendwann Ressourcen aufgebraucht sind, entwickelt sich daraus ein typisches Vermeidungsverhalten, das in der Zukunft auch bei über 60-jährigen Kollegen auftreten dürfte. Nicht gut wenn es um die Ahndung von Ordnungswidrigkeiten, geschweige denn um den Strafverfolgungszwang geht. Das Gedächtnis lässt nach, die Satzmerkfähigkeit, gerade im Einsatzstress notwendig, ist nicht mehr wie früher vorhanden. Die Fähigkeit, von vielen Handlungsalternativen die Richtige abzurufen, fällt zunehmend schwerer. Unablässige Mehrfachaufgaben im Einsatz, z. B. bei einer Verfolgungsfahrt, die Konzentration auf das vorausfahrende Fahrzeug, dessen Insassen, daneben das Mithören des Funkverkehrs so-

wie der inhaltlichen Speicherung im Gedächtnis, Teamabsprachen über die weiteren Vorgehensweisen, der Beachtung des übrigen Straßenverkehrs, schlechte Sichtverhältnisse durch Regen, Dunkelheit und Gegenblendung usw. können zu einem derartig hohen Stresspegel führen, dass nicht mehr genügend Informationseinheiten für ein sachgerechtes Einschreiten vorhanden sind.

Die Folge ist eine Wahrnehmungsverschiebung, die als aufbauendes Bedrohungsprofil empfunden wird. Das kann nachgewiesenermaßen bis zu einem ungerechtfertigten Einsatz der Schusswaffe führen. Selbstverständlich können davon auch jüngere Kollegen betroffen sein, jedoch ist im Einsatz ein dysfunktionaler (fehlerzeugender) Stress gerade bei älteren Kollegen durch eine Überlastungsstörung eher vorhanden.

Ursachen sind hier neben der Berufserfahrung (was kann wieder alles auf mich zukommen) eine abnehmende körperliche und geistige Leistungsfähigkeit. Nein, natürlich kann man die beschriebenen Alterssymptome bis zu einem gewissen Grad hinauszögern, zum Beispiel durch eine regelmäßige sportliche Betätigung, gesunde Ernährung, ein kognitives Gedächtnistraining sowie selbstverständlich durch ein unverzichtbares Einsatztraining. Da nach einem weiteren Gerichtsurteil die Polizei den Querschnitt der Bevölkerung darstellt, ist es nun einmal der Lauf der Dinge, dass mit zunehmendem Alter die Belastbarkeit erst etwas, dann stärker und schließlich rapide abnimmt. Keine guten Voraussetzungen für eine Pensionierung mit fast 65 Lebensjahren, hier am Beispiel des Wach-und Wechseldienstes.

Um auf den Ausgangspunkt zurückzukommen, der ehrenwerte Beruf eines Dachdeckers steht eben nicht vor der Aufgabe, sich eines plötzlichen Messerangriffs aus kürzester Entfernung erwehren zu müssen. Auch muss er nicht innerhalb von einer Winzigkeit an Zeit darüber befinden, ob jetzt und sofort eine Schusswaffe einzusetzen ist und damit über Leben und Gesundheit eines anderen Menschen entscheiden. Der ständige Vergleich mit dem Renteneintrittsalter eines Dachdeckers erzeugt ganz automatisch die Frage, welchen Stellenwert die Polizei im Land Brandenburg gegenwärtig einnimmt. Einerseits ist das eine völlig unangebrachte Gleichmacherei zwischen völlig verschiedenen Berufsanforderungen und Berufsgruppen, andererseits kann man damit gegenüber anderen Wählern auf Kosten der Beamten Stimmung machen, um Stimmen bei der nächsten Wahl zu erzielen. Auch das Auseinanderdividieren der einzelnen Dienstzweige, verbunden mit einem Stellenabbau, erzeugt Demotivation und Dauerstress. Für eine »normale« Lebenserwartung und den Genuss einer Pensionierung sind dies keine guten Voraussetzungen. Klar ist auch, kein Dachdecker wird bis zum 67. Geburtstag arbeiten. Ein vorzeitiger Renteneintritt des Dachdeckers sowie auch eine vorzeitige Pensionierung des Beamten hat nur eins zum Ziel: Durch Abzüge erhebliche Gelder auf Kosten der Bediensteten einzusparen. Darüber hinaus würde der Bevölkerung zugemutet, dass in der Zukunft überalterte Vollzugsbeamte hochkomplexe Einsatzlagen, auch unter Anwendung einer Schusswaffe zu lösen haben. »Kollateralschäden« sind dadurch zukünftig geradezu vorprogrammiert.

Das Kreuz mit den Kurvenkreuzen

Politischer Druck, immer weniger Personal, hoher Krankenstand, schlechter Umgang mit dem Personal, keine Motivation und immer mehr Aufgaben:

Alle Jahre wieder erfreuen sich viele Beamte des Öffentlichen Dienstes mehr oder weniger über die neuen Beurteilungen durch ihre Vorgesetzten. Denn der Preis ist heiß: Bei einer deutlich überdurchschnittlichen Beurteilung winkt eine der begehrten Beförderungen. Die Frage ist ebenso regelmäßig wiederkehrend: Was sind die angelegten Maßstäbe um festzulegen, was durchschnittlich, über- oder unterdurchschnittlich ist? Ganz schwierig wird es, wenn in einer Organisationseinheit lauter hervorragend qualifizierte und engagierte Experten arbeiten. Bekommen diese auch alle eine überdurchschnittliche Beurteilung und werden demzufolge regelmäßig befördert, um schnellstens ihr Endamt zu erreichen? Wie jeder weiß, ist das selbstverständlich nicht der Fall. Weil das nicht so sein darf, zieht der Dienstherr die sogenannte Gaußsche Normenverteilungskurve heran, die angeblich die Beurteilungsmaßstäbe »wissenschaftlich objektiviert«. Davon einmal abgesehen, dass es Leiter geben soll, die ihre eigenwilligen ganz persönlichen »Maßstäbe« anlegen, was aber ein anderes Thema darstellt.

Der pensionierte Polizeipsychologie- Oberrat (PHS Münster) und bekannte Autor Dr. Uwe Füllgrabe[306] weist darauf hin: »Der Glaube an die Normenverteilungskurve stellt eher ein Wunschdenken an ein starr-harmonisch-orientiertes Weltbild dar. Und dieser Mythos verhindert offensichtlich, dass warnende Hinweise auf die Nichtexistenz von Normenverteilungskurven überhaupt nicht zur Kenntnis genommen werden«. Weiterhin führt er aus, dass es gar keinen Sinn ergibt, aufgrund des breit gestreuten Verhaltensrepertoires von Menschen, psychologisch bedeutsame Sachverhalte in einem »Wert« zusammenzufassen.

---

[306] http://www.uwe-fuellgrabe.de/mediapool/42/428554/data/Unglaublich_aber_wahr/Mythos_Normalverteilung.pdf

Er begründet seine Auffassung u. a. damit, dass beispielsweise schon 1956 David Wechsler in seinen Intelligenztests feststellte, dass entgegen der irrtümlich verbreiteten Merkmale einer Glockenkurve, die Intelligenz von Menschen keineswegs »normgerecht« verteilt ist. Auch Burt (1963) stellte nach seinen Untersuchungen fest, dass Intelligenz viel mehr unter- oder überdurchschnittlich verbreitet ist, als eine Gaußsche Kurve jemals vorausberechnen könne. Das Gleiche trifft auf psychologische Faktoren zu, die laut Schneider-Jansen (1990) nicht automatisch normverteilt sind. Unter anderen verweist auch die US–Psychologin Suzanne Segerstrom (1998) darauf, dass in der Realität Merkmale nicht automatisch normal-verteilt sind bzw., dass man nicht unüberprüft von einer Gaußschen Normenverteilung ausgehen kann!

Füllgrabe führt weiter aus, dass es sich hierbei um keine belanglose Kleinigkeit handelt, sondern völlig unterschiedliche Weltbilder deutlich werden. Dabei steht das traditionelle einfache statische Weltbild für idealisierende Phänomene und negiert dabei völlig die reale Komplexität der Natur, die sich an keine Gaußsche Kurven hält. Diese Realität wird dabei als Verirrung angesehen, die angeblich den Fortschritt der Wissenschaft aufhält.

Welche Auswirkungen hat das auf die Praxis?

Microsoft hat die richtigen Konsequenzen gezogen. Eine Beurteilungspraxis, die sich an die Gaußsche Glockenkurve hält, wurde 2013 kurzerhand über Bord geworfen. Auch dort hatte man angeordnet, wie viele Mitarbeiter gut, weniger gut und sehr gut sein müssen. Nach einer internen Analyse wurde jedoch klar, die Glockenkurve führte abwärts und zwar für das Unternehmen. Ergebnis dieser Beurteilungspraxis war, dass ein Intrigen- und Konkurrenzkampf zwischen den Mitarbeitern entbrannte.

Ehemalige Manager und Spitzenentwickler gaben sogar dieser Beurteilungspraxis nach der vorgegebenen Normenverteilungskurve Schuld daran, dass dadurch zielgenau die eigentlichen Probleme für das Unternehmen entstanden wären. Im Rundschreiben der Personalchefin Lisa Brummel, teilte diese mit: Die sofortige Abschaffung der Kurven, als statistische Verteilung der Mitarbeiterleistung, in einer internen Rangfolge. Also kein mechanisch starres Weltbild mehr, im Umgang mit dem eigenen »Humankapital« bei Microsoft.

Wie sieht es damit in der Polizei aus?

Jeder Polizeibeamte wird hier seine eigenen Erfahrungen gesammelt haben. Gut fände ich, wenn zum Beispiel in Brandenburg diese starre Beurteilungspraxis mit den Gaußschen Vorgaben »von Oben« abgeschafft werden würde. Beurteilungen, sind nichts anderes als Bewertungen von Menschen, nach dem weltbekannten Autor und Psychiater Marshall B. Rosenberg[307], absolute soziale Killer. Nur irgendwelche Maßstäbe müssen eben herhalten, um ein Bewertungssystem zu installieren und zu rechtfertigen. Die Gaußsche Normenverteilungskurve war meines Erachtens nur der vorgeschobene Grund, um ein Mangelsystem an persönlicher Förderung und Beförderung »wissenschaftlich« zu begründen. Besonders sozial unanständig finde ich, dass Kollegen im Eingangsamt in Pension gehen mussten. Als Polizeimeister kann man überleben, mehr aber auch nicht. Es ist ein Trauerspiel, wenn es Vorgesetzten angeblich nicht gelungen sein soll, mit einen Mitarbeiter zielgerichtet so zu arbeiten, dass sich dessen Leistung verbessert. Das ist deren originäre Aufgabe. Ein Versagen auf der ganzen Linie.

Ich finde, wir sollten uns am neuen Management des erfolgreichen Weltkonzerns Microsoft beim Umgang mit Mitarbeitern orientieren und davon lernen und profitieren. Vielleicht gibt es dann auch weniger Dauererkranke, mehr motivierte und zufriedenen Mitarbeiter und vor dem Pensionierungseintritt viel zu frühe Sterbefälle von Polizeibeamten.

---

307 Marshall B. Rosenberg: »Gewaltfreie Kommunikation- Eine Sprache des Lebens«, Verlag: Junfermann; 10. Auflage 2012

Polizei-Konflikte: Eine Innenansicht

Gegen die Führung der Berliner Polizei gibt es inzwischen eine lange Liste von Vorwürfen[308]. Eine Schießstand-Affäre mit toten und erkrankten Polizisten, Vorkommnisse an der Polizeiakademie, Strafanzeigen und gefälschte Zeugnisse werden immer wieder medial genannt. Der Umgang mit diesen Problemen kommt mir auch als Brandenburger Polizeibeamter sehr bekannt vor.

Statt einer Konfliktbewältigungs- und Fehlerkultur erscheint mir ein altbekanntes Muster, eine Erfolgsmelde- und Schönschreibekultur[309]. Es ist scheinbar überall das Gleiche. Unmengen an zahnlosen Papiervorlagen, Führungsleitlinien mit trivialen Inhalten und wichtigtuerische Workshops mit viel Tamtam prägen in der Theorie das Leitbild. Ein archaisches Konfliktverhalten aus dem vergangenen Jahrtausend ist dagegen nicht selten die Realität. Kein Wunder, dass viele Beamte den anonymen Weg über die Medien bevorzugen, um nicht Mut mit Leichtsinn zu verwechseln.

Denn der Beamte muss mit Pranger oder Verbannung rechnen: konkret mit der Versetzung an einen von zu Hause weit entfernten Dienstort. Das entspricht der weit verbreiteten Kultur des Mobbings[310].

In Brandenburg 10 Prozent Krankenstand bei Polizeibeamten

Geändert hat sich seitdem nach meiner Wahrnehmung nichts. Wer als Beamter meint, Überbringer schlechter Nachrichten sein zu müssen und innerhalb der Behörde fair Missstände klären zu können, läuft Gefahr, seine Offenheit bald an einem anderen Ort praktizieren zu müssen. Alte und neue Verwaltungen und Polizeiführer kommunizieren dann eifrig untereinander, um dem Sachkritiker am nunmehr neuen Dienstort eine liebevolle Betreuung angedeihen zu lassen.

---

308 http://www.focus.de/politik/deutschland/zustaende-in-berliner-polizei-akademie-die-lange-liste-der-vorwuerfe-gegen-die-berliner-polizei-vizepraesidentin_id_7800960.html
309 http://www.maz-online.de/Brandenburg/Die-Verbitterung-bei-den-Polizisten-ist-gross
310 http://www.fr.de/rhein-main/mobbing-affaere-der-hessischen-polizei-mehr-als-einzelfaelle-a-963460

Hierfür wurde von dem Psychologen und Professor für Arbeits- und Organisationspsychologie Dieter Zapf[311] der Begriff »Systemmobbing[312]« geprägt. Die Folgen können schwere Erkrankungen, wie etwa Depressionen oder Herzinfarkt sein, wenn nicht gar der Freitod[313] gewählt wird. Die hohen Krankenstände in der Polizei sprechen eine deutliche Sprache, in Brandenburg betreffen diese seit Jahren kontinuierlich mehr als 10 Prozent der Belegschaft. Jedes Unternehmen würde daran zugrunde gehen.

Man darf sich in solchen Fällen einen Anwalt nehmen und die Auseinandersetzung auch öffentlich machen – wenn man innerhalb seiner Behörde kein Gehör findet und dadurch persönlich geschädigt wurde. Ursula Sarrazin[314] hat das eindrucksvoll bewiesen, allerdings als pensionierte Lehrerin. Über die Folgen muss man sich allerdings im Klaren sein.

Wenn sich Kollegen wegen Mobbings an mich wenden, rate ich ihnen, sich auf keinen Fall den behördlichen »Mobbingbeauftragten« innerhalb der Polizei anzuvertrauen. Deren Aufgabe ist es eher, Mobbingfälle unauffällig zu entsorgen[315]. Diese müssten nämlich gegen den Dienststellenleiter ermitteln, dem sie zugleich unterstehen. Ein hausgemachter Witz. Deshalb gibt es offiziell auch keine menschenverachtenden Umgangsweisen innerhalb der Polizei. In Brandenburg werden erst gar keine Statistiken[316] über Mobbingbeschwerden erstellt. Die Berliner Art, Konflikte in hierarchischen Strukturen zu lösen, dringt auch immer mal wieder nach draußen. Eine konstruktive Kritik sei bei dieser Polizeiführung nicht erlaubt, berichtet ein Mitglied des Innenausschusses[317], ein ehemaliger Berliner Polizist. Aussitzen, abstreiten, mit Strafanzeigen drohen sind in solchen Fällen oft die Mittel der Wahl. Die Karriere des Betreffenden ist ohnehin kein Thema mehr. Da ist es wirklich angebracht, lieber einen anonymen Brief zu schreiben oder noch besser, in Deckung zu bleiben, will man am bestehenden Dienstort über-

---

311 https://www.uni-frankfurt.de/44333560/Dieter-Zapf
312 https://www.steffen-meltzer.de/was-ist-ein-systemmobbing/
313 https://www.welt.de/print/wams/politik/article143176600/Suizide-von-Beamten.html
314 https://www.randomhouse.de/ebook/Hexenjagd/Ursula-Sarrazin/Diederichs/e408842.rhd
315 https://www.swr.de/report/presse/polizeimobbing/-/id=1197424/did=12184674/nid=1197424/1t52jna/index.html
316 https://s3.kleine-anfragen.de/ka-prod/bb/6/330.pdf
317 http://www.focus.de/politik/deutschland/skandal-an-berliner-polizeiakademie-kritik-an-polizeifuehrung-wegen-ausbildungsmisere-nimmt-weiter-zu_id_7826584.html

leben. In den Chefetagen nimmt man nach meiner Wahrnehmung Kritik als Majestätsbeleidigung auf und keineswegs in der Sache. Man sollte sich deshalb wirklich gut überlegen, ob man remonstriert[318].

Statt mehr Stellen eine kurierte Statistik

Spötter sagen, die Anzahl narzisstisch geprägter Führungskräfte mit Ellenbogenmentalität korreliere mit dem Stellenabbau in der Polizei. So erklärte einst ein Brandenburger SPD-Innenminister den verblüfften Mitgliedern der Gewerkschaft der Polizei (GdP) allen Ernstes, dass man nach der Grenzöffnung nach Osteuropa nicht mit einem Anstieg der Grenzkriminalität gerechnet habe.

Parallelen zur Flüchtlingskrise sind keineswegs zufällig. Statt Stellenaufwuchs erfolgte Stellenabbau und eine vorteilhaftere Art der Erfassung[319] der Brandenburger Polizeilichen Kriminalstatistik (PKS). Vor allem aufgrund des öffentlichen Drucks musste die einst so schöne PKS wieder »korrekt« nach den Vorgaben des BKA geführt werden.

Nur wenige Menschen sind zum Helden geboren und selbst die abgeminderte Form davon, man nennt sie »Zivilcourage« kann schnell existenzbedrohend werden. Ein geschicktes System von »Lob und Tadel« verhindert, dass Konflikte hervorgeholt werden, um diese produktiv zu klären.

Dabei sind Konflikte gar nichts Schlechtes, sie tragen dazu bei, dass sich Institutionen und ihre Mitarbeiter weiter entwickeln können. Nur dort, wo noch die antiquierte Strategie »Ober sticht Unter« vorherrscht, in denen Dienststellungen über Sachinhalte obsiegen, Vorgesetzte ungehindert ihre Macht gegenüber Unterstellten missbrauchen, herrscht das beklemmende Klima von Duckmäusertum, Denunziation und der Doppelmoral.

Das Beamtenprinzip »Eignung, Leistung und Befähigung« wird ad absurdum geführt, wenn »Beurteilungen« im Öffentlichen Dienst folgenlos als Repressionsmittel eingesetzt werden können, solange dabei

---

318 Einwendung bis hin zur Verweigerung einer vorgesetzten Weisung
319 http://www.pnn.de/brandenburg-berlin/960578/

keine Formfehler begangen werden. Ein vorgesetzter Hauptkommissar hat schlussendlich die Macht, einem Mitarbeiter verminderte kognitive Fähigkeiten zu bescheinigen. Kritik üben heißt in vielen Fällen immer noch:»Karriere beendet« – egal wie verdient ein Kollege auch sein mag.

Links darf alles. Polizei: Wie Linksradikale und Teile der Medien den Rechtsstaat bekämpfen

Jubelorgien in den Medien, »Polizei tappt im Dunkeln[320]« – triumphiert am 06.12.2017 die TAZ, die jetzt schon wissen will, dass bei den bundesweiten Hausdurchsuchungen in acht Bundesländern durch 583 Ermittler keine Beweise aufgefunden wurden. Das grenzt für mich geradezu an hellseherische Fähigkeiten, mit denen die Polizei immer wieder einmal durch Geistheiler mit angeblich telepathischen Fähigkeiten[321] konfrontiert wird.

Ein Verrat – und seine Folgen?

Ja, die Razzia wurde vorab verraten[322]. Das heißt allerdings noch lange nicht, dass keine Beweismittel vorgefunden wurden. Von mehreren tausend betroffenen Gewalttätern und zahllosen Unterkünften waren »lediglich« 24 Objekte im Visier der Ermittler. Die Nachricht über den Verrat der Razzia war in den Medien pünktlich nach den Hausdurchsuchungen omnipräsent. Die Warnungen wären auf dem Messenger »Signal« übertragen worden, einem Anbieter, in dem sich die Nachrichten nach dem Lesen von selbst löschen. In einigen Medien sitzen die Helfershelfer einer autonomen Subkultur, deren Taktik es schon immer war, die Polizei öffentlich der Lächerlichkeit preis zu geben. Sehen wir uns die Strategie der linksradikalen Szene bei Hausdurchsuchungen durch die Polizei einmal etwas genauer an:

Zahnpasta auf Türklinken soll vor allem Polizistinnen nerven. Allerdings haben die »Ratgeber« vergessen zu erwähnen, dass Beamte bei Durchsuchungen prinzipiell Handschuhe tragen. In Vorbereitung einer Hausdurchsuchung sollen kaputte und/oder triviale Datenträger mit auffälliger Beschriftung gut sichtbar platziert werden. Die linksautonomen Ratgeber nennen es »Verarschungs- und Verwirrungstaktik«. Für mich ein eher pubertierendes Gebaren von Leuten, die sich weigern, erwachsen zu werden. Ebenso, wenn man zu einem infantilen Verhalten rät, Polizistinnen stän-

---

320 http://www.taz.de/Kommentar-bundesweite-G20-Razzien/!5464101/
321 https://www.steffen-meltzer.de/die-polizei-dein-geistheiler-und-hellseher/
322 http://www.fr.de/politik/soko-schwarzer-block-panne-bei-g20-razzia-a-1401468

dig mit einem laut dröhnenden und tragbaren Musikabspielgerät im Haus hinterher zu rennen.

Rezepte gegen die Polizei

Wurde im Vorfeld einer Hausdurchsuchung doch einmal etwas vergessen zu beseitigen, wird empfohlen, den Gegenstand nicht krampfhaft verschwinden zu lassen. Stattdessen soll man die Polizei ablenken, indem man an den falschen Stellen auffällig wühlt und in die Mülltonne schmeißt. Demnach sollen sich die Polizisten anschließend wie ein Bienenschwarm zur Mülltonne begeben. Reines Wunschdenken. Wenn das alles immer noch nicht hilft, sollen die Beamten mit einem »offensiven Kommunikationsstil« belästigt werden. Die Gespräche über »Herrschaftsverhältnisse«, »Gratisökonomie« und »alternative Lebensformen ohne Uniform« etc. seien zu bevorzugen. Allerdings sind auch Polizeibeamte kommunikativ gut geschult und fallen auf »Tricks« aus einem Kommunikationsseminar für Anfänger nicht herein.

Während die Beamten das Objekt oder Personen durchsuchen, wird darüber hinaus angeraten, Kartoffeln in den Auspuff der vor der Tür abgestellten Polizeifahrzeuge zu stecken. Immerhin besser, als die Autos gleich abzufackeln, was in linksradikalen Kreisen sehr beliebt ist.

Sollte es zu einer Durchsuchung eines Bewohners kommen, wird darauf aufmerksam gemacht, dass diese Durchsuchung nur von einem »gleichgeschlechtlichen Beamten« durchgeführt werden darf. Dabei fehlt nicht der politisch korrekte Hinweis, dass diese Vorgehensweise der Polizei auf einer überholten heterosexuellen Sicht der Welt beruht.

Mitnahme und Sabotage

Tritt dann doch der Super-GAU ein und ein Bewohner sollte zu einer Polizeidienststelle »mitgenommen« werden, so empfehlen die Autoren weitere Sabotagehandlungen. Das geht über das Zukleben von Schlössern mit Sekundenkleber, das Herausreißen oder Unbrauchbarmachen elektrischer Leitungen, Übermalen oder Zerstechen der Linsen von Überwachungskameras und Bewegungsmeldern, Verunstalten von Wänden, Verschütten übelriechender Flüssigkeiten bis hin zu Akten durch Wasserschäden unbrauchbar zu machen. Vermutlich haben die Fachexperten vergessen zu erläutern, dass vor dem Transport in einem polizeilichen Fahrzeug in der Regel eine Durchsuchung der Personen zur Eigensicherung der Polizeibeamten stattfindet. Messer, Schraubenzieher, Kleber, Flüssigkeiten in Behältern u. a. wechseln damit unwillkürlich vor dem Transport im »Bullentaxi« in die amtliche Verwahrung.

Auch Tipps bei Demonstrationen und Objekträumungen sind hinreichend bekannt. Deren lebensgefährliche Auswirkungen für Polizeibeamte und Unbeteiligte konnten wir eindrucksvoll beim G20-Gipfel verfolgen. Geschäfte wurden geplündert, Fahrzeuge unbeteiligter »kleiner Leute« angezündet, ganze Straßenzüge verwüstet, Barrikaden errichtet, Beamte mit Molotowcocktails und Steinen beworfen. Zur Kampfausrüstung zähl(t)en auch Zwillen mit Stahlkugeln (Präzisionsschleudern), Reizgas, Schlagringe, Böller, Bengalos, Quarzhandschuhe, Baseballschläger, Schlagstöcke, Messer. Vorgefunden wurden auch Feuerlöscher, die mit Bitumen gefüllt waren[323], möglicherweise um damit Polizisten zu besprühen und anzuzünden. Das Leben eines anderen Menschen scheint nichts mehr zu gelten. Dabei ist auch zu beobachten, dass der Polizist keineswegs nur ideologisch, sondern auch physisch »entmenschlicht« wird, um damit die eigenen schweren Straftaten zu rechtfertigen.

Berlin hat kapituliert

Mit Objekträumungen gegenüber der linken Szene ist speziell in Berlin nicht mehr zu rechnen. Nachdem man 5 Mio. Euro für die lange Zeit besetzte Gerhardt-Hauptmann-Schule[324] bezahlt hat, werden die Gewalttätigkeiten der linksextremen Bewohner in der Rigaer Straße 94[325] belohnt. Der Senat trägt sich mit dem Gedanken, das Haus aufzukaufen um die Verhältnisse zu zementieren. Das ist keine staatliche »Deeskalation«, sondern antisoziales und kriminelles Verhalten wird damit belohnt. Das Ergebnis wird sein, dass die linksextremistische Szene gestärkt wird.

---

323 https://www.shz.de/regionales/hamburg/g20-gipfel/feuerloescher-molotowcocktails-zwillen-polizei-zeigt-arsenal-der-linksautonomen-id17214681.html
324 https://www.bz-berlin.de/berlin/kolumne/fuenf-millionen-euro-kostet-also-die-besetzung-der-hauptmann-schule
325 https://www.bz-berlin.de/berlin/friedrichshain-kreuzberg/senat-will-das-besetzer-haus-in-der-rigaer-strasse-tatsaechlich-kaufen

Politik gegen Polizei: Demonstrationsrecht ausgehöhlt

Die Wellen schlagen hoch, der genehmigte Frauenmarsch zum Bundeskanzleramt wurde am 17.02.2018 durch Gegendemonstranten gewaltsam unterbrochen. Antifa und weitere linksgrüne Blockierer verhinderten den Weitermarsch der Demonstrationsteilnehmer. Die Medien jubeln über den Erfolg der angeblichen »Zivilgesellschaft«, da die Anmelderin der AfD angehören würde. Ein No-Go in der zu Stigmatisierungen neigenden Medienwelt.

Der Weitermarsch der »rassistischen Hetzer«[326], wie immer wieder in den Medien und auf linksradikalen Plattformen in trauter Eintracht[327] kolportiert, konnte über Stunden verhindert werden. Livestreams im Internet zeigten, dass die Blockade lange fortbestehen konnte. Die Bemühungen der Polizei, die Blockierer zu bewegen, den Platz freiwillig zu verlassen, hatten über einen langen Zeitraum keinen Erfolg. Die Demonstration steckte fest und kam zum Erliegen. Einer Anzahl von Personen gelang es, bei bereits eingetretener Dunkelheit, auf Umwegen[328] doch noch zum Demonstrationsziel, dem Kanzleramt, vorzudringen. Der Weg dahin soll aufgrund der Gegendemonstranten nicht ungefährlich gewesen sein.

Als ehemaliger Zugführer, mit den verschiedensten Einsatzerfahrungen weiß ich, dass der Teufel manchmal im Detail liegt und für Außenstehende mitunter schwierig zu verstehen ist. Ein Polizeiführer vor Ort hat viele Entscheidungen emotionsfrei und klug abzuwägen, die er später auch nachvollziehbar begründen muss. Deshalb möchte ich die getroffenen Maßnahmen zum Ablauf der Demonstrationen und Gegendemonstrationen nicht bewerten. Dafür bitte ich um Verständnis.

Die spannende Frage lautet für mich, gab es eine politische Einflussnahme auf die Tätigkeit der Polizei vor Ort? Auch hier war ich nicht dabei. Ausschließen möchte ich diese Versuche nicht. Denn ich kann auf vergangene Beobachtungen zurückgreifen.

---

326 https://www.berliner-kurier.de/berlin/kiez---stadt/afd-frau-leyla-bilga-erst-muslima--jetzt-christin-29719812
327 https://de.indymedia.org/node/18063
328 https://www.bz-berlin.de/berlin/friedrichshain-kreuzberg/gegen-demos-kesseln-afd-frauenmarsch-ein

Im »Kampf gegen rechts« verschieben sich schon einmal die Koordinaten. Linke Gewalt wird als »grandiose Zivilcourage« im öffentlichen Bewusstsein hochgelobt, das müsse doch schließlich auch mal erlaubt sein. Linksextreme sind plötzlich »Aktivisten«, Wutbürger der linksgrünen Art, habe ich auch schon in Anzug und Krawatte erlebt. Deren Verhalten aus einer bunten Masse heraus, erinnerte mich an kleine wütende Jungs, denen Mutti soeben ihr rotes Feuerwehrauto entzogen hatte.

Berlin ist kein Einzelfall, sondern neue deutsche Normalität:
In Hamburg demonstrierte eine Frau mit einem Schild »Merkel muss weg«. Eigentlich ein normaler Vorgang in einer Demokratie. Während der Regierung Schröder/Fischer demonstrierten jeden Montag Bürger in dutzenden von Städten gegen die Hartz-Reformen. Man kann dafür sein, oder dagegen – so ist Demokratie. Nicht mehr in Deutschland. Der Demonstrantin in Hamburg wurden die Scheiben zum Kinderzimmer mit Steinen eingeworfen, die Reifen der Autos zerstochen, das Haus beschmiert. Bei der nächsten Demo waren 100 Bürger da und ein Heer von Gegendemonstranten. Die Merkel-Kritiker wurden mit Bussen der Polizei aus der Gefahrenzone gebracht. Vielleicht eine pragmatische Lösung – das Demonstrationsrecht aber sieht anderes vor.

Frau Ogilvie gab auf[329]. Eine Woche später gab es wieder eine Demonstration, wieder Straßenterror von Links. Auch die Nachfolgerin[330] gibt auf.

Der linke Terror schüchtert die Andersdenkenden ein, die Straße gehört den Schlägern und Schreiern der Antifa. Die dürfen sich allerdings als Demokraten fühlen.

Sie haben den Staat nicht nur finanziell auf ihrer Seite:
In Frankfurt sollte eine Tagung[331] zu »Ehe für Alle« stattfinden. Eigentlich auch eine normale Sache – hatte der Bundestag – wenn auch nur mit knapper Mehrheit – zugestimmt. Auch hier vertrieb eine linke Demo unter jubelnder Anteilnahme beispielsweise der »Frankfurter Rundschau« die Tagungsteilnehmer an einen geheim gehaltenen Vorort.

---

329 https://www.tichyseinblick.de/meinungen/was-norbert-roettgen-und-uta-ogilvie-eint-und-trennt/
330 https://www.abendblatt.de/hamburg/article213486747/Merkel-muss-weg-Demo-Tuersteher-als-Beschuetzer.html
331 http://www.fr.de/frankfurt/demo-in-frankfurt-demo-gegen-demo-fuer-alle-a-1430419

Besonders peinlich: Frankfurts Oberbürgermeister Peter Feldmann (SPD) tobte über die Veranstaltung: »Wir haben keinen Platz und kein Verständnis für homophobe Gruppen, Diskriminierung und Ausgrenzung.« Er hat damit seine eigenen Worte widerlegt: Er würdigt Frankfurt als eine offene und tolerante Stadt. Genau das ist die Stadt nicht. Auf ihren Straßen und in ihren Sälen ist nur die eine, die linke Meinung erlaubt. »Kraftvoll für Vielfalt und Liebe«[332] titelt die FR dazu; ohne Gespür für die Eigen-Ironie.

Die Politik beteiligt sich an der Aushöhlung des Grundrechts auf freie Meinungsäußerung aktiv.

Der Bundestagsabgeordnete der Linken, Norbert Müller[333], kommt gern zur Sache, so zeigte er die Polizeiführung in Potsdam strafrechtlich an, da sich die Polizei erdreistete, den Weg der (linken) Gegendemonstranten zu versperren. Der Kreisvorsitzende der Linken, Sascha Krämer gar »erwartete eine Änderung der Polizeitaktik«[334], als wenn dieser Politiker ein Polizeifachmann für Großeinsätze mit Hundertschaften und Wasserwerfern wäre. Offensichtlich herrscht in manchen Politikerköpfen immer noch die Ansicht, nur ihre Partei habe Recht[335]. Vor allem, wenn es dem »Kampf gegen rechts« diene. Dem ist aber keineswegs so. Für die Polizei darf es keine Rolle spielen, welche politischen Inhalte durch eine Demonstration an die Öffentlichkeit transportiert werden. Straftäter bleiben Straftäter, egal mit welcher politischen Motivation.
Gewalt von links? Gibt es gar nicht[336]!

Die Brandenburger Polizei musste bereits in einem ähnlichen Fall wie dem in Berlin eine Niederlage vor dem Oberverwaltungsgericht Berlin-Brandenburg einstecken. Dieses bestätigte ein Urteil zu einem NPD-Aufmarsch im September 2012 in Potsdam: Die Polizei handelte rechtswidrig[337] und hätte die Blockaden räumen müssen. Damals hatte sich der

---

332 http://www.fr.de/frankfurt/demo-der-vielfalt-und-liebe-in-frankfurt-kraftvoll-fuer-vielfalt-und-liebe-a-1431064,2
333 https://www.welt.de/politik/deutschland/article159044249/Linke-Abgeordneter-nutzte-Bundestagsfahrdienst-exzessiv.html
334 http://www.maz-online.de/Lokales/Potsdam/Linken-Politiker-zeigt-Polizei-an
335 Louis Fürnberg: »Lied der Partei«, »Die Partei, die Partei, die hat immer recht!« Lobeshymne auf die kommunistische Partei
336 Diese Meinung vertritt Ralf Stegner am 17.07.2017 in der Frankfurter Rundschau: http://www.fr.de/politik/meinung/gastbeitraege/g20-in-hamburg-gewalt-ist-nicht-links-a-1314724
337 http://www.pnn.de/potsdam/1045692/

SPD-Oberbürgermeister von Potsdam und andere Stadtverordnete an einer Blockade beteiligt, um der NPD den genehmigten Demonstrationsweg zu versperren. Nach meiner Erinnerung wurde dabei aktiv gegen die Absicht der Polizei Einfluss genommen, den Weg frei zu machen. Die NPD klagte gegen diesen Rechtsverstoß und gewann in beiden Instanzen. Das OVG urteilte:

»Es ist Aufgabe der zum Schutz der rechtsstaatlichen Ordnung berufenen Polizei, in unparteiischer Weise und ungeachtet der jeweils vertretenen politischen Ansichten auf Verwirklichung des Versammlungsrechts hinzuwirken«. Wegen der grundlegenden Bedeutung der Versammlungsfreiheit müsse dieses Recht »auch mit Zwangsmitteln gegenüber störenden Gegendemonstrationen durchgesetzt werden«. Bliebe die Polizei untätig, wäre das Grundrecht »inhaltsleer und dem Druck der Straße schutzlos ausgeliefert.«

Erschwerend kam damals hinzu, die Polizei sah sich auf dem Demonstrationsweg mit einer »Spontandemonstration« der Gegner konfrontiert. Zum weiteren »politisch korrekten« Vorgehen gegen die Polizei gehört es auch, einen ständigen Generalverdacht gegen die Polizei[338] zu suggerieren. Angeblich wäre sie »auf dem rechten Auge blind«[339], wenn sie das im Grundgesetz verbürgte Gebot auf Versammlungs- und Demonstrationsrecht durchsetzen will. Wer dieses Recht etc. verhindert, begeht nach dem Versammlungsgesetz eine Straftat. Diese sind durch die Polizei gemäß Strafprozessordnung zu verfolgen. Dabei sind alle be- und entlastenden Umstände gleichermaßen zu erforschen.

Nach meiner Einschätzung wird sich die Polizei auch zukünftig einem verstärkten politischen Druck ausgesetzt sehen. Das lässt sich in einer pluralistischen Gesellschaft auch gar nicht vermeiden. Deshalb sollten wir die Polizisten an Ort und Stelle auch unterstützen, nicht nur bei Demonstrationen. Ob die Blockade von Berlin aufgelöst, nicht aufgelöst oder zu spät aufgelöst wurde, kann meines Erachtens nur der Rechtsweg klären – wie bei dem o. g. Fall.
Das Demonstrationsrecht in Deutschland wurde zum Privileg auf die

---

338 https://www.sachsen-fernsehen.de/saechsische-polizei-stellt-sich-fragen-der-buerger-416758/
339 http://www.huffingtonpost.de/2016/10/07/polizei-rechtes-auge-blind_n_12393162.html

»richtige Meinung« und deren Anhänger verkürzt. Wer gegen die Politik der Herrschenden demonstriert, muss mit Steinen ins Kinderzimmer rechnen. Polizeischutz für die betroffene Familie Ogilvie in Hamburg gibt es nicht, nur ein Streifenwagen fuhr öfter als sonst mal vorbei. Die Steinewerfer kamen zwischen den Touren.

Polizei – Müllmänner der Gesellschaft?

Die Polizei ist für Sicherheit und Ordnung, für Gefahrenabwehr und Strafverfolgung zuständig. Sie ist in gewisser Weise nicht nur Projektionsfläche, sondern auch Leidtragende der gesellschaftlichen Zustände, das beinhaltet auch die Entwicklungen und Tendenzen zur Gewalt. Polizisten sind immer wieder die Blitzableiter bei gesellschaftlichen Zuspitzungen. Sie sind ein Gradmesser im Verhältnis zwischen Staat und Bürger. Je mehr Angriffe auf Polizeibeamte erfolgen, desto konfliktbeladener ist die Stimmung in einem Gemeinwesen.

Neben meiner neueren Kritik an dem ehemaligen Leiter des Kriminologischen Instituts Niedersachsen, Prof. Pfeiffer und dessen Nachfolger, weiß ich natürlich auch die dortigen Wissenschaftler an der Arbeitsfront zu schätzen.

Zuerst möchte ich mich auf Teile einer dortigen Projektstudie unter dem Titel »Gewalt gegen Polizei«[340] beziehen, die 2010 durchgeführt wurde. Auf eine Erläuterung der Untersuchungsmethodik (über 20.938 Polizisten aus 10 Bundesländern haben sich beteiligt) verzichte ich. Kommen wir gleich zum harten Abbild der Realität. Die befragten Polizeibeamten haben folgende Aggressionsformen erlebt:

- Beleidigungen, verbale Bedrohungen: 81,9 %
- Festhalten/Schubsen: 47,8 %
- Schlagen mit Hand/Faust, Treten: 26,5 %
- Bewerfen mit Gegenständen: 24,9 %
- Bedrohung mit Waffe/gefährlichem Gegenstand: 14,6 %

Die Anzahl von Gewaltdelikten mit zunehmender Tendenz gegenüber Polizeibeamten auf hohem Niveau muss nicht zwangsläufig überraschen. Ein Phänomen, das ebenso auf Rettungssanitäter, Feuerwehrleute, Gerichtsvollzieher oder auch Busfahrer im Einsatz bzw. Dienst zutrifft. Dort wo aufgestaute persönliche Frustrationen immer mehr um sich greifen, wird es auch zu Gewalttaten kommen.

---

340 Kriminologisches Forschungsinstitut Niedersachsen e.V. (KFN), Karoline Ellrich et al. 2011, »Gewalt gegen Polizeibeamte«, »Befunde zu Einsatzbeamten, Situationsmerkmalen und Folgen von Gewaltübergriffen«

Die o. g. Studie konnte den Flüchtlingsansturm ab 2015 noch nicht berücksichtigen. Eine Studie in puncto Gewalttaten von »Geflüchteten« gegenüber Polizeibeamten fehlt bisher in Deutschland. Ein diesbezügliches politisches Interesse für eine solche Untersuchung ist mir bisher nicht zu Ohren gekommen.

Im Jahr 2016 stieg die Anzahl der Widerstandshandlungen gegen Polizeivollzugsbeamte (PVB) gegenüber 2015 von 20.258 auf 22.098 (+ 9,1 Prozent)[341]. Gemessen an der Einwohnerzahl erzeugten die höchsten Belastungswerte Berlin, Bremen und Hamburg. Insgesamt waren 71,2 Prozent der Tatverdächtigen deutsche Staatsangehörige und 28,2 Prozent Nichtdeutsche (zu 2015 + 9,1 Prozent). Immer mehr PVB wurden Opfer von Gewalttaten im Dienst. Waren es 2015 noch 29.473 sind es 2016 schon 32.585. Damit werden stündlich aufgerundet vier Polizisten Opfer von gewalttätigen Angriffen bzw. Widerstandshandlungen. Tendenz 2017 weiter zunehmend. 104 PVB wurden Opfer von zumeist versuchten Tötungsdelikten gegenüber 79 Fällen 2015.

Folgen für Polizeibeamten

Ebenso konnte die oben genannte Studie in einer erweiterten Befragung für den Zeitraum von 2005 bis 2009 Erkenntnisse über die psychischen Folgen von Übergriffen auf Polizeibeamte erbringen. Erfahrene Gewaltübergriffe beeinflussen die Wahrnehmungen und Einstellungen von Beamten. Die Gefahr, an einer Posttraumatischen Belastungsstörung zu erkranken, liegt bei Beamten je nach Dauer der Krankschreibung zwischen 3,6 bis zu 18,7 Prozent.

Daneben sind die Gewaltopfer strafhärter eingestellt. Dies hat möglicherweise zur Folge, dass sie in direkten Interaktionen mit Ruhestörern, Straftätern usw. rigider auftreten und damit auch zur Eskalation einer Situation beitragen. Nicht zu vernachlässigen ist, dass das professionelle Selbstbild der Beamten leidet: Gewaltopfer stimmen deutlich häufiger der Aussage zu, dass »Polizisten Prügelknaben einer verfehlten Politik« (73,3 zu 89,5 Prozent) und »Müllmänner einer kranken Gesellschaft«

---

341 Bundeskriminalamt (BKA), Gewalt gegen Polizeivollzugsbeamte, Bundeslagebild 2015

(57,1 zu 78,3 Prozent) seien. Hier dürfte sich der Anteil auch bei »verschont« gebliebenen Polizeibeamten erhöht haben, wenn man die Auswirkungen der Flüchtlingskrise seit 2015 erlebt und erlitten sowie mit der tendenziell einseitigen offiziellen Berichterstattung abgeglichen hat. Eine Distanzierung vom Arbeitsalltag, an dessen Ende berufsbezogene Burnout-Erscheinungen stehen, kann eine mögliche Folge sein.

Motivlage

Nach der vorgenannten seriösen KfN-Studie wird als zweithäufigstes Motiv mit 30,5 Prozent eine persönliche Abneigung gegenüber Staat und Polizei genannt. Noch häufiger kommt es nur zu Übergriffen, wenn sich Täter einer Festnahme entziehen wollen. Dies ist bei 37,6 Prozent der Fall. Von türkischen Personen wird zu 35,4 Prozent als Motiv für Übergriffe auf Polizeibeamte Feindschaft gegen den Staat angeführt, Tendenz ansteigend. Doch auch allgemein führt eine unkooperative Haltung vieler Bürger gegenüber Polizei und Staat immer häufiger zur Störung der öffentlichen Ordnung. Bei Demonstrationen begegnet den Polizeibeamten heute häufiger als früher ein hohes Gewaltpotenzial, die Täter gehen mit Waffen vor, handeln aus emotionalen Motiven und vermehrt mit Tötungsabsicht und locken dafür die Beamten sogar in Hinterhalte. Hieraus resultieren besondere psychische Belastungen für die Beamten. Eine Wiederholungstat ist für Polizisten besonders frustrierend und belastend. Es ist für sie enttäuschend, zu sehen, dass eine vorhergegangene polizeiliche Maßnahme keine Wirkung erzielt hat. Hier liegt ein großes Demotivationspotential, denn der polizeibekannte Täter verkörpert einen augenscheinlichen Misserfolg polizeilicher und juristischer Arbeit.

Noch ein Wort zu Strafverschärfungen bei Widerstandshandlungen gegen Vollstreckungshandlungen: Jene mögen auf den ersten Blick Erfolg versprechen, ich bezweifle jedoch deren Wirksamkeit. Einem voller Stresshormone und legaler und/oder illegaler Drogen aufgeputschten Täter wird es egal sein, ob die Mindeststrafe für Flaschenwürfe oder Faustschläge angehoben wurde oder nicht. Nach dieser Logik müssten die USA das sicherste Land der Welt sein, bekanntermaßen sind sie das keineswegs.

Nachwort

Meine Frau erzählte mir folgende Geschichte: Eine ihrer Freundinnen war in den achtziger Jahren des vorigen Jahrhunderts mit ihrem Mann aus der alten Bundesrepublik nach Kanada übergesiedelt. Dort gründeten sie am Ufer eines Sees erfolgreich eine Firma, die bis heute besteht. Kanada ist ein Flächenland. Wenn man die Polizei benötigte, musste man in die Stadt fahren. Der Polizeiposten war immer rund um die Uhr besetzt. Das änderte sich später. Es war nur noch am Tag Polizei vertreten, nachts war die Polizeistation geschlossen. Als das Internet aufkam, verzichtete man schließlich gänzlich auf die Anwesenheit der Polizei. Die Einwohner wurden gebeten, ihre Anliegen über eine Internetwache bearbeiten zu lassen. Brauchte mit Hilfe in Gefahrenlagen, musste man sich damit begnügen, dass es sehr lange andauern konnte, bist eine Polizeistreife vor Ort war. Tendenz: Mehr Technik, weniger Personal vor Ort.

10 Jahre später kam dieser Trend auch nach Deutschland. Der Rückbau des Staates hatte durch übereifrige Politiker Formen angenommen, die das vollumfängliche Funktionieren unseres Gemeinwesens in Frage stellen. »Immer weniger« machen immer mehr« – diese Formel ist schon im Sozialismus krachend gescheitert. Statt weniger Aufgaben für die Polizei ist das Gegenteil eingetreten; die offenen Grenzen nach Westeuropa haben die Grenz- und Einbruchkriminalität in die Höhe schießen lassen. Durch Deutschland werden im großen Stil Waffen, Rauschgift, Diebesgut und Menschen geschmuggelt.

Die Flüchtlingskrise seit 2015 und die damit verbundene einseitige Berichterstattung haben einen tiefen Keil in die Gesellschaft getrieben. Der lange verschwiegene Anstieg der Rohheitsdelikte kann auch medial nicht mehr unter den Teppich gekehrt werden. Der dabei enthaltene Anteil von Flüchtlingen ist deutlich höher als bei der deutschen Bevölkerung. Eine Demonstration und Gegendemonstration jagt die nächste. Die Polizei kommt mit ihrer verminderten Personalstärke kaum noch aus den Stiefeln heraus. Daran ändern auch hektische Neueinstellungen mit abgesenkten Einstellungsbedingen nichts. Der Krankenstand ist in vielen Bereichen exorbitant hoch, weil man mit den Menschen nicht gut umgeht. Mobbing wird als Führungsinstrument eingesetzt und damit die ohnehin knappen Ressourcen an Mitarbeitern zusätzlich vermindert. Zuständigkeitswirrwarr, Kompetenzgerangel, mangelnder Informationsfluss und Eifersüchteleien zwischen den Behörden sind menschengemachte Probleme, die keine Naturgesetze sind.

Aber auch viele engagierte Bürger fühlen sich im gesellschaftlichen Diskurs ausgegrenzt, da sie die »falsche Meinung« vertreten würden. Dem ist aber nicht so. Eine Demokratie ohne den öffentlichen Streit ist erstarrt. Das gilt es zu verhindern. In einer gelebten Demokratie muss es möglich sein, von »links« bis »rechts« ein breites legitimes Meinungsspektrum vorzufinden und zu vertreten, ohne den Diskussionsgegner zu kriminalisieren oder als »Feind« zu entmenschlichen. Wir haben es inzwischen mit gesellschaftlichen Zerfallserscheinungen zu tun. Noch ist diese Tendenz umkehrbar, deshalb ist ein starker Staat Pflicht! Am Anfang eines jeden Jahres verkünden die Innenminister der Bundesländer wieder die neuesten Zahlen der Polizeilichen Kriminalstatistiken (PKS). Zum Beispiel wurden in Berlin und Brandenburg erneut von einer »sinkenden Kriminalität« gesprochen. Nicht vergessen wurde dabei der beschönigende Spruch, dass beide Bundesländer wieder »ein Stück sicherer geworden« seien.

Meine Frau und ich hatten in den letzten Jahren in Potsdam zwei Strafanzeigen gestellt. Beide wurden eingestellt, da kein Täter ermittelt werden konnte. Bei einer der Anzeigen, wurde nicht einmal »ermittelt«, sondern nur »verwaltet«.

Ergo, sparen wir uns beim nächsten Mal eine Strafanzeige, da man einen unsinnigen zeitlichen Aufwand betreibt. Außer, man kennt den Täter oder die Versicherung verlangt eine solche als Nachweis.

Wenn man ein verändertes Anzeigenverhalten zeigt, freut sich der Innenminister. Denn dann sagt er, es gäbe im Land weniger Kriminalität (da weniger Anzeigen). Das ist natürlich ein großer Trugschluss. Polizeiliche Kriminalstatistiken können nur wenig die tatsächliche Kriminalität abbilden. Sie sind lediglich ein Arbeitsnachweis für die Polizei, die nur Straftaten verfolgen kann, die ihnen bekannt werden. Das wird bei der Interpretation der Kriminalitätszahlen oft verwechselt oder gleich ganz weggelassen.

Ein beliebtes »Mittel« vieler Politiker ist, darauf hinzuweisen, dass die Bedrohungen unserer Gesellschaft lediglich auf einer »subjektiven« Empfindung« mancher Menschen beruhen würden. Dass dem aber nicht so ist, merkt man auch daran, dass öffentliche Institutionen beim Thema »Sicherheit« immer mehr sensibilisiert werden. Rathäuser schulen ihre Mitarbeiter in Sicherheitsseminaren, da die Kundschaft immer rabiater wird und in den öffentlichen Verkehrsmitteln sind immer stärker ausgerüstete Sicherheitsmitarbeiter unterwegs. Krankenhauspersonal, Lehrer und Feuerwehrangehörige leben im Dienst immer gefährlicher. Das alles sind untrügliche Indikatoren, dass sich unser Zusammenleben in den letzten Jahren stark zum Nachteil verändert hat, allen politischen Beschwichtigungsreden zum Trotz. Daran ändert auch die bei Politikern weit verbreitete geradezu religiöse Verehrung von Statistiken und Studien nichts. Das Leben findet auf der Straße statt und nicht im Elfenbeinturm oder beim Reden schreiben.

Ich möchte mich bei allen Gastautoren für ihre hervorragenden Beiträge bedanken. Mein Dank gilt auch allen Helfern, die bei der Erstellung dieses Projektes mitgewirkt haben.

Steffen Meltzer,
Potsdam, den 7. April 2018

BUCHEMPFEHLUNG

RATGEBER GEFAHRENABWEHR
So schützen Sie sich vor Kriminalität, ein Polizist klärt auf

Ehrenverlag, Steffen Meltzer
978-3981955910, ab Juli 2018

Viele Bürger fühlen sich mit ihrer Angst vor Kriminalität allein gelassen. Kaum ein Bürger hat Kenntnis von der Täterpsyche, weiß folglich nicht, wie er sich vor und während einer Straftat verhalten soll. Aus meiner jahrzehntelangen Erfahrung als Strafrichterin weiß ich, dass in vielen Fällen erst falsches Opferverhalten (z.B. Held spielen, Notwehrüberschreitung) eine vermeidbare Katastrophe ausgelöst hat. Vielfach hätten Menschen die Straftat sogar verhindern können, wenn sie nur der Situation angepasst gehandelt hätten.

Doch wie verhalte ich mich richtig, wenn ich selbst Opfer einer Straftat werde; wie, wenn ich Zeuge eines Verbrechens werde, ohne mich selbst zu gefährden?

In seinem »Ratgeber Gefahrenabwehr« präsentiert der erfahrene Polizeibeamte und Einsatztrainer Steffen Meltzer zahlreiche praxistaugliche, oft verblüffende Lösungen, die jeder selbst leicht umsetzen kann.

Sigrun von Hasseln-Grindel

SO SCHÜTZEN SIE IHR KIND!

Polizeitrainer vermittelt Verhaltensrichtlinien zur Gewaltabwehr,

Ein Kind geht mit einem fremden Erwachsenen mit? Entführung, Vergewaltigung, Prostitution, Tötungsdelikte – immer wieder stellen sich Eltern die Frage, wie man das eigene Kind vor solchen Verbrechen schützen kann. Eine Antwort darauf liefert der vorliegende, sehr anschaulich gestaltete und leicht verständliche Ratgeber »So schützen Sie Ihr Kind!«. Mittels vieler Übungen, Checklisten und Illustrationen vermittelt der Polizist Steffen Meltzer leicht zu erlernende und einfach in den Alltag zu integrierende Verhaltensrichtlinien, die das Risiko für den Nachwuchs, Opfer einer Gewalttat zu werden, stark minimieren.

Steffen Meltzer
ISBN 978-3000529795

Aus einer Leserzuschrift:

»Meine Tochter hat sofort darin gelesen und alle meine Kinder haben von sich aus ange-fangen, Gefahrensituationen durchzuspielen, wobei ich in der Regel den »böse Angreifer« mimen musste. Wir haben alle viel gelacht, aber trotzdem eine Menge mitgenommen. Danke hierfür.«

Ehrenverlag, Potsdam

info@ehrenverlag.de
www.ehrenverlag.de
www.facebook.com/Ehrenverlag

info@steffen-meltzer.de
www.steffen-meltzer.de
www.steffen-meltzer/shop.de

Umschlaggestaltung & Satz
colibris | Dresden | www.co-libris.de

Bildnachweise
© kamasigns | fotolia.com (Polizeikelle)
© Pradeep Thomas Thundiyil | istockphoto.com (Polizist)